한국어로 내려온
New Bible

새로운 성경

제129권

9부 | 총10부

하얀마음

하나님 말씀 중에서

1. 사랑의 하나님

- 세상을 창조하신 하나님은 모두를 사랑하신다. 인간만 특별히 더 사랑하지 않고, 우주 만물을 다 똑같이 사랑하신다. 그러니 하나님이 창조하신 천지 만물과 화친하고, 미물까지도 소중히 대하라.

- 하나님은 특정 종파나 민족만을 더 사랑하지 않으신다. 자기 자신만 구원받겠다는 욕심을 버리고, 자기 종파만 구원받는다는 편협한 교리에서 벗어나야 한다. 종파를 초월해서, 모두를 사랑하라.

- 원수까지 사랑하라 했으니, 이 세상에 사랑하지 못할 자가 누가 있겠는가? 종파가 다르다고 해서 부모 형제와 원수처럼 지내는 자는 인간의 근본을 모르는 자다. 가장 가까운 가족부터 사랑할 때 남도 진심으로 사랑할 수 있다.

- 한 사람을 원수같이 생각하던 마음에서 사랑하는 마음으로 돌리면, 자기 자신의 마음이 가장 기쁘고 행복하다. 하나님께서는 인간의 마음속에 무거움이 없이 기쁘고 행복한 삶을 살기를 바라신다.

- 이웃을 "내 몸처럼" 사랑하라 했으니, 마지막 한 장 남은 천국의 티켓도 이웃에게 양보하라. 자기 중심적인 신앙에서 벗어나서 남을 위해 살아야 한다.

- 독초도, 약초도, 이단도 사탄도 천사도 다 필요하기에 존재한다. 독초일지라도 극소량을 사용해서 생명을 살릴 수 있고, 약초라 하더라도 남용하면 생명을 잃을 수 있다.

- 세상 모든 것을 명약으로 활용하는 것은 인간의 지혜에 달렸다. 어떤 것이든 어떤 사람이든 적재적소에 꼭 필요한 명약으로 승화시키라.

- 사탄도 이단도 천사도 모두 하나님의 주관하에 존재한다. 진정한 하나님의 백성은 사탄과 마귀까지도 감화시켜서 천사로 거듭나게 한다.

2. 기도

- 하나님은 인간의 생각까지 모두를 다 알고 계신다. 우리의 소원도 이미 알고 계시기에, 소원의 기도를 할 필요가 없다. 우리가 받을 자격이 되면 내려 주신다.

- 죄를 짓고 아무리 회개를 해도 용서받지 못한다. 도둑질한 자는 용서해 달라고 기도하고, 도둑맞은 자는 도둑을 잡게 해 달라고 기도하면, 공의의 하나님은 누구의 편에 서시겠는가?

- 자기가 잘못한 것은 그 사람에게 직접 갚고 용서를 구하라. 그가 용서하면 하나님도 용서하신다. 땅에서 매면 하늘에서도 매이고, 땅에서 풀리면 하늘에서도 풀리는 이치다.

- "회당에서 기도하지 말고 골방에서 기도하라" 했다. 눈에 보이는 골방이 아니라, 골방과 같이 고요한 마음이다. 잡념을 버리고 하나님을 향해 마음을 집중하며, 사랑하고 용서하는 아름다운 생각만 나오도록 하라.

- "두드리면 열릴 것이다." 하는 것은 육의 소원을 위해 두드리라는 것이 아니라, 진리의 깨달음을 얻기 위해 두드리라는 것이다.

- 기도하는 방법: 생활 속에서 수시로 기도하는 삶을 살아야 한다.

- "저의 죄를 용서하여 주옵소서." 하는 회개의 기도를 하라.
- 범사에 "하나님! 감사합니다." 하라. 현재 가진 것에 감사하며, 과욕하지 말라. 자기 노력 이상의 것을 더 갖고자 기도하는 것은 도둑놈심보다. 공의의 하나님은 각자 노력한 만큼 주신다.
- "하나님 뜻대로 살아가겠나이다." 하며 마음의 각오를 다지라.

- 기도는 하나님의 말씀을 받아서 "행하는 것"이다. 하나님이 계심을 굳건히 믿고, 하늘을 향하여 한 점 부끄럼 없이 사는 삶 자체가 가장 위대한 기도이며, 삶이 곧 예배다.

3. 지도자

- 똑같이 사랑한다는 말을 해도, 순수하게 하는 말은 천사의 말이지만, 사기 쳐서 재산을 가로채려고 하는 말은 사탄의 말이다.

- 종교 지도자가 아무리 훌륭한 설교를 해도, 신도의 재물을 거둬서 더 큰 교회를 짓고 자기의 부귀영화를 바라며 설교하면 사탄의 가르침이 된다.

- "저희 교회는 만원사례요, 믿음은 다 같으니 이웃의 개척 교회에 가서 예배를 드리시오." 하며, 이웃 교회의 부흥을 먼저 생각하여 제 신도를 보내는 종교 지도자가 있다면 그를 따르라. 그가 하나님의 사랑을 실천하는 자다.

- "부자가 천국에 들어가는 것은 낙타가 바늘구멍을 통과하는 것보다 더 힘들다" 하였거늘, 지금의 교회에서는 부자가 되기만을 기도하고 소원하니, 이는 곧 천국을 포기하고 지옥 행 열차의 티켓을 사는 것과 같다.

- 예수는 빈손이었다. 종교 지도자가 예수보다 더 호화롭고 편안하게 살아간다면 잘못된 것이다. 부귀영화와 명예를 바라는 자는 절대로 갈 수 없는 좁고 협착한 길이 종교 지도자의 길이다.

- 종교 지도자는 유리로 비춰 봐 한 점의 부끄러움이 없이 살아야 한다. 의식주도 직접 일해서 해결하고, 예수의 가르침과 행함을 그대로 따라야 한다.

- 종말은 없다. 지금의 잘못 가는 종교 집단에게만 종말이 있다. 보이지 않는 하나님은 보이는 육의 종말은 관여하지 않으신다. 환경 파괴로 인간이 스스로 멸망을 자초하는 것이다. 종파끼리 싸우기 전에, 무너진 인성을 바로잡고 지구의 몸살을 해결하는 데 뜻을 모으는 게 급선무다.

4. 성전이란

- 이 세상 자체가 하나님께서 만드신 성전이다. 자연보다 더 아름다운 성전이 있는가? 보이는 건물이 성전이 아니라, 성스러운 마음가짐이 성전이다.

- 반석 위에 교회를 지으라 했다. 지상의 단단한 돌은 인간이 쪼갤 수 있으나, 마음속의 굳은 결의는 세상 무엇으로도 쪼갤 수 없다. 바르고 굳건한 믿음으로 성경의 가르침을 실천하는 것이 마음의 반석 위에 교회를 짓는 것이다.

- 손으로 지은 건물의 교회에 모여서 복음을 전하는 것이 아니라, 교회를 개인과 가정에 심어 주어야 한다. 무너지고 부서지는 건물을 짓지 말고, 마음속에 영원히 불변하는 참진리의 교회를 지으라.

5. 십계명

- 십계명은 인간이 죽어서 반드시 통과해야만 하는 열 개의 관문이다.

- 부모를 공경하지 아니한 자는 "네 부모를 공경하라." 하는 제5계명의 관문이 열리지 않으니 구원받을 수 없다.
- 살인, 간음, 거짓, 우상 등의 나머지 계명도 마찬가지다.

- 십계명은 하나님의 친필이다. 모기소리만 한 하나님의 음성이라도 들어 보겠다고 여기저기 찾아 헤매지 말고, 십계명부터 암송하고 지키라.

- 십계명은 영혼을 구원하는 양식이며, 십계명을 지키는 것이 구원을 받는 길이다. 인간이기에 지키고자 노력하고 또 노력한다면 지킬 수 있다.

- 십계명을 지키고 천사처럼 아름답게 살아가는 그 마음 하나면 세상에 이루어지지 않는 것이 없다.

6. 보물

- 하나님은 재물이 아니라 우리의 마음을 받으신다. 사랑을 실천하며 천사처럼 변하는 마음이 하나님께 바치는 보물이다.

- 보이지 않는 하나님께 재물을 바치려 하지 말고, 너희를 길러 준 부모에게 용돈 드리고, 찾아뵙고, 효성을 다하라. 그것이 하나님께 효도하는 것이다.

- 하늘에는 선과 악의 창고가 있다. 자기 창고에 선이 많으면 천국으로 구원을 받고, 악이 많으면 심판받아 지옥으로 간다. 그것이 바로 "선한 일을 행한 자는 생명의 부활로, 악한 일을 행한 자는 심판의 부활로" 나오는 것이다.

- "선악과를 따먹지 말라"는 것은 양심을 지키라는 것이다. 선과 악을 구분할 수 있는 양심을 최초에 인간에게 주셨다. 선한 열매는 취하고, 악한 열매는 버리며, 양심에 비추어 부끄럼 없는 삶을 살아가라.

- 가장 작은 거짓말을 하지 않고, 가장 작은 죄를 짓지 않으며, 가장 작은 선행을 하고, 가장 작은 악행을 멀리하는 것이 율법의 일점 일획도 빠뜨리지 말고 다 지키는 삶을 사는 것이다.

7. 우상

- 박물관에 있는 불상은 하나의 예술품이다. 그 조각품에 대고 제 소원을 빌 때 우상숭배가 된다. 십자가라 하여도 그 앞에서 소원을 빈다면 우상숭배하는 것이며, 하나님께 소원을 빈다면 하나님을 우상으로 전락시키는 것이다.

- 지금 기복신앙에 젖어 있는 모든 사람이 우상 앞에 절을 하고 있다. 조각품을 우상이라며 파괴하지 말고, 네 마음속에 있는 욕심의 우상을 무너트리라.

- 생수를 약초가 먹으면 약을 만들고 독사가 먹으면 독을 만든다. 같은 성경을 봐도 선한 지도자는 신도를 천사로 만드는 데 활용한다. 그러나 욕심이 가득한 지도자는 재물을 거두어들여 제가 부귀영화를 누리는 데 악용한다. 그가 바로 성경을 우상숭배의 도구로 전락시키는 거짓 선지자다.

- 성경을 한 획도 빼거나 더하지 말라는 것은, 그 가르침을 빠트리지 말고 온전히 지키라는 것이다. 성경 속에서 자기에게 유리한 구절만 보는 것은, 자기에게 불리한 구절들을 빼 버리는 것이다. 믿음이 제일이요, 행함은 구원과는 관계없다는 것은 자신에게 유리한 쪽으로 성경을 악용하는 것이다.

- 진정한 종교 지도자는 종파에 관계없이 어떤 종파든 어떤 책이든 접하고 보고 깨우쳐 견문을 넓히도록 인도한다. 참진리를 모르고 자신이 없는 자가 남을 이단이라며 배척하고, 신도들의 눈과 귀를 가린다.

8. 예수

- 예수의 재림은 없다. 예수가 다시 온다 해도, 과연 누가 그를 예수라고 믿겠는가? 예수와 같은 삶의 행함이 곧 예수의 재림이다. 각자 모두가 "재림 예수"가 되는, 차원 높은 믿음으로 가야 한다.

- 예수는 "주여 주여 하지 말고, 아버지의 뜻대로 행하라"고 했다. 예수가 전한 하나님의 뜻이 곧 "길이요, 진리요, 생명"이며, 그 가르침이 예수의 보혈처럼 소중한 것이다. 예수를 믿는 것은, 예수의 가르침을 믿고 따르는 것이다.

- 예수는 낮은 자로서 만백성을 섬기고자 했다. 만나는 모든 사람을 다 하나님이라 생각하라. 돈을 벌수록 겸손하고, 높은 지위를 얻을수록 낮아지라.

▪ 예수는 종파를 만들지 않았다. 인간이 만든 종교와 인간의 교리를 따르지 말고, 예수를 통해 전한 하나님의 참진리를 연구하고 따르라.

▪ 예수가 2천 년 전에 만백성을 위해 죽었으니, 지금 이 땅에는 예수의 가르침대로 사는 천사만 존재해야 한다. 예수가 죽어 가면서 바란 것은 만백성이 천사가 되어 예수의 자리를 채워 주는 것이지, 지금과 같이 재물을 바치면서 중언부언 제 소원만을 비는 백성들을 바란 것이 아니다.

9. 구원

▪ 천사가 사는 천국에는 천사만 갈 수 있으니, 천사 같은 마음을 길러야 한다.

- "천국 열쇠를 네게 주리니 땅에서 무엇이든지 매면 하늘에서도 매일 것이라" 했다. 땅에서 천사같이 사는 자가 하늘에서도 천사가 되어 천국에 들어간다. 모든 사람에게 천사같다는 말을 듣는 삶을 살아야 한다.

▪ 천사의 곱고 아름다운 마음은 부모를 공경하고 어른을 어른으로 대접하는 데에서 출발한다. 효도하는 자는 형제와 화목하게 지내기에 가정이 화목해지고, 이웃과 화목해지고, 국가가 화목해지고, 온 인류가 화목해진다.

- 그러므로 지상의 아름다운 소왕국은 가정에서부터 이루어야 한다.

▪ 선택된 14만 명만 구원받는 것이 아니라, 천사처럼 변하고자 하는 14만 명을 기초로 온 인류가 천사처럼 거듭나는 영적인 개혁이 시작되는 것이다.

▪ 천 년에 걸쳐서 하늘에서 이루어진 것같이 이 세상을 낙원으로 만들어, 만백성이 지상의 천국에서 살다가 죽어서 그대로 하늘의 천국으로 들어가는, 영원한 지상 낙원을 건설하는 것이 하나님의 계획이다.

- **이것이 구약과 신약에 이어 "새로운 성경"으로 역사하시는 하나님의 창조의 완성이다.**

▪ 지금의 믿음으로 구원받을 수 있다면 그 길을 가라. 그러나 자신이 없다면 하나님께서 직접 내리신 160권의 "새로운 성경"을 읽고 구원의 길을 보라!

하나님 머리말씀

이 새로운 성경을 읽는 너희 모두는
이 율법에 따라 행하면 영원히 구원받을 것이니라.

너희 인간이 수년, 수십 년, 평생
성서를 공부하고 기도하는 것은
하늘나라 나의 곁으로 오고 싶은 소망일진대,

몇천 년 전의 너희 인성과 생각이
지금의 너희와는 판이하게 다르니,

꺾여 가고 병들어 가는 너희를 고칠 수 있는 길은,
오늘 내가 선지자에게 내리는 새로운 성경과 같이
너희가 변화되는 것뿐이니라.

나의 예수가 태어난 것처럼
내가 아들 선지자를 선택하여
나의 새로운 성경을 온 세계에 전하고자 하니,

묵은 것은 버리고 새로운 것은 취하여,
너희 모두는
'여호와 하나님! 저의 죄를 용서하여 주옵소서.'
하는 기도문으로 기도하고, 죄를 뉘우치라.

이 새로운 성경은
수천 년간 내려온 성서를 요약한 것이니,
너희는 이 책을 정독하여 쉽게 깨달음을 얻고,
이대로 실천하여 하늘에 오르라.

대역자 머리말

■ 하나님의 율법을 지키는 선지자로 선택을 받도다.

저는 남들처럼 그저 열심히 살아온 평범한 사람이었습니다. 그러나 50대 중반에 사업에 실패하여 많은 부채에 시달렸으며, 건강도 악화되어 눈이 잘 안 보이고, 걷기도 어렵고, 두통이 심해서 잠을 이룰 수 없는 고통의 나날을 보냈습니다. 그때 제가 선택할 수 있는 것은 육의 삶을 끝내는 길뿐이었습니다.

죽기 직전에 그동안에 죄를 지은 이들에게 용서를 빌고 인생을 끝내기로 작정하였습니다. 어려서부터 지은 죄를 빌고 빌다 보니 끝이 없었고, 죽음으로도 그 많은 죄를 용서받을 길이 없다는 생각에 하염없이 눈물이 흘렀습니다. 그 순간 '재래식 화장실의 구더기는 죄를 짓지 않는데, 나는 인간으로서 구더기만도 못한 삶을 살았구나.' 하는 생각이 들면서 괴로움에 몸부림칠 때, 갑자기 하나님의 음성이 들렸습니다.

"나는 여호와 하나님이니라. 너는 십계명을 암송하고 내가 내려 주는 메시지를 받아 책으로 만들어 만백성을 구하라." 하시며, 제 눈을 손으로 문지르게 하시고, 아픈 머리와 다리를 손으로 두드리게 하셨습니다. 그러고 나니 눈도 잘 보이고 걸을 수 있었으며 머리의 통증도 말끔히 낫게 되었습니다. 그때부터 십계명을 암송하고 나면 들려주시는 말씀을 기록하였고, 1999년 8월부터 2004년 7월까지 권당 288쪽, 총 160권을 받아서 "새로운 성경"이라는 책으로 펴내게 되었습니다.

그러한 저에게 죽기보다도 힘든 길이 시작되었습니다. 모든 교인들이 저에게 사탄이요, 이단이요, 악마요, 마지막 시대에 온 거짓 선지자라 하면서 공격하였고, 저를 짐승을 보듯이 대하는가 하면, 편협한 종교 지도자들의 선동으로 신도들이 이 책을 직접 읽어보고 평가할 기회마저 막아 버렸습니다. 그래서 하나님의 말씀을 세상에 내는 데 많은 어려움을 겪으며, 피를 토하는 심정으로 책을 전하고 있습니다.

그러나 아무리 인간의 힘으로 막으려 해도, 하나님의 뜻이 세상에 전해지는 위대한 역사는 계속될 것입니다. 책으로 전해지는 "하나님의 말씀"은 세상 끝날까지 항상 우리와 함께하실 것입니다. 사람은 죽어도, 책에 기록된 말씀은 영원히 남으니까요.

■ 따뜻한 실천

하나님께서는 어려운 사람들에게 삶의 터전을 마련해 주고, 미래를 열어 주는 것을 기뻐하십니다. 어려운 이웃이 스스로 자립할 수 있도록 이끌어 주는 것이 진정으로 이웃을 돕는 것이라고 말씀하셨습니다. 그래서 일자리가 없는 제자들에게 작은 사업장을 만들어 주는 "달란트 사업"을 하고 있습니다. 식당, 반찬 가게 등을 차려 주고, 기존의 어려운 사업장이 자립할 수 있도록 돕고 있습니다(커피숍, 미용실, 의상실 등).

하나님께서는 교회에 나와서 모든 시간과 재물을 쏟기를 원하지 않으시고, 그 시간과 재물을 교육에 투자하여 스스로 미래를 열어 가기를 원하십니다. 그래서 제때 공부하지 못한 제자들에게 학업을 이어 가도록 하였습니다. 중화요리 주방장을 하며 초등학교 검정고시부터 공부하여 2012년에 방통대를 졸업한 36세 남성, 만학도들의 2년제 중학교에 입학해서 2007년에 명지대학을 졸업한 38세 여성, 중학교 검정고시를 시작으로 숭의여자대학을 졸업한 47세 여성 등이 있습니다. 그밖에도 많은 제자들에게 나이를 초월하여 배우고 깨우쳐서 사회 속의 당당한 일원이 되도록 인도하고 있습니다.

학자금 대출로 힘겨워하는 젊은이들을 위해 "따뜻한 바람 장학회"를 발족하여(2016년 12월) 대출받은 학자금 전액을 매월 갚아 주고 있습니다. 또한, 다문화 가정을 위해 "다문화 가족 랜드"를 조성하여, 각종 시설을 무료로 활용하도록 하고 있습니다.

이러한 따뜻한 실천이 아직은 미약합니다. 그러나 책의 수입이 늘고, 저와 뜻을 같이하는 분들이 늘어나면 계속 확대할 것입니다. 지도자로서 신도의 재물을 헌금으로 거둬들여 착복하는 것이 아니라, 하나님께서 기뻐하시는 일에 사용하도록 중매 역할만 하며 살아가고자 합니다. 이런 제가 과연 사탄이고 이단인가요? 하나님께서 기뻐하시는 일이라면, 저에게 사탄이라 하든 거짓 선지자라 하든 굽히지 않고 실천해 나갈 것입니다.

끝으로, 일상의 삶 속에서 "지금 내가 하는 행동이 과연 하나님께서 기뻐하실까, 슬퍼하실까?" 생각하고, 매사에 하나님께서 기뻐하시는 길을 택하기 바랍니다. 교회에 모여서 집단적으로 예배 드리는 것이 아니라, 개인이나 가정 단위로 새로운 성경을 읽어 스스로 깨우치고 그대로 행하면 충분합니다. 그것이 마음속에 성전을 짓고, 신령과 진정으로 예배 드리는 길입니다. 그러면 천국의 문에 들어서게 됩니다.

2017.2.1.

하나님 말씀 대역자 김용철

차 례

십 계 명

이 책은 십계명을 암송하고 나면 내려 주시는 "하나님의 음성"을 듣고 그대로 받아쓴 기록입니다. 하나님께서 십계명을 모세에게 내려 주셨지만, 그것은 만백성에게 내려 주신 것입니다. 마찬가지로 이 책의 모든 말씀도 저에게 내려 주셨지만, 만백성 각자에게 들려주시는 말씀입니다. 여러분도 이 책을 접할 때마다 십계명을 암송하고 나서 정독해 주시기 바랍니다.

제일은, 너는 나 외에는 다른 신들을 네게 있게 말지니라.

제이는, 너를 위하여 새긴 우상을 만들지 말고, 또 위로 하늘에 있는 것이나, 아래로 땅에 있는 것이나, 땅 아래 물 속에 있는 것의 아무 형상이든지 만들지 말며, 그것들에게 절하지 말며, 그것들을 섬기지 말라.

제삼은, 너는 너의 하나님 여호와의 이름을 망령되이 일컫지 말라.

제사는, 안식일을 기억하여 거룩히 지키라.

제오는, 네 부모를 공경하라.

제육은, 살인하지 말지니라.

제칠은, 간음하지 말지니라.

제팔은, 도적질하지 말지니라.

제구는, 네 이웃에 대하여 거짓 증거하지 말지니라.

제십은, 네 이웃의 집을 탐내지 말지니라.

나 여호와가 존재함을 믿는 그 자체가 구원의 길에 들어서는 기본이요, 근본이며, 나의 새로운 성경을 가슴에 안고 정독하는 자, 반석 위에 서서 하늘에 오르는 찬란한 빛을 보게 되는 영광을 얻게 됨이니라. 진정 나를 따르고 믿는 자는 감히 사탄이나 마귀도 근접하지 못하느니라.

〈하나님 말씀〉

2004년 2월

9,581 번째 하나님 말씀

2004년 2월 11일 16시 20분

1 사랑하는 나의 아들아!
2 "네, 아버님! 말씀하옵소서."
3 너희들이 말로써 소원하고 역사하는
것, 말로써 나를 경배하고 기도하는
것은 나와 관계없다 하였음이니라.
4 너희들이 행동으로써 모두를 이루며,
너희들이 선하고 아름다운 삶을 추구
하고 살아가는 것, 행하는 것만이 소
중하다 내가 하지 아니하였더냐?
5 그러니 지금 구원의 길이요, 하늘에
오르는 길을 간다는 종교 집단의 지도
자 너희들이 과연 어떠한 마음으로 살
아가고 있는가?
6 내가 나의 아들을 통하여 너희들이 하
늘에 올 수 있는 그 방법을 가르쳐 줌
이니,
7 이를 듣고 그대로 행하는 자는 거듭나
는 역사를 얻을 것이요, 그렇지 않은
자는 구원의 길을 받을 수 없는 것이
오늘의 종교 집단 너희들임을 알라.
8 너희가 소원하고 갈구하는 것, 그리고
너희들이 그 권좌요, 재물을 거둬들이
기 위한 그 욕망을 채우기 위하여, 그
리고 인간 세상의 모두를 너희들이 남
들에게 지지 않겠다는 그 소망하는 마
음,
9 그리고 나로부터 기적의 역사를 얻고
너희들이 무엇인가를 이루겠다는, 그
리고 기적을 내려 주기 바라며 재물의
은혜요, 권세의 은혜를 주기를 애절히
기도하는 마음,
10 그 마음 자세처럼 너희들이 이 세상에
살아가며 노력한다면 못 이루는 것이
없으며 못 역사하는 것이 없다는 것을
내가 가르쳐 줌이니 그리 알라.
11 너희들이 갈구하는 것, 소원하는 것,
그와 같은 것을 얻고자 하여 나에게
울고불고 애절히 기도하는 마음으로
너희들이 어떠한 일이든 역사한다면
못 이룰 일이 없으며, 너희들이 나의
계명을 또한 못 지킬 것이 없음을 알
라.
12 그러니 너희들이 소원하는 것, 더 역
사하고자 기도하는 마음, 그와 같은
마음으로써 모두를 싸우고 이겨 나간
다면,
13 너희들에게 감히 대적할 사탄이요, 마
귀가 없으며, 너희들을 무너트릴 자,
이 세상에 존재하지 아니하다는 걸 알
라.
14 그리고 그와 같은 마음으로 나 여호와
를 경배하며 나를 사랑하고 나를 찾고
나를 따르며, 그와 같은 마음으로 너
희들이 내 뜻을 이루고자 역사한다면,
15 모두를 다 너희들이 못 이룰 것이 없
으며, 역사되지 아니함이 없을 것이니
라.
16 이루어지지 아니함이 없을 것이니, 너
희들이 나를 사랑하며 나를 경배하며
내 뜻에 따라가는 삶을 너희들이 소원
하는 것을 얻고자 기도하는 그와 같은

마음 자세로써 한번 그리 가 보라.
17 그리하면 너희들이 못 이룰 것이 없음
을 알게 될 것이니라.
18 너희들은 과연 어떠한 자세로, 또 어
떠한 생각으로써 믿음의 길을 가며,
너희들이 그리도 원하는 기도요, 경배
하는 것을 어떠한 자세로써 어떠한 마
음의 생각으로써 그리하는가, 너희들
자신을 한번 돌이켜 보도록 그리하라.
19 지금의 너희들의 믿음이요, 신앙생활
이 나를 속이는 그 신앙생활이요, 믿
음의 길만을 가고 있음이니,
20 지금 종교 집단이요, 지도자요, 그리
고 맹종 맹신하는 신도 너희들이 잠시
는 나를 속일 수 있다 생각하고 내 뜻
을 속이고 갈 수 있다 하나,
21 정녕 너희들이 하늘을 속이며 나를 속
일 수 없다는 것을 알아야 될 것이며,
22 더욱이 내가 너희들의 그와 같은 작은
일까지도 어떠한 것도 놓침이 없음을
알아야 될 것이니라.
23 너희들이 나를 속이는 행위를 하고 있
다는 것을 이제 깨우치라.
24 너희들은 아니라 그리 말할 것이니라.
25 나 여호와의 뜻에 의하여 나 여호와가
역사하는 대로 너희들이 모두를 바쳐
살아가는 백성이요,
26 거역하는 백성이 아니요, 순종하는 백
성이라 그리하며, 나 여호와의 뜻에
의해 너희들이 살아왔다 그리 말할 것
이니,
27 그러나 너희들이 심판대에 섰을 때 내
가 모른다 함을 너희들은 듣게 될 것
이라 내가 그리하지 아니하였더냐?
28 내가 그리하여 모두를 너희들에게 깨
우쳐 주었느니라.
29 기적과 이적의 그와 같은 것으로써 너
희들이 믿음의 길을 가는 것이 아니
요, 무슨 은혜요, 축복을 받았다 하여
그것을 의지하여 가는 믿음이 아니라,
30 너희들은 오로지 참진리의 길이요, 진
정한 나 여호와의 뜻에 따라 행하고
묵묵히 역사하는 삶을 사는 것, 그것
만이 너희들이 다 이루어지는 길이며
너희들이 가야 할 길이라는 것을 알아
야 될 것이니라.
31 작은 것 하나까지도 놓치지 않고 듣고
보는 나 여호와를 감히 속이려 들지
말라, 어리석은 백성들아!

9,582 번째 하나님 말씀

2004년 2월 11일 16시 25분

1 사랑하는 나의 아들아!
2 "네, 아버님! 말씀하옵소서."
3 오늘의 모든 종교 집단이요, 지도자들
이 어찌 가는가?
4 저희들 앞에 쌓아 놓고자, 저희들이
더 좋은 것을 갖고자, 제가 대우를 받
고자 하는 우상적인 그와 같은 마음
자세요, 그 행동으로써 지도자들은 지
금 변질되어 있으며 다 썩고 타락되었
으며,
5 그를 보고 저희들이 구원의 길이요,
하늘에 오르는 길이라 하여 어렵고 힘
든 길을 버려둔 채 저희들이 편안한
길이 구원의 길이라 말하는 자,
6 행함은 저희들이 다 버리며 말로써만
나의 아들 예수의 은혜로써 구원을 받
았다 말하는 그와 같은 백성,

7 그들이 어찌 가든, 그들이 어떠한 행
동을 하든 그들에게 관여할 것이 없
느니라.
8 나의 아들을 따르는 제자들이요, 나의
법전을 읽고 깨우친 만백성은 그들이
하는 행위요, 그들이 하는 말에 현혹
되지 말라.
9 다만, 나의 아들을 따르는 선택된 너
희들은 모든 것을 받는 백성이 아니
라, 모든 것을 베푸는 백성이요, 그리
고 나눠 주는 백성이라는 그와 같은
마음을 가지고 살아야 됨을 절대 잊지
말라.
10 너희들은 받는 백성이 아니요, 거둬들
이는 백성이 아니요, 재물을 쌓아 놓
는 백성이 아니요, 남의 것을 챙기는
그와 같은 삶을 살아가는 나의 아들을
따르는 제자들이 되어서는 절대 안
되며,
11 너희들은 받는 것이 아니라 만백성에
게 나눠 주는 그와 같은 백성이 되어
야 함을 절대 잊지 말라.
12 제가 먼저 무엇인가를 이루고자 하며,
제가 먼저 앞서 가고자 하며, 제가 편
하고자 하는, 그리고 제가 우선이 되
고자 하는 그와 같은 생각을 가지고
나의 아들을 따르는 제자들이 살아가
서는 절대 아니 되느니라.
13 너희들은 항상 한 발짝 뒤로 물러나서
보며, 항상 양보하며, 남을 위하여 살
아가는 그와 같은 마음 자세로 살아가
는 것이 너희들이 가야 할 길이니라.
14 세속의 지금의 종교 집단이요, 지도자
요, 천사와 같은 삶을 산다 말하는 자,
그리고 천사가 되었다는 자, 그들이
유사시에 얼마만큼 사악하고 간악한
모습으로 드러나는가?
15 그것이 바로 진정한 진리요, 참깨우침
으로 가지 못하였기 때문이니라.
16 너희들은 비바람이 몰아치고 또한 역
경이 닥친다 해도 양심을 버리지 아니
하며 양심을 팔지 아니함이니,
17 양심을 버리지 아니하며 양심을 팔지
않는 것은 나 여호와를 너희들이 버리
지 않는 것이요, 나 여호와를 욕되게
하지 아니하는 것이니,
18 그게 나의 아들을 따르는 제자들의 마
음 자세임을 너희들은 알아야 될 것이
니라.
19 이제 너희들은 제가 우선이요, 제가
먼저 편하고 좋은 자리에 앉는 것이
아니라,
20 모두를 양보하고 너희들이 한 발 물러
나서 바라보는 그와 같은 삶을 살지
아니하면 절대 아니 됨이니라.
21 너희들은 자신의 생활을 희생하는 삶
이 어떠한 삶인가를 깨달을 수 있는
백성이 되어야 함이니라.
22 오늘의 종교 집단이요, 지도자 그들은
저희들이 자신을 희생하며 사는 삶이
고통이요, 역경이라 그와 같이 생각하
느니라.
23 그리하여 저희들에게 무엇을 달라 이
루어 달라며 소원하는 것이 아니더냐?
24 저희들이 생활을 희생하는 것, 그리고
희생 속에 어려운 삶을 사는 것, 남에
게 양보하는 삶이요, 그와 같은 삶을
살고자 한다면 더 달라, 무엇을 이루
어 달라 감히 그리 이야기할 수 없음
이니,

25 그들은 남에게 베풀며 자신이 희생과
봉사를 하면서 저희들이 행복한 삶을
누리며 행복한 뜻이 거기에 있음을 모
르며,
26 나 여호와의 뜻에 따라가는 너희들이
얼마나 행복함을 느낄 수 있는 것인가
를 그들은 알지도 못하며 그걸 받아
보지도 못하는 백성들이니라.
27 그러니 그들이 얼마나 불행하고 가련
한 백성들이란 말이더냐?
28 나의 피조물 만백성 너희들은 받는 행
복보다 주는 행복이 더 위대하고 더
찬란함을 이미 알고 깨달았을 것이니
라.
29 그러나 그들은 받는 행복이요, 받는
즐거움은 아나, 저희들이 나누어 주고
베푸는 그 행복이요, 그 감사함을 모
르는 어리석은 백성들이 되어 있음을
너희들은 알라.
30 너희들은 사랑도 받는 것이 아니요,
무한정 베풀어 주는 사랑을 해야 되
는 것이니라.
31 너희들은 사랑을 받고자 노력하며 사
랑을 받고자 역사하는 것이 아니요,
32 너희들에게 주는 사랑까지도 거부하
며 너희들에게 베푸는 것까지도 거부
하며, 너희들이 모두를 내주고 베푸는
사랑으로써 거듭나야 될 것이니,
33 그러니 그와 같은 백성이 되었을 때,
너희들은 스스로 남을 탓하기 전에,
남을 욕하기 전에, 남을 미워하기 전
에,
34 칭찬하는 마음이요, 사랑하는 마음으
로 너희 자신이 바뀌어져 있으며, 네
입에서는 그와 같은 아름다운 말이 나
감이니,
35 곧 네가 아름다운 한 송이의 꽃이요,
네 입에서 나오는 그 아름다운 말은
보이지 않는 아름다운 향기가 되며,
그걸 맡는 자들은 그 향기가 얼마나
위대하고 소중하고 귀한 것인가를 알
게 될 것이니라.

9,583 번째 하나님 말씀

2004년 2월 11일 16시 31분

1 사랑하는 나의 아들아!
2 "네, 아버님! 말씀하옵소서."
3 지금의 광적으로 믿는 신도들이요, 저
희들이 구원을 받았다 감히 그리 말하
는 자, 그와 같은 자들이 얼마나 어리
석고 불쌍한 그 믿음의 길을 가는 줄
알겠느냐?
4 나 여호와가 나의 아들을 통하여 나
의 법전에 기록함이니, 지금의 모든
종교 집단이요, 신도 너희들이 감히
누구를 따르며 누구를 따라 설교를
들으며 강론을 들으며 하늘에 오르고
자 하는 길을 가고 있는 줄 알겠느냐?
5 그저 먹기 위하여 배를 채우는 욕심
많은 돼지를 숭배하며 그 돼지를 따르
고 그 먹이가 되는 것이 바로 너희들
의 오늘의 믿음이라 내가 그리 말한
다면, 너희들은 과연 어찌하겠는가?
6 종교 집단이요, 지도자들이 제 것을
베풀어 주며 제 것을 나누어 주는 것
을 봤는가?
7 저희들만이 편하고자 그저 거둬들이
며 제 것만을 챙기며, 그리고 베풀 줄
모르는 자니,

8 저희들이 배부를 때까지 그저 챙겨
놓는 그 짐승이요, 그중에서 그 먹이
에 현혹되어 살아가는 돼지라는 짐승
만도 못한 것이니,
9 바로 오늘의 너희들이 믿고 따르는 종
교 지도자요, 너희들의 신앙의 길에
너희들을 가르치는 것이 무엇인 줄
알겠느냐?
10 너희들이 누구를 믿고 누구를 따르는
지 알겠느냐?
11 제 것은 나눌 줄 모르며 베풀 줄 모르
며 가난하고 불쌍한 자에게도 거둬들
이기만 하며,
12 바치기만 하면 더 복을 받는다 하여
거둬들이고, 나눠 줄 줄 모르며 인정
머리가 없으며 사랑이 없으며 그저 챙
기기만 하니, 그들이 바로 무엇이더
냐?
13 그들은 인간도 아니요, 종교 지도자도
아니요, 너희들이 말하는 그저 먹이만
을 위하여 소리 지르고 발광하는 그
돼지를 지금 따르며, 그 돼지의 설교
를 들으며, 그 돼지 앞에 너희들이 가
서 가르침을 듣는다고 앉아 있는 것
이니 그리 알라.
14 너희들은 돼지의 우상을 섬기는 것이
며 돼지의 신을 모시는 것이니라.
15 저만 쌓아 놓고자 하며 저만 챙기고
자 하는 그 몰인정한 자들, 그들이 이
세상을 황폐하게 만들었느니라.
16 지금 너희들이 물어보라, 모든 백성들
이 어렵고 힘들 때 이웃을 도우며 나
눠 줌이니라.
17 그러나 종교 집단이요, 지도자들은 가
서 무얼 하느냐?
18 저희들이 중언부언하여 배고픈 돼지
가 소리 지르듯이 소리 지르고, 저희
들은 '아멘!' 하며,
19 그가 죽어 가든, 쓰러져 가든, 어떠한
고통이 있든, 저는 하나님의 종이요,
나의 백성이요, 그리고 나로부터 명받
은 지도자요, 인도자라 하여, 어떠한
형국이든지 저희들이 챙기며 받아 가
지고 돌아서는 자들이니,
20 그 대가를 받지 아니하면 행하지 아니
하는 자들이니, 그것이 돼지만도 못한
자요, 돼지와 같은 자들의 삶이 아니
더냐?
21 나 여호와가 그를 보는 그 분개함이
요, 나 여호와의 노여움을 너희들이
알겠느냐?
22 나의 사랑하는 백성들이 그 모두가
모르는 자도 무거운 짐을 들어 주며
어려운 자에게 나누어 주느니라.
23 그리고 물에 빠져 죽어 가는 자에게
밧줄을 던져 살리며 뛰어들어 살리는
그와 같은 역사를 하는 것이 나의 피
조물 만백성이 나로부터 가지고 나간
가장 아름답고 예쁜 마음이니라.
24 그러나 어려운 자를 도와주고 싶으며
어려운 자에게 나눠 주고자 하는 것,
그 모두를 막고 그리 역사하지 못하
게 하는 자,
25 물에 빠진 자를 건져 준다 해도, 저희
들과 믿음이 같고 제 앞에 와 재물을
바치며 '아멘, 할렐루야!' 하며 저를
신주처럼 모시지 않는 자는 하나님의
백성이 아니기에 아무리 좋고 선한 일
을 해도 창조주 나 여호와로부터 상을
받을 수 없으며 복을 받을 수 없다 감

히 말하는 그와 같은 자,
26 그들이 돼지만도 못한 자들임을 알아
야 될 것이니라.
27 이제 광분하는 백성들이요, 그리고 맹
종 맹신하는 백성 너희들은 들으라.
28 너희들이 어찌 감히 돼지가 가르치는
것, 돼지 앞에 그를 우상으로 섬기며,
너희들의 팔다리를 잘라서도 너희들
이 눈을 빼서라도 받드는 것이 주의
종이요, 그 역사하는 자를 받드는 것
이 너희들이 가는 길이라 말하니,
29 너희들이 살점을 뜯어먹고자 하는 돼
지와 같은 자가 아니면, 인간이 어찌
감히 그와 같은 말을 할 수 있다 생각
하는가?
30 그러니 너희들은 들으라, 이제 내가
나의 아들을 통하여 너희들에게 전함
이니, 이를 보고 너희들이 나의 아들
앞에 와 화살을 쏜다 해도, 그 화살은
나의 아들의 가슴을 뚫지 못할 것이니
라.
31 돼지가 어찌 인간의 가슴에 활을 쏠
수 있단 말이던가?
32 너희들은 물고 뜯을 수는 있으나, 나
의 아들 가슴에 비수를 꽂지는 못할
것이니라.
33 바로 너희들은 돼지 앞에서 돼지의
신을 모시며 돼지를 우상화하며, 그
소리를 듣고 너희들이 하늘에 오르는
길이라 그리 말하고 있는 어리석은
백성들이니,
34 제 앞에 쌓아 놓기만 하는 것, 거둬들
이기만 하는 것, 어려운 백성에게 베
풀 줄 모르는 것, 나누어 줄 줄 모르는
것, 그저 거둬들이고 받아들이기만 하
는 것,
35 너희들이 자선의 기도요, 베푸는 기도
요, 선행의 기도를 하는 장소에 가서
도 거둬들이기만 하는 그와 같은 그들
을 인간으로 보지 말라.
36 너희들이 그를 인간으로 보는 순간에
너희들은 지옥 불로 가며, 나로부터
버림받는 백성이라는 걸 잊지 말라.
37 나의 법전을 읽고 깨우쳐, 거기서 뛰
쳐나오는 자는 불 속에서 불을 뚫고
뛰쳐나오는 짐승의 삶과 같으니,
38 너희들이 네 목숨을 나에게 한 번 바
침이니, 그 상이 너희들이 감히 감당
키 어려울 만큼 큰 은혜와 축복이 너
희들에게 있음을 알아야 될 것이니라.

9,584 번째 하나님 말씀

2004년 2월 11일 16시 40분

1 사랑하는 나의 아들아!
2 "네, 아버님! 말씀하옵소서."
3 구약의 그 몇천 년의 시대요, 신약의
그 몇천 년의 시대를 흘러오며 6천 년
이란 길고 긴 그 세월 속에 나 여호와
가 울고 있으며 내 가슴에 흐르는 피
눈물을 너희들은 보라 하였음이니,
4 그 눈물을 닦아 줄 자요, 그 눈물을 멈
추게 할 자는 지금 나의 아들을 따르
는 백성들이요, 나의 법전을 읽고 너
희들이 깨우쳐 가는 백성이라 하였음
이니,
5 너희들이 감히 너 자신을 속이며 네
가족을 속이며 네 이웃을 속이며 나
여호와를 속이려 하는 그와 같은 행위
를 하지 말라.

6 어떠한 고통과 시련이 있어도 너희들
은 십계명을 지킬 것이며, 나의 아들
을 통하여 내리는 나의 법전을 지키고
살아가는 데 하나도 오차가 없고 부끄
러움이 없는 그와 같은 백성으로 거듭
나야 됨을 너희들은 알라.
7 구약 시대는 과연 어떠한 시대였는지
알겠느냐?
8 내가 구약 시대요, 신약 시대의 너희
들이 똑같이 지금 잘못되었다 함은,
구약 시대도 너희들이 제사를 지낼 때
그 제물을 어찌하였느냐?
9 가난한 자는 가난한 대로 비둘기를 바
치며, 조금 나은 자는 염소요, 양을 갖
다 바치는 자요, 재물이 있는 자는 송
아지를 바치며 큰 소를 바쳐 너희들이
제사를 올리는 그와 같은 행위를 했음
이니라.
10 그리고 피로써 너희들의 그 죄를 감히
사함을 받으며, 그 죄를 다 용서받는
다 그리하였음이니,
11 그때 너희들이 그 제물에 따라 너희들
이 바치는 자의 그 죄 사함이 다른 것
이 구약 시대의 역사함이 아니였더냐?
12 너희들은 죄가 크고 작은 것으로써 용
서를 빌고 기도하는 것이 아니요, 너
희들이 제물을 바치는 것으로써 그 제
물의 피로써 기도를 드림이니,
13 너희들은 비둘기를 바치는 자, 양을
바치는 자, 소를 바치는 자, 송아지를
바치는 자, 거기에 따라서 죄 사함이
모두 다르며, 너희들은 제물을 바치는
그 양에 따라 너희들이 기도하고 역사
한 것이라 생각하며, 그로 하여금 죄
를 용서하고 용서하지 아니함이니라.
14 오늘의 너희들이 신약 시대의 그 흐름
이 무엇이더냐?
15 너희들이 재물을 많이 바쳐 하늘의 창
고에 그득히 쌓아 놓는 자 구원을 받
으며, 너희들이 죽어 갔을 때 그 앞에
가서 상을 받는다 그리 말함이니,
16 오늘의 너희들이 그 재물을 바치고 덜
바치는 자의 기도하는 방법이 다르며,
그를 위하여 너희들이 기도하는 그 역
사의 방법이 다름이니라.
17 그러니 바로 그것이 무엇이더냐?
18 구약 시대의 그 전철을 그대로 밟고
역사하는 것이 너희들이 아니더냐?
19 재물을 많이 바치는 자, 그 양에 따라
서 기도하는 방법이 다르며, 또한 권
력 있는 자, 권좌에 있는 자에 따라서
너희들이 기도하는 방법이 다르며 그
행동함이 다르니, 그리고 재물을 바치
는 양에 따라서 구원을 받고 못 받는
다 하니,
20 너희들이 구약 시대에 바치는 짐승의
크기에 따라서 제사 지내는 그 방법이
달랐듯이, 오늘에 그 역사를 그대로
하고 있는 자들이 아니더냐?
21 그러니 너희들이 형평성을 잃고 살아
가는 자들이니라.
22 그러니 나 여호와가 너희들이 재물이
요, 재물과 금화와 은화를 바치는 것
으로 나 여호와가 그 죄를 용서해 주
고 거둬들인다면,
23 내가 어찌하여 공의의 하나님이요, 진
정한 창조주 나 아버지라 그리 말한단
말이더냐?
24 너희들이 나를 더 이상 욕되게 하지
말며, 나를 더 이상 너희들이 그리 몰

고 가지 말라.
25 너희들이 내 뜻을 거역하는 자, 내 눈
물을 또 흘리도록 하는 자들이며, 내
가슴에 못질을 하는 자들이라는 걸 너
희들은 알아야 될 것이니라.

9,585 번째 하나님 말씀

2004년 2월 11일 20시 51분

1 사랑하는 나의 아들아!
2 "네, 아버님! 말씀하옵소서."
3 수천 년 동안 흘러오는 나의 피조물
만백성이요, 그리고 저희들이 구원의
길로 인도하며 나에게 오르는 길이라
하여 공부하며 설교하고 가르친 자요,
배운 자들, 그들이 가장 원하고 소원
하는 것이 무엇이더냐?
4 저희들이 거듭나는 영광을 얻기 위하
여 모두가 구원이라는 걸 놓고 기도하
고 경배하는 것이니라.
5 그러나 이제 나의 아들을 따르는 백성
너희들은 알아야 될 것이니라.
6 나 여호와가 역사하고 창조하고자 하
는 것, 그 모두에 비하여 백사장의 모
래알 하나만큼도 못한 것이 너희들이
그리 매달리고 소원하고 바라는 그 구
원임을 알라.
7 나 여호와가 역사하는 그 뜻에 따라
너희들이 그리 갈구하고 소원하는 구
원이라는 것,
8 너희들이 목숨을 바쳐 그 구원을 받고
자 매달리며 몸부림치는 그것은 나 여
호와가 역사하고자 하는 것에 비해 백
사장에 모래알 하나만큼도 못한 것이
거늘,
9 어찌하여 그리 매달려 너희 모두를 바
치며, 너희 삶이요, 생명까지도 바쳐
거기에 매달리고 있는가?
10 이제 나의 아들을 따르는 제자, 너희
들은 알아야 될 것이니라.
11 너희들은 구원이라는 것이 그와 같이
아주 작은 것이며, 나 여호와가 역사
하는 것에 비하여 보잘것없는 것이며,
12 너희들이 어느 구석에 있는지도 모를
정도로 그 작은 것을 가지고 그리 매
달리고 울고불고하는 것임을 알아야
될 것이니라.
13 그리하여 내가 너희들에게 기도라는
것은 너희들이 만들어서 하는 것이 아
니요, 나 여호와가 내리는 것이라 하
지 아니하였더냐?
14 너희들이 기도하며 말로써 역사하는
것이 무엇이더냐?
15 너희들이 구원을 받기 위하여 그리 몸
부림치고 그 구원을 위해 울고불고 기
도함이니,
16 그것은 나 여호와가 너희를 통하여 역
사하고자 하는 것의 만 개의 그 숫자
중에서 한 개도 안 되는 그와 같은 것
이라는 것을 너희들은 알라.
17 그리하여 내가 나의 아들 예수를 통하
여 '주기도문'을 내렸음이니, 그 주기
도문이 무엇인 줄 알겠느냐?
18 하늘의 뜻이며, 그대로 역사하고 그대
로 지키라는 것이니라.
19 거기에 비하여 너희들의 그 구원의 기
도라는 것, 너희들이 바라는 것은 거
기에 어디 있는지도 찾을 수 없는 작
고 미미한 것이거늘,
20 너희들이 어찌하여 기도요, 믿음이요,

그 모두를 다 구원이라는 것에 맞춰
그리 가는가?
21 이제 나의 아들을 따르는 제자, 너희
들은 이와 같은 하늘의 뜻이요, 내 뜻
을 알아야 될 것이니, 내가 너희에게
무어라 말하였느냐?
22 너희들은 구원이라는 걸 생각지도 말
며 바라지도 말며,
23 너희들이 나에게 오를 수 있는 천국에
오르는 자리가 하나 있다면, 그것마저
도 양보할 수 있는 마음을 기르는 것
이 너희들이 공부하는 길이요, 나의
백성으로 거듭나는 길이라 한 그 의미
를 알겠느냐?
24 너희들이 그리 몸부림치고 애원하는
그 구원이라는 것은 나 여호와가 역사
하는 것에 비하면 아무것도 아니라는
그 의미를 알았다면,
25 이제는 너희들이 기도하지 말라 하는
것, 그리고 내가 너희들에게 내려 준
것만 기도하라는 것, 그리고 너희들이
주기도문에 따라서 기도하라 한 그 뜻
을 다시 한 번 음미해 보라.
26 그 주기도문은 하늘의 뜻이요, 하늘의
역사하는 것이니라.
27 그러니 거기에 비할 수 있는 것이 무
엇이더냐?
28 그러니 그 주기도문을 역사하는 것은
제쳐 놓고, 너희들이 백사장의 모래알
만도 못한 구원에 매달리는 기도요,
구원을 위해 역사하는 그와 같은 삶을
살지 말라 그리 전함이니,
29 나의 이 뜻을 깨우쳐 너희들은 귀가
열리고 눈이 뜨여 내가 역사하는 것을
바로 볼 수 있도록 그리하라, 사랑하
는 나의 아들딸들아!

9,586 번째 하나님 말씀

2004년 2월 12일 06시 31분

1 사랑하는 나의 아들아!
2 "네, 아버님! 말씀하옵소서."
3 나 여호와가 너희들에게 친필로 써서
너희들이 지켜야 할 그 열 가지의 계
명을 내렸음이니, 너희들이 그 계명을
암송하며 하나하나 그 뜻을 깊이 음미
해 보라.
4 과연 거기에서 무엇을 원하는가 그것
이 여호와요, 창조주 내가 너희들에게
원하고 바라는 것이니,
5 이를 지키고 행하는 것만이 너희들이
내 뜻을 아는 자요, 나를 경배함이라
는 것을 알아야 될 것이니라.
6 너희들이 말로써 나를 경배한다며 나
의 뜻에 따라 너희들이 모두를 역사하
며, 오로지 나 여호와의 뜻에 의해 살
아가는 그와 같은 백성이라 하나,
7 너희들이 내가 직접 써 내린 그 십계
명을 지킬 수 없으며 그대로 행하지
않는 것은 다 허상이며, 너희들이 나
와 관계없는 그 역사의 길을 가고 있
다는 것을 알아야 될 것이니라.
8 너희들은 그와 같은 이치를 모르는 자
도 아니요, 그와 같은 깨달음을 모르
는 백성도 아니니라.
9 그러나 어찌하여 그를 지킬 수 없으며
그를 역사할 수 없다 그와 같이 말하
는 자에게 너희들이 그 말을 '옳소, 맞
습니다' 하여 울고불고 그리하는가?
10 그것이 바로 너희들이 다른 신이요,

다른 우상을 섬기는 것이요, 너희들이
말하는 사탄이요, 이단을 섬기고 지키
는 것이라는 것을, 어찌하여 그 의미
를 모르느냐?
11 지금 나의 아들을 통하여 나의 새로운
성경이 내려감이니,
12 그는 내가 친필로 써 내린 그 십계명
을 암송하고 지켜야 되며, 그리 가는
것이 나 여호와의 뜻을 따르는 것이
요, 나를 기쁘게 하는 것이며, 나를 볼
수 있는 길이라 그와 같이 말하며,
13 그를 암송하고 그의 제자들에게 그를
기록하여 머리말에 두고 항상 암송하
라 그리 가르침이니,
14 과연 창조주 나 여호와가 행하라는 그
명을 지키고 가는 것이 사탄이요 이단
인가, 그렇지 아니하면 내가 지키라는
것을 지키지 아니하고 행하지 아니하
는 것이 이단이더냐?
15 너희들은 그와 같은 상식은 다 알 것
이며 그와 같은 깨달음은 너희들이 다
알 것이니라.
16 이제는 나의 피조물 만백성 너희들은
들으라.
17 직접 내가 써 내린 그 친필도 지킬 수
없으며 역사할 수 없다 말하는 것, 그
것이 이단이요, 사탄이요, 이 세상을
혼란케 하는 자들이 아니더냐?
18 그들이야말로 거짓 선지자라 함을 너
희들은 알아야 될 것이니라.
19 나의 성서에 내가 기록하여 전하기를,
수많은 거짓 선지자들이 세상에 나와
그를 혼란케 한다 하였음이니,
20 지금 바로 모든 종교 집단이요, 지도
자라 말하는 자, 그리고 너희들이 나
의 십계명이요, 나의 뜻대로 지키고
행할 수 없다 말하는 자, 인간이기 때
문에 나의 뜻을 역사할 수 없다 말하
는 자,
21 그들이 바로 사탄이요, 이단이요, 이
세상을 혼란케 하는 거짓 선지자라는
것을 너희들은 알지 않겠는가?
22 그 이치 하나를 너희들이 깨달았으면
그저 그대로 보면 되는 것이거늘, 어
찌하여 그를 역으로 생각하는가?
23 어찌하여 너희들은 나 여호와의 뜻에
의하여 지키고 살 수 없다 말하는 자
는 나의 뜻에 의해 역사하는 자요, 나
의 종이요, 나의 목자라 그리 말하며,
너희들은 그를 따라 같이 그리 광분하
는 행동으로써 살아가는가?
24 그것이 바로 지금의 나의 피조물 만백
성이니라.
25 내가 이 세상을 지배할 수 있는 지혜
와 생각할 수 있는 판단력을 준 너희
들이, 이 세상에 과학의 문명이요, 이
루 말할 수 없는 그와 같은 지혜요, 그
역사까지 이루면서도, 어찌하여 너희
들이 단순한 이 이치의 가르침을 모른
단 말이더냐?
26 너희들은 알아야 될 것이니라, 지금
그와 같은 것을 지키지 못하며 행하지
못하고 산다는 백성은 바로 이 세상을
혼란케 하며 사탄이요, 마귀요, 너희
들이 말하는 이단이 되어 있는 자라는
것을 알아야 될 것이니라.
27 내가 내린 십계명은 너희들이 그를 지
키고 행하는 것만이 너희들이 나에게
오를 수 있다 하였음이니,
28 그를 지키고 가는 자들이 나에게 선택

된 백성이요, 그들이 구원의 길에 오
를 수 있으며 하늘의 나라에 올 수 있
는 자니라.
29 그러니 그를 지키고 행할 수 없다는
자들이 바로 나의 피조물 만백성을 지
옥으로 이끌어 가는 이단이요, 사탄의
행위를 하고 있다는 것을 이제 너희들
은 알아야 될 것이니라.
30 너희들이 구원의 길이요, 하늘에 오르
고 못 오르는 것, 거듭나고 못 나는 너
희들이 가장 소중하고 귀한 것을 함부
로 아무렇게나 생각하며, 함부로 그를
던지며, 너희들이 믿음의 길을 그저
가기만 하면 된다는 생각으로써 해서
는 절대 아니 되느니라, 사랑하는 나
의 아들딸들아,
31 불쌍하고 가련한 너희들을 더 이상 볼
수 없어 내가 나의 아들을 통하여 대
장정의 160권의 법전을 세상에 내려
보냄이니, 이를 놓고 너희들이 시시비
비하지 말라.
32 너희들이 가장 귀하고 중한 십계명을
지키고 지키라는 것, 그걸 근본이요,
바탕으로 해서 모두 역사함이니라.
33 너희들은 종교 집단이요, 지도자들이
지금 한 획도, 한 자도 더하고 빼지도
말고 그대로 가라 함이니,
34 너희들은 2천 년 전의 문명의 시대요,
알지 못하는 백성들을 깨우치고자 한
그와 같은 성서요, 그와 같은 것이니,
35 지금의 너희들이 시대가 변하듯이 그
모두는 변하는 역사를 이루니,
36 변하는 속에서 변하는 참진리요, 가르
침이요, 그 시대에 맞는 나 여호와의
뜻이 세상에 내려가는 것이 공의의 하
나님이요, 존재하는 하나님이요, 살아
있는 하나님이요, 움직이는 너희들의
아버지라는 것을 너희들은 알아야 될
것이거늘,
37 어찌하여 그와 같은 이치 하나도 모르
는 백성이 되었단 말이더냐?
38 너희들은 이와 같은 의미를 알라, 너
희들은 지금으로부터 몇천 년 전에 역
사했던 그 백성들의 수준이요, 생각하
는 것, 그 시대의 언어요, 행동이요,
그들의 환경에 모두가 맞춰 내리는 것
이 나의 성경이요, 가르침이니,
39 이를 가지고 너희들이 지금도 영원히
변하지 아니한다 그리 말하는 것은 바
로 너희들의 고집이요, 아집임을 알아
야 될 것이니 그리 알라.

9,587 번째 하나님 말씀

2004년 2월 12일 06시 35분

1 사랑하는 나의 아들아!
2 "네, 아버님! 말씀하옵소서."
3 진정한 참진리의 믿음이 아니요, 나의
계명이요, 나의 법전대로 살지 아니한
다면, 과연 너희들은 어떠한 길을 가
는 백성인 줄 알겠느냐?
4 너희들은 인간의 형체요, 그 본체를
믿는 것이 아니라, 그 모든 형체에서
빛에 의해 그려지는 그림자를 믿는 것
과 다름이 없느니라.
5 지금의 모든 믿음의 길을 가는 백성들
이 진짜 인간의 몸통의 형체를 보는
것이 아니라 그림자를 따르고 그 그림
자를 믿는 그와 같은 행위를 하고 있
는 것이 너희들임을 알아야 될 것이니

라.
6 그림자는 무엇이더냐?
7 수시로 변화될 수 있으며, 또한 지워
질 수 있으며 없어지는 것이 그 그림
자의 형체이거늘,
8 어찌하여 너희들이 그 그림자만을 만
드는 몸통이요, 그 몸체를 보지 아니
하고 너희들은 어찌하여 그 그림자의
형태를 보고 믿어 가는 그와 같은 삶
을 산단 말이더냐?
9 그러니 너희들은 그림자를 쫓아가는
지금의 그 믿음이요, 신앙을 가지고는
결코 구원이라는 것을 받을 수 없음을
알아야 될 것이니라.
10 그림자는 무엇이더냐?
11 너희들이 그림자에게 무거운 짐을 얹
어 주니, 그가 받쳐 들고 가던가?
12 그들에게 너희들이 옷을 입히니, 그들
이 입을 수가 있는가?
13 그들에게 너희들이 무엇을 명하니 그
들이 따라 움직여 역사할 수 있는 것
이냐?
14 아무것도 할 수 없는 것이 그림자요,
너희들이 그리 좋아하는 스카프라는
것, 그리고 너희들이 좋아하는 그 의
상이요, 그 아무것도 걸쳐 줄 수 없으
며 그 장식을 할 수 없는 것이 그림이
니, 그 모두가 허상이 아니더냐?
15 몸체에 의해 태양의 빛에 의해 그려지
고 역사하는 것이 그림자이니,
16 너희들이 나의 법전이요, 나의 십계명
이요, 이를 지키지 아니하고 살아가며
구원을 받는다 하는 자,
17 너희들은 그림자를 따르며 그 그림자
의 형체에 모두를 바치는 어리석은 삶
을 사는 백성이라는 것을 알라.
18 이제 나의 아들을 따르는 그 제자들이
요, 그리고 나의 법전을 읽고 깨우친
만백성 너희들은 바로 그림자의 그와
같은 형체를 따르는 것이 아니요, 그
몸통이요, 그 형체를 보고 지금 너희
들이 가는 것이며 그를 깨닫는 자들이
니,
19 바로 너희들이야말로 그 그림자를 따
르며, 수시로 변하고 지울 수 있는 그
림자를 위대하다 하며, 그것을 따르는
그 백성들을 깨우쳐 주어야 되느니라.
20 그들이 그곳에서 깨어나지 못하며 그
들이 거기에서 거듭나지 못한다면,
21 그들은 없어지고 지워지는 그와 같은
그림자를 보며, 그 그림자의 형체를
따라 하늘에 오르는 길이라 하여 갈
팡질팡하는 그와 같은 형국이 되고
맒이니라.
22 그러니 그림자가 아니라, 몸통을 따르
고 존재하는 현실을 따를 수 있는 그
와 같은 깨우침을 너희들이 주도록 하
라.
23 나의 법전이 바로 무엇이더냐?
24 몸체이니라.
25 그리고 나의 십계명이 무엇이더냐?
26 살아서 움직이는 몸체이니라.
27 그림자를 따르지 말고 몸체를 보라.
28 그 어리석은 백성들을 깨우쳐 주는 것
이 나로부터 선택된 백성 너희들이 가
야 할 길이요, 역사할 길이라는 것을
알라, 사랑하는 나의 아들딸들아!

9,588 번째 하나님 말씀

2004년 2월 12일 06시 41분

1 사랑하는 나의 아들아!
2 "네, 아버님! 말씀하옵소서."
3 6천 년이라는 너희들 인간 세상의 그
길고도 긴 세월은 나 여호와의 아픔이
요, 슬픔의 세월이 흘러온 그 역사의
한 장면이라 함을 너는 알겠는가?
4 "네, 아버님! 저는 아버님의 말씀을
들어 그리 생각하며 그리 깨닫고 있사
옵나이다."
5 과연 6천 년의 그 아픈 세월이요, 눈
물의 세월이 흐른 그 결과는 어찌 되
었느냐, 사랑하는 나의 아들아!
6 "네, 아버님! 모든 백성들이요, 믿음
의 길을 가는 자들이 하늘에 오르는
길이요, 아버님의 뜻에 의해서 역사하
는 것이라 그들이 말하고 울부짖고 살
아왔으나,
7 정녕 창조주 아버님의 뜻은 이루어지
지 아니했으며, 이루려 하는 백성이
없었다 하는 것을, 그와 같은 것의 아
픔을 저는 느끼고 있사옵나이다.
8 정녕 아버님의 뜻에 의해 역사하며 아
버님의 은혜에 감사한다 말하는 그와
같은 백성들이 아버님께서 이루고자
하는 그 뜻을 이루지 못하도록 했으
며, 이루려고 생각지도 아니하는 그와
같은 오늘의 형국이 되었으며,
9 그들은 정녕 아버님의 뜻과는 멀고도
먼 길로 흘러가는 그와 같은 것이 오
늘의 믿음이요, 오늘의 모든 백성들의
살아감이라 그리 비치옵나이다."
10 사랑하는 나의 아들아, 그들이 나의
뜻에 의해 이루는 것은 저희들이 생각
지도 아니하며, 오로지 구원이라는
것, 저희들이 다시 태어나는 것, 그 역
사를 얻는 것, 그리고 그저 허상을 따
르며 나에게 올 수 있다는 것,
11 그리고 저희들은 구원을 받았다는 병
에 걸려 타락된 인생들이 이 세상을
지배하고 있으며, 그들이 존재하는 이
와 같이 험악한 세상이 되었음이니라.
12 그러니 그들을 어찌 깨우치며 그들을
어찌 바로 세울 수 있단 말이더냐?
13 내가 너를 통하여 만백성에게 전했느
니라.
14 너희들이 그리 갈구하는 구원이라는
것, 그리고 소원하는 것, 그것은 아무
것도 아니며 작은 것에 불과하니,
15 나 여호와가 역사하고 창조하는 그 속
에서 백사장의 모래알만도 못한 그와
같은 구원이라는 것에 너희들이 매달
려 그 병에 걸려 있으며,
16 그것이 모두를 다 이루는 것처럼, 그
것만이 너희들에게 가장 소중한 것처
럼 구원이라는 병에 걸려 있다 보니,
17 그들이 어떠한 길을 가고 있으며 어떠
한 타락의 길을 가고 있는지 그것을
분간하지 못하며 생각하지 못하는 그
와 같은 백성들이니라.
18 그러니 그들에게 깨우쳐 주라, 너희들
이 존재하는 것이 무엇이며, 내가 너
희들을 세상에 내보내 너희들을 존재
하도록 한 것이 무엇인가를.
19 내가 너희들에게 아담과 하와에게 주
었던 그 낙원의 세상을 원상 복구시키
기 위한 것이며, 그와 같은 세상을 만
드는 것이 나의 뜻이라 그리 전하라.

20 그러니 너희들이 오늘의 종교 집단이
요, 지도자들이 나 여호와가 원하는
뜻이요, 이루고자 하는 것을 모르니,
21 그리하여 너희들이 나의 뜻은 뒤로 제
쳤으며 나의 뜻은 너희들에게 이미 멀
어졌으며, 나의 뜻을 생각조차도 하지
않는 그와 같은 너희들이 되어 있음이
니,
22 과연 내가 너희들을 나의 아들딸이라
말할 수 있으며 나에게 오를 수 있는
백성이라 말할 수 있느냐?
23 그러니 그와 같이 잘못되고 잘못 가는
너희들에게 내가 마지막 기회를 주어
깨우치고자 하는 것이 나의 법전을 세
상에 내려보내는 그 뜻이요, 이유라
함을 너희들은 알아야 될 것이니라.
24 그러나 나의 법전을 태우고 찢어 버리
며 이를 믿지 아니하는 자, 그리고 이
단이요 사탄이라 말하는 자,
25 그것이 나에게 은혜를 받는 길이요,
나에게 영광을 받는 길이요, 나에게
축복을 받는 것이라 그리 생각함이니,
26 이제 나의 아들을 따르는 제자요, 그
리고 나의 법전을 읽는 만백성 너희들
은 알라.
27 너희들은 이 세상에 존재하는 것은 다
나 여호와의 뜻이요, 나에 의해 이루
어진다 함이니, 그것은 바로 무엇이더
냐?
28 내가 아름다운 그림을 세상에 그려 놓
은 것이니라.
29 그것이 내 뜻에 의하여 내 계획에 의
해서 존재하지 않는 것이 없으니, 모
두는 내가 만들어 놓은 것이며,
30 내가 한 폭의 그림을 그려 놓아 그 그
림 속에 너희들이 다 존재할 수 있도
록, 그리고 제자리를 지키는 것으로
해서 그 그림이 아름다운 그림이요,
황홀한 그림의 느낌을 너희들이 알 수
있는 것이니라.
31 그와 같이 아름답게 그려 놓은 그 그
림에 너희들이 이것은 있어서는 안 되
고 저것은 있어서는 안 된다며 발로
짓이기며 물감으로써 지워 버리며 물
로써 씻어 버리는 그와 같은 사악한
행위를 하는 것이니,
32 그 그림이 얼마나 엉망진창이요, 얼룩
져 쓰지 못하는 그림으로 되겠는가?
33 지금 너희들이 이단이요, 사탄이요,
세상에 존재할 수 있는 것이요, 없는
것이요, 그리 남을 보고 평가하는 것,
그리고 나의 법전을 보고 욕하는 것,
34 그것이 바로 내가 그려 놓은 아름다운
그림에 너희들이 그저 제 마음대로 물
감을 칠하여 그게 그림인지 무엇인지
형상을 알 수 없도록 만든 것이니,
35 너희들이 이단이요, 사탄이요, 구원을
받은 자요, 못 받은 자요, 그와 같이
구분하는 자,
36 내가 그린 그림을 갈기갈기 찢어 놓고
짓이긴 너희들이 과연 내 뜻에 의해
나에게 사랑을 받으며, 내가 너희들에
게 상을 내리는 백성이라 생각하는가,
어리석은 백성들아!

9,589 번째 하나님 말씀

2004년 2월 12일 06시 53분

1 사랑하는 나의 아들아!
2 "네, 아버님! 말씀하옵소서."

3 지금의 너희들이 그 믿음의 길을 가는
것이며 나의 피조물 만백성을 하늘에
오르는 길로 인도한다는 그들이 과연
어찌 가르치며, 그들이 지금 가고 있
는 믿음이 과연 어떠하더냐?
4 이는 너희들이 상상할 수 없는 얼마나
무섭고 사악한 짓을 그들이 지금 하고
있는가?
5 너희들이 가르치는 것은 그러하니라.
6 '네 부모를 공경하라.' 함이니, 제 부모
를 공경하지 아니하며 부모를 모르는
체해도 너희들이 하늘에 오를 수 있으
며,
7 그리고 너희들이 그와 같은 잘못을 했
다 해도 말로써 용서를 빌면 모두를
다 용서받으며 구원받을 수 있는 자라
그리 말하느니라.
8 '살인하지 말라.' 하였음이니, 너희들
이 무엇인 줄 알겠느냐?
9 살인을 저지르라, 그리고 너희들이 살
인을 하고 나서도 회개하고 용서를 빌
면 그 모두를 다 용서해 주며,
10 그 모두가 너희들이 나에게 오르는 데
에는 관계없는 것이니 용서받을 수 있
는 것이다 그리 가르치는 것이니라.
11 '간음하지 말라.' 내가 그리 명하였건
만, 너희들은 간음을 하라, 그리고 너
희들이 그와 같이 즐기라,
12 너희들이 또한 그와 같은 짓을 하고
나서 죄를 용서를 빌면 모두가 다 구
원을 받으니,
13 그게 다 너희들이 구원을 받고 못 받
는 데에는 관계없는 것이라 그리 가르
치지 않느냐?
14 '도적질 하지 말라.' 하였거늘, 도적질
을 해도 괜찮다, 도적질을 하고 그저
빌고 용서를 바라면 그 모두는 다 아
무것도 아님이니 그리하라 지금 가르
치고 있는 것이 오늘의 종교 집단이
요, 너희들이 가고 있는 믿음이니라.
15 '네 이웃에 거짓 증거하지 말라.' 하였
으나,
16 너희들은 그저 거짓 증거하며 남의 것
을 탐내며 남의 것을 이용하여 제 것
으로 만드는 그와 같은 사악한 행위를
하고 산다 해도,
17 너희들은 다 그 죄를 빌기만 하면 용
서를 받을 수 있는 것이라 그리 가르
치는 것이 오늘의 믿음의 길을 가는
백성들이요, 오늘의 이끌어 가는 종교
집단 너희들이 하고 있는 행위가 아닌
것이냐?
18 그러니 그것이 너희들의 오늘의 믿음
이니라.
19 어떠한 죄를 지었든 어떠한 사악한 짓
을 하든 용서를 빌기만 하면 다 없어
지는 것이라 그들이 그리 가르침이니
라.
20 사악한 짓을 하고도 용서만 빌면 된다
하니, 그러니 그를 따르지 아니할 자
가 어디 있으며, 그들을 경배하지 아
니할 자가 어디 있으며, 그들에게 목
숨 바쳐 가지 아니할 자가 있겠는가?
21 그러나 나의 아들이 나의 법전을 읽고
깨우친 제자 너희들에게 무어라 가르
치느냐, 그리고 너희들이 나가서 만백
성에게 무어라 가르치느냐?
22 어떠한 사악한 짓을 해도 용서를 빌면
다 그 죄가 없어진다는 편안한 방법으
로 가르치는 그들은 상상할 수 없게

너희들이 가르치지 않느냐?
23 간음하고 도적질하고 거짓 하는 것은
용서받지 못하며, 너희들이 아무리 용
서를 빈다 해도 용서를 받을 수 없다
그리 가르치고 그리 깨우치고 가는 것
이 너희들이 가는 길이라 그리 가르침
이니,
24 그와 같이 가르치는 선생이요, 너를
따르는 제자들이요, 그 모두가 너희들
은 끼니조차도 이룰 수 없는 그와 같
은 길을 가게 되는 것이 너희들의 가
는 길이 아니더냐?
25 누가 너희들을 대접하며 누가 너희들
의 끼니를 채워 주겠는가?
26 그 제자들이요, 그리고 나의 법전을
읽고 깨우치는 백성 너희들이 그와 같
이 홀대받으며 천대받고 인간 대우를
받지 못하니,
27 너희들과 더불어 같이하지 않고자 하
는 백성들이 이 세상에 존재하며 들끓
고 있음을 알아야 될 것이니,
28 너를 따르는 제자들이 하늘의 선생이
요, 하늘의 제자로 명받은 자들이 끼
니가 없어 허덕이는 그와 같은 길을
갈 수 있는 것이 너희들의 운명이요,
너희들이 가야 하는 길이라는 것을 알
라.
29 너희들이 사악한 짓을 해도 그저 용서
를 빌기만 하면 구원을 받으니 걱정하
지 말라, 너희들은 죄가 되지 아니하
며 너희들이 거듭나는 데 아무런 지장
이 없다 그리 가르치니, 깃발 아래에
모여드는 사람들은 구름 떼처럼 모여
들 것이요,
30 너희들이 그와 같이 가는 것은 나로부
터 용서를 받지 못하며 너희들의 죄는
떨어지는 것이 절대 아니라고 가르치
는 그 선생의 앞에 와 어렵고 힘든 길
을 가려 하는 백성이 어디 있겠느냐?
31 이것이 오늘의 현실이요, 오늘의 너희
들이 처해 있는 입장이요, 현상임을
알아야 될 것이니라, 사랑하는 나의
아들딸들아!
32 정도의 길이요, 나의 뜻을 행하고 지
키는 백성이 사탄이요, 마귀요, 이단
이라 그리 공격하고 핍박하는 자, 그
들이 그 힘을 합쳐 너희들을 무너트리
고자 하는 것이니라.
33 저희들 앞에 너희들이 참진리요, 바른
길을 가르침이니, 그것이 정녕 하늘에
오르는 길이요, 나 여호와의 뜻이라면
너희들이 두렵고 무서우니,
34 그와 같은 것은 아예 싹이 나지 못하
며 그와 같은 말을 할 수 없으며 그와
같은 말은 너희들이 귀로 듣지 아니하
며,
35 들었다가 사실 그것이 그와 같이 역사
하는 것이요, 저희들이 잘못 간 것이
면 그 체벌이 두려운 줄 아는 그 백성
들이요, 그와 같은 상식은 있는 자들
이기에,
36 아예 싹이 나지 못하며 그와 같은 말
을 전하지 못하며 듣지도 보지도 못하
도록 하며,
37 저도 듣지도 보지도 아니하였으니 저
희들이 죽어 심판대에 섰을 때, '나는
듣지도 못했고 보지도 못했으며, 아버
님께서 어찌하여 그것이 참진리요 길
이라면, 한없이 세상에 내려보내지 아
니하였으며 저희들에게 그를 깨우치

는 기회를 주지 아니하였사옵니까? 그러니 저희들은 죄가 없사옵나이다.'
38 그와 같이 변명을 하고 지옥문에 매달
려 들어가지 아니하려고 울고불고할
수 있는 그들이기에,
39 그와 같은 것을 저희들이 만들어 혹시
나 하여 저희들이 그 길을 지금 가는
것이 잘못되었다 해도 변명의 여지라
도 찾고자 하는 사악한 자들이니,
40 그들이 너희들을 공격하고 무너트리
고자 하는 그 핍박은 이루 말할 수 없
는 것이 당연하니라.
41 그러니 그들이 섬기고 저희들이 가고
있는 믿음의 길이 바로 우상이요, 다
른 신은 받들고 가는 자들이니,
42 그들이야말로 저희들이 아무리 변명
을 하고 무엇이라 한다 해도, 나의 법
전 외에도 너희들이 참진리요, 아름다
운 길을 간다는 것, 어떠한 것이 인간
의 도리라는 것, 스스로도 깨우칠 수
있는 지혜를 주었으며 내가 너희들이
판단할 수 있는 생각의 기준을 이미
다 주었음이니,
43 그를 제대로 쓰지 아니하고 제대로 역
사하지 아니하며 바로 판단하지 아니
한 그 죄만으로도 저희들은 변명할 여
지가 없으며,
44 너희들이 어떠한 길에서도 벗어날 수
없다는 그 무서운 사실을 그들에게 전
해 주라.
45 오늘의 백 년도 못 사는 그 육의 삶에
의해서 너희들이 어떠한 사악한 짓을
해도 용서를 받을 수 있다는 허황된
자요, 사악한 자요, 사탄의 앞잡이가
하는 그 말을 듣고 그를 따르는 것이
즐겁고 편하기에 오늘의 편함의 길을
선택한 너희들은,
46 그 상상할 수 없는 그 몇천, 몇만 배의
그 고통이요, 그 대가를 치른다는 무
서운 사실이 기다리고 있다는 것을 잊
지 말라 전하라.

9,590 번째 하나님 말씀

2004년 2월 12일 07시 02분

1 사랑하는 나의 아들아!
2 "네, 아버님! 말씀하옵소서."
3 수천 년 동안 나의 백성들이 신앙이
요, 믿음의 길을 온 것이 과연 무엇이
더냐?
4 너희들은 지금까지 흘러오는 그 믿음
의 길이 너희들이 죄를 짓고 살아가면
서 그 죄를 회개하고 반성하는 것,
5 그리고 너희들이 나의 복음이라 하여
그를 전도하며 전도 사업에 연연하며,
또 선교 사업이라 하여 다른 민족이
요, 다른 환경에 있는 백성들까지도
너희들이 무엇인가 깨우치고자 하는
것,
6 그리고 너희들이 손으로 지은 죄의 온
상인 교회라는 것, 성당이요, 성막을
짓는 것, 그리고 너희들이 만백성에게
복음을 전한다 하는 것, 그와 같이 역
사하는 것이 과연 무엇인지 알겠느냐?
7 너희들이 그것은 이 세상을 지배하는
것이며, 나 여호와의 뜻의 모두를 대
행하며 모두를 행한다는 그와 같은 너
희들의 생각 속에 살아가고 있음이니
라.
8 그러나 너희들이 그와 같은 행위를 하

는 것, 그 모두는 다 나 여호와의 뜻의
만분의 일이요, 억만분의 일에도 미치
지 못하는 그와 같은 역사를 하고 있
는 것임을 알라.
9 나 여호와가 이 세상을 창조했으며,
이 세상에 아름다운 지상의 낙원을 만
들고자 역사하며 기적을 이루었던 그
모두에 비할 때,
10 너희들이 지금 그와 같은 역사를 하고
있는 것은 내 뜻의 일부분이라도 너희
들이 들여다보려고 노력하는 것, 그것
에 미치지 아니함을 알라.
11 더 크고 더 위대하고 방대한 세상에
하늘의 이치요, 하늘의 뜻을 너희들이
볼 수 있고 깨닫는 그와 같은 백성이
되어야 함을 알 것이니라.
12 너희들은 그 모두가 다 나 여호와의
뜻의 전체를 대변하며 내 모든 역사를
대신하는 것처럼 그리 착각하나,
13 그것은 나 여호와가 이루고자 하는
것, 내가 역사하는 뜻 중의 일부분에
도 미치지 못하는 것이니라.
14 그리고 더욱이 너희들은 그와 같이 역
사하는 것이 구원의 길이요, 나에게
오르는 길이라 '구원, 구원' 하고 그리
매달리며 그것만이 구원을 받는다 말
하나,
15 너희들이 부르짖는 그 '구원' 역시 너
희들은 내가 백사장에 하나의 작은 모
래알만큼도 못 미치는 그와 같은 것이
요,
16 그것을 위하여 너희들이 모두를 바치
며 그 길만을 달려가고 있음이니, 그
것이 오늘의 믿음이요, 신앙이라 하
나, 그것은 나에게 일부분이 기억될까
말까 하는 너희들의 그 행위라 함을
너희들은 깨닫고 알아야 될 것이니라.
17 더 방대하고 더 높은 뜻의 의미를 알
라.
18 내가 역사하고자 하는 나의 뜻을 너희
들이 안다면, 너희들은 지금 어떠한
행위로 살아가야 되는 줄 알겠는가?
19 너희들이 지금 복음이요, 교회를 짓고
선교하는 것, 그리고 너희들이 구원을
받고자 중언부언하는 그와 같은 너희
들의 기도요, 믿음이 아니라,
20 내가 너희들에게 지키라 내려 준 하늘
의 뜻이요, 하늘의 계명이요, 그리고
내가 너희들이 기도하고 따르라는 주
기도문을 내려 준 그 뜻에 너희들이
그를 하나하나 헤쳐 본다면,
21 거기에 너희들은 하나의 자리도 차지
하지 못하는 것이 오늘의 너희들이 역
사하는 길이요, 믿음이라 하는 것이
니, 너희들이 그 환상에서 깨어나야
될 것이니라.
22 방대한 세상에 내가 역사하는 그와 같
은 뜻을 너희들은 알아야 될 것이며,
그것을 너희들이 이루는 것이 아니요,
23 내가 어떠한 것을 이루고자 하며 내가
어떠한 것을 역사하기 위해 너희들이
세상에 존재한 것인가를 깨닫고 들여
다보라.
24 그러면 너희들이 하고 있는 짓이 무엇
인지 알 것이며,
25 아주 작은 것에 너희들이 모두를 다
바치며 그것이 나의 뜻이요, 나에게
역사하는 것이라 생각하니, 그것이 다
너희들이 작은 욕심에서 벗어나지 못
함이니라.

26 그러니 너희들이 나의 계명을 지킬 수
있도록 노력하며 그것을 들여다보며,
27 그리고 내가 내려 준 주기도문이라 하
여 하늘의 뜻을 내린 그것을 너희들이
보고 읽고 연구하고 생각하다 보면,
너희들이 오늘에 하고 있는 것이 얼마
나 부질없는 것인지를 알게 될 것이니
라.
28 이제는 내가 너희들에게 그와 같은
것을 내려 주었으며 그리 지키고 행
하라 하여 정답을 주었으나, 그는 너
희들이 행하지도 아니하며 들여다보
지 아니하며,
29 그저 구원이라는 그 작은 것, 그리고
선교 사업이요, 전도 사업이요, 교회
를 짓는 부질없는 그 작은 것에 너희
들이 모두를 맞추고 살아감이니,
30 그리하여 내 뜻이요, 하늘의 역사인
주기도문이요, 십계명의 그 뜻의 방
대함을 너희들이 버렸으며 따르지 아
니하였으니,
31 그리하여 내가 나의 새로운 성경이요,
새로운 시대의 역사를 이루면서 내가
나의 아들을 통하여 너희들에게 내리
는 기도의 뜻이 있으며 기도문이 있음
이니라.
32 그러니 그를 행하고 지키고 살아가는
그와 같은 삶으로 너희들이 변하도록
그리하면, 그 속에 있는 가장 크고 넓
은 의미를 알게 될 것이니,
33 그를 깨달았을 때 너희들이 하고 있는
것이 얼마나 부질없으며 작은 것인지
를, 너희들이 다 허황된 개인의 욕심
이요, 네 마음에 욕심을 깔아 놓고 그
위에서 놀고 있는 짓이라는 것을 알게
될 것이며, 부끄러움을 알게 될 것이
니라.
34 너희들이 어떠한 복음이요, 전도 사업
이요, 교회를 지으며 만백성을 구한다
하나, 그곳에는 너희들이 보이지 않는
욕심의 장을 깔아 놓고 그 위에 너희
들이 지금 행위를 하고 있다는 것을
알게 될 것이니,
35 그리하여 너희들이 그 욕심 속에 움직
이는 그 모두가 다 부질없는 것이요,
백사장에 하나의 모래알만큼도 내가
기억하지 아니하며 나에게 무의미한
것이라 말함을 너희들은 알라.
36 참진리는 진리대로 흐름이니, 그 진리
요, 진리의 혈통을 따라 흐르는 것이
정녕 방대하고 위대하고 영원히 변하
지 않는 것이라는 것을 알라.
37 너희들이 하고 있는 짓은 모두가 무너
지며 부서지며 지워지는 것임을 깨달
아야 될 때가 되었음을 알라.
38 이제 모두를 다 접어 두고 내가 나의
아들을 통하여 내리는 그 기도요, 그
기도문에 따라서 지키고 행하도록 그
리하라.
39 그것이 나 여호와의 뜻이니, 그리 행
했을 때 내가 이루는 방대한 하늘의
뜻을 너희들이 조금이나마 깨닫고 알
게 될 것이니라.

9,591 번째 하나님 말씀

2004년 2월 12일 07시 10분

1 사랑하는 나의 아들아!
2 "네, 아버님! 말씀하옵소서."
3 너를 따르는 제자요, 나의 법전을 읽

고 깨우쳐 가고자 하는 백성 너희들이
멀고도 또 협착하며 어렵고 힘든 길을
잘 오고 있으며 너희들이 잘 행하고
있음을 나는 알고 있음이니라.
4 정녕 어렵고 힘든 길을 너희들이 말없
이 오고 있음이니, 너희들이 세상 밖
에 나가 다른 백성들과 시시비비를 한
번 해 볼 때, 갑론을박을 할 때, 너희
들이 얼마만큼 높이 와 있는가를, 그
리고 너희들이 얼마만큼 나 여호와에
게 감사하는 마음이 생기는 것인가를
알게 될 것이니라.
5 너희들은 나의 법전을 읽고 깨우친 같
은 형제들이 나의 아들을 통하여 같이
강론을 들으며 배움을 받으니, 그 속
에서 너희들이 변화된 것이 없으며 역
사한 것이 없다 그리 생각하나,
6 너희들이 세상 속에 나가 갑론을박하
며 시시비비를 할 때 너희들이 얼마만
큼 높이 와 있는가를 알 것이니라.
7 그것이 너희들이 오늘에 변한 것이요,
나의 뜻에 의해 너희들이 역사함을 알
아야 될 것이니라.
8 너희들이 똑같이 서로 언성을 높여
시시비비를 한다 해도, 그와 같이 말
하는 자가 본심의 아름다움을 가슴에
안고 말하는 자와, 그리고 역행하기
위하여 너희들이 거짓 하기 위해서,
너희 자신을 감추기 위해서 시시비비
하는 사악한 마음을 가지고 있는 자는,
9 똑같이 언성을 높인다 해도 그는 다
름을 너희들은 알아야 될 것이니라.
10 인간 세상에서 살아가면서 상사가 부
하를 나무랄 때, 너희들이 가시가 돋
친 그 가시를 안고 가르치며 나무라는
것과, 너희들이 사랑으로써 안고 나무
라며 다스리는 것,
11 그 모두는 너희들이 스스로 알 것이
며, 그 차이는 너희들이 어떠한 것인
가를 알게 될 것이니라.
12 너희들이 남을 나무라든, 남을 욕하든
이미 사랑이라는 것을 가슴에 깔고 너
희들이 그리 행함이니,
13 똑같은 말을 해도 너희들이 하늘과 땅
의 차이가 있음을 너희들은 알 것이니
라.
14 그리고 너희들이 마음속에 남을 해하
며 사악하고자 하는 마음이 없음을 알
것이며, 너희들은 이미 그와 같은 경
지에 도달했음을 알고 있을 것이니라.
15 그것이 바로 너희들이 협착하고 어려
운 길을 나의 아들을 따라 잘 동행하
는 백성으로서 왔음이니,
16 너희들은 두려워하지 말라.
17 내가 모든 역사함을 들어줄 것이며 내
가 역사함을 풀어 줄 것이니라.
18 내가 너희들에게 말하였느니라.
19 너희들이 선생이요, 가르치는 자로 세
상에 나감이니, 세상에 살아왔던 것을
반대로 살며 그들은 상상할 수 없는
그와 같은 삶을 살라 하니,
20 그들은 너희들에게 정신 나간 자요,
미친 자요, 따르지 못할 자라 하여 너
희들에게 한 끼를 대접하는 자가 없어
너희들이 배고픈 배를 움켜쥐고 살아
가는 것이 너희들의 운명이라 하나,
21 나 여호와는 또한 너희들을 그리하지
아니할 것이니라.
22 너희들이 사랑하는 마음이요, 너희들
이 곱게 변하는 것이 나에게 오는 길

이요, 너희들이 나의 뜻에 거역하지
아니하고 살아옴이니,
23 무서우리만큼 너희들이 변하고 달려
옴이니, 내가 너희들에게 어찌 고통과
시련만을 주겠는가?
24 내가 그와 같은 모두를 역사할 수 있
는 사람을 보낼 것이며, 머지않아 또
한 너희들이 나의 성전을 찾아와 너희
들에게 기쁨을 나눌 수 있는 사람을
보낼 것이니, 너희들은 그리 알라.
25 머지않았음을 알라, 사랑하는 나의 아
들딸들아!
26 지금처럼 너희들이 마음이 변하는 것,
세상사에 나가 다른 백성들과 시시비
비를 했을 때 너희들이 바뀌는 것, 그
리고 너희들이 차별화되는 것을 너희
들은 느끼고 살 것이니,
27 그에 대한 상을 내가 너희들에게 내려
줄 것이니 그리 알라, 사랑하는 나의
아들딸들아!
28 너희들은 실패가 없으며 무너짐이 없
으며 고통의 연속이 없을 것이니 그리
알라.
29 이것이 정녕 나의 뜻에 따라가는 백성
이요, 나의 성령에 의해 살아가고자
하는 몸부림치는 나의 선택된 백성이
니라.
30 너희들처럼 소중하고 위대한 백성이
여태껏 없었음을 알라.
31 6천 년 동안 눈물의 세월이 흐르는 그
속에서 너희들처럼 아름답게 변하고
자 하며, 너희들처럼 바로 서고자 하
는, 그 제자들의 마음과 같은 백성들
이 없었음이니, 나의 기쁨이 여기에
있음이니라, 사랑하는 나의 아들아!
32 바로 서고 바로 가도록 조금만 더 노
력하며, 조금만 더 전진하면 너희들이
넘을 수 없는 그 선을 넘으니,
33 알이 새 생명으로 태어나는 그 선을
넘을 날이 너희들이 몇 발짝 남지 않
았음을 알라, 사랑하는 나의 아들딸들
아!

9,592 번째 하나님 말씀

2004년 2월 12일 07시 18분

1 사랑하는 나의 아들아!
2 "네, 아버님! 말씀하옵소서."
3 수천 년 동안 흘러오는 나의 백성들의
믿음이요, 그들이 역사했던 것이 과연
무엇이더냐?
4 나 여호와의 뜻에 따랐으며 참진리의
길을 가는 어렵고 힘든 길을 너희들이
달려왔다면 오늘과 같이 험악한 세상
은 이루어지지 아니하였을 것이니라.
5 내가 너희들에게 말하는 그 자체도 가
슴이 아프며, 내가 너희들에게 잘못
왔으며 잘못 살아왔다 말하는 것, 또
한 나 여호와의 마음이 얼마나 아픈
줄 알겠느냐?
6 너희들은 지금까지 오는 믿음의 길이
요, 너희들의 삶을 오는 모든 종교 집
단이요, 지도자요, 그 신도요, 백성이
라 하는 자들이 나 여호와의 뜻을 따
름이 아니요,
7 나 여호와의 뜻에 불순종하며 타락의
길을 달려가는 것이 너희들이 지금의
믿음이요, 신앙의 생활이라면, 이 엄
청난 일을 과연 어찌 다스리고 어찌
행해야 된단 말이더냐?

8 너희들이 죽음이요, 목숨을 바쳐 가는
길이요, 그리고 너희들이 모두를 바쳐
가는 길이 나 여호와의 뜻이 아니요,
나에게 순종하는 길이 아니요, 나에게
불순종하는 길이요, 타락이요, 지옥의
길로 가는 것이라 함이니,
9 이 많은 백성들이 이 많은 세월 속에
너희들이 투자하고 던진 것이 다 부질
없는 것이라 말을 하며 그를 바로 서
라 한다 하면, 얼마나 너희들이 황당
하며, 이를 받아들이고 이를 이해하는
백성이 어디 있겠느냐?
10 그러나 너희들은 알아야 될 것이니라.
11 감히 너희들과 대적하여 싸울 수 있는
것은 아무도 없음이니라.
12 너희들이 정녕 나 여호와의 뜻에 의하
여 오늘의 그 방대한 힘이 됐다면, 사
탄이 너희들과 싸울 수 없으며 사탄이
너희들을 이길 수가 없음이니라.
13 그러나 너희들은 사탄의 길이요, 사탄
의 뜻에 따라 역사하는 이 방대한 조
직으로 둔갑해 있으니,
14 그 사탄의 세상이요, 그 방대한 사탄
의 조직을 무너트리고자 대들며 그를
바로잡고자 하는 자가 있다면,
15 이는 감히 역사할 수 없는 것이며, 인
간의 용기요, 인간의 마음으로써는 절
대 할 수 없는 것이니라.
16 오로지 나 여호와요, 나의 뜻이요, 참
진리만이 그를 무너트리고 태울 수 있
으며 이길 수 있는 길이니,
17 지금 내가 나의 아들을 통하여 내리는
나의 법전이요, 이 역사는 나의 뜻이
라는 것을 너희들이 알아야 될 것이니
라.
18 나의 뜻이 아니고는 결코 누구도 이렇
게 일어설 수 없으며 누구도 풀어 줄
수 없으며 이와 같이 160권의 대장정
의 법전으로 너희들 앞에 제시하며 증
거를 내놓으며 너희들과 시시비비할
수 있는 자가 없음을 너희들은 알라.
19 그러니 거기에 선택된 백성 또한 너희
들이 얼마나 귀중하고 소중한 자인 줄
알겠느냐?
20 너희들이야말로 가장 소중한 나의 백
성들이니라.
21 너희들이 병들어 죽어져 가는 자에게
는 무엇이 필요하더냐?
22 약이 필요하니라, 그리고 그 병든 자
를 치료하고 살릴 수 있는 의사가 가
장 소중하고 귀하지 않더냐?
23 그가 어떠한 형태로 생겼든, 그가 못
났든, 잘났든, 바보 같든, 그가 의술을
가지고 있는 자요, 약을 가지고 있는
자라면, 병든 자에게 그가 필요한 것
이 아니더냐, 사랑하는 나의 아들딸들
아!
24 지금의 모든 종교 집단이요, 그 방대
한 너희들의 조직이요, 너희들이 다
무너질 대로 무너져 가고 있으며 타락
할 대로 타락하였으며 내려갈 대로
내려갔으며 너희들이 더 이상 내려갈
수 없는 한계까지 온 것이 오늘의 집
단이요, 너희들이 깨우침이요, 믿음의
길을 가고 있다 생각한다면, 과연 너
희들은 어찌하겠느냐?
25 나 여호와가 바라보는 너희들은 더 이
상 내려가려야 내려갈 수 없으며, 더
이상 너희들이 갔을 때 그 누구도 구
원을 받을 수 없으며,

26 내가 너희들에게 심어 준 인간의 본성
인 아름다운 그 사랑의 마음이요, 그
씨앗이 이제는 찾으려야 찾을 수도
없으며, 불을 붙일 수 있는 불씨가 없
을 만큼 너희들이 떨어져 가는 그와
같은 형국이 되어 있음이니,
27 그래도 내가 너희들을 나의 아들딸이
라 하여 그를 버릴 수 없어 나의 아들
을 통하여 새로운 성경이요, 새로운
나의 법전이라 하여 내 뜻을 내려보
내고 있음이니, 이게 바로 무엇인 줄
알겠느냐?
28 너희들이 이를 보고 읽고 깨우쳐 너희
들이 회개하는 것을 배우고 진정한 회
개의 길이 무엇이며, 반성하는 것이
무엇이며, 구원의 길을 어찌하는 것이
며, 구원의 길을 가는 백성은 어찌 살
아야 되는 것인가를 볼 수 있고 깨우
쳐 너희들을 구원하고자 나의 법전이
세상에 내려가는 나의 이 애절한 뜻을
알고 있느냐?
29 그러한 나의 법전을 너희들이 지금 무
어라 하느냐?
30 사탄이요, 이단이라 하며, 태워 버리
고 찢어 버리고 이 모두를 던져 버리
는 자,
31 그와 같은 행위를 하면서 너희들이 나
에게 오르며 나의 나라에 오겠다 지
금 아우성을 치고 울고불고하는 그
백성들이니, 그를 어찌한단 말이더냐?
32 그들은 병에 걸려 있어도 중병에 걸
려 있느니라.
33 일어설 수 없으며 소생할 수 없는 그
들은 중병에 걸려 있으니, 구원이라는
그 병에 걸려 그 구원이라는 것 아래
허덕이고 있음이니,
34 그들을 치료하고 그들을 고쳐 줄 수
있는 것은 나의 법전이요, 너희들밖에
없음이니,
35 너희들이 어떠한 역경과 고통의 시련
이라 해도, 너희들을 미워하고 저버리
며 발길질하고 너희들을 인간 이하로
취급해도, 그들이 모르기 때문이요,
어리석기 때문이니라.
36 모르고 어리석기에 하는 자, 그것이
큰 죄라 말하기 전에, 그들을 깨우쳐
다스릴 수 있는 그와 같은 방법이요,
그와 같은 역사의 길을 가는 것이 너
희들이라는 것을 알라, 사랑하는 나의
아들딸들아!
37 모르기에 불쌍한 자며, 모르기 때문에
가련한 자요, 모르기 때문에 깨우쳐
줘야 되며, 모르기 때문에 안내자가
있어야 되며, 모르기 때문에 너희들과
같은 선생이 필요함을 명심하고 또 명
심하라, 나의 사랑하는 나의 아들딸들
아!

9,593 번째 하나님 말씀

2004년 2월 12일 07시 29분

1 사랑하는 나의 아들아!
2 "네, 아버님! 말씀하옵소서."
3 나 여호와가 너희들에게 전하기를 구
약 시대는 무엇이라 말하였느냐?
4 출발의 시대요, 출발의 역사함이라 그
리 말하였느니라.
5 그러니 또한 신약 시대는 중간 주자
요, 중간의 시대를 역사하는 것이라
하였으며, 그리하여 죄 사함의 시대는

마지막 주자가 달리는 마지막 시대라
내가 그리 말하지 아니하였느냐?
6 그러니 지금 너희들은 마지막 시대에
존재하며 마지막 시대에 모두를 매듭
을 짓는, 나로부터 선택된 백성이라는
것을 알라.
7 나 여호와의 성경이 내려짐은 너희들
은 어떠한 의미에서 어찌 내려지는지
를 잘 알고 있지 않은가?
8 출발의 시대와 중간의 시대 그리고 마
지막 시대의 그 모두가 지금 이루어졌
음이니라.
9 그러나 몇천 년간 나의 백성들의 깨달
음과 너희들이 그와 같이 깨닫고 역사
한 것이 바로 어떠한 결과로 왔느냐?
10 너희들은 진정한 내가 내려 준 그 지
혜를 아름다움이요, 아름다운 쪽으로
생각하며 내가 내린 것을 그대로 받아
들이는 그와 같은 삶을 살지 아니하였
느니라.
11 그리하여 스스로 너희들이 마음대로
해석하며 너희들이 마음대로 그를 생
각하는 그와 같은 역사가 이루어졌음
이니,
12 바로 너희들이 그 무지가 어떠했으며
얼마나 무지한 행위를 하고 있었는지
알겠느냐?
13 나의 성경은 그 시대의 수준이요, 그
시대의 환경에 따라 그 백성들을 깨우
치기 위하여 내려졌느니라.
14 그러나 내가 그와 같이 내려 준 성경
을 나의 백성이요, 나의 뜻을 따른다
는 그 백성들이, 그 무지한 백성들이
무지한 환경에 맞도록 너희들이 또 뜯
어고치고 그들을 통제하고 다스릴 수
있는 책으로써 완전하게 만들어 가 나
의 성경을 변질시킨 원죄를 가지고 있
는 자들임을 알아야 될 것이니라.
15 너희들은 나의 성서요, 성경이 변질되
고 손질되었다 하면 이를 욕할 것이니
라.
16 그러나 너희들이 그 시대의 환경이요,
무지한 백성들이요, 깨우침이 없는 그
백성들을 다스리고 통제하기 위해서
너희들이 그 수준에 맞는 방법으로써
나의 성서를 전반적으로 손봤으며, 그
와 같은 방법으로써 가르쳤음이니,
17 그게 바로 너희들이 오늘의 믿음이요,
2천 년 전의 무지한 백성들이요, 깨달
음이 없는 나의 백성들을 그 수준이
요, 환경에 맞도록 다스리고 고친 것
을 가지고 너희들이 지금까지 왔음이
니,
18 그리하여 나 여호와의 참진리요, 내
뜻이 제대로 전해지지 아니하여 오늘
의 이와 같은 형국이 되었음을 너희들
은 알라.
19 너희들이 크나큰 건축을 하며 너희들
이 그 설계도에 따라서 그 모두를 맞
추고 갖다 놓아야 되나,
20 너희들이 인간의 생각으로써 그저 생
각나는 대로 갖다 놓는다면, 그는 가
장 흉하고 몰골사나운 모습으로 갈 것
이며, 그 건축물은 바로 설 수가 없는
것이니라.
21 바로 너희들이 오늘의 믿음을 그와 같
이 만들었느니라.
22 너희들이 무지한 백성들을 다스리기
위하여 성서를 무지한 방법으로 고쳤
으며, 무지한 사람들이 사는 환경에

맞는 방법으로 너희들이 무한히 손을
댔음을 알아야 될 것이니라.
23 내가 너희들에게 오죽하면 말하였느
냐?
24 가장 아름다운 얼굴의 형태를 갖다 모
아 놓았을 때 그것이 가장 추한 인간
의 형태라 했듯이,
25 너희들이 설계도에 의한 것이 아니요,
나의 성령의 참진리대로 하지 아니하
고 너희들이 마음대로 쌓고 갖다 붙이
고 했음이니,
26 너희들이 처음에는 그것이 빠른 것 같
으며 그것이 아름다운 역사 같으나,
27 그는 아무런 형태로 쓸 수 없는 가장
추한 모습으로써 이루어진다는 것, 그
리고 저 자신을 지탱할 수 없는 그와
같은 형국이 된다는 것을 알라.
28 오늘의 믿음이요, 너희들이 성서를 그
와 같은 형국으로 만들어 나의 피조물
만백성을 깨우치고 가르쳤기 때문에
오늘과 같은 사악한 세상이 되었으며,
29 기초가 없으며 다스려짐이 없으며 참
진리의 길에 서지 못한 오늘의 험악한
세상이 되었음을 너희들은 알아야 될
것이니라.
30 지금의 시대에 역사할 수 있는 나의
뜻을 지금 그리하여 내가 다시 내려보
냄이니라.
31 오늘의 지혜가 발달한 백성 너희들에
게 너희들이 깨우쳐 받아들이고 행해
야 될 새로운 성경이라 하여, 내가 새
로운 법전이라 하여 나의 뜻을 기록하
여,
32 오늘의 세상에 너희들에게 합당하며
너희들이 깨우쳐 너희들 것으로 만들
수 있는 참진리의 나 여호와의 뜻을
지금 시대의 환경에 맞도록 내가 다시
내려보내는 것은 당연한 것이며,
33 이는 반드시 필연적으로 이루어질 역
사라는 것을 너희들은 알아야 될 것이
니라.
34 그리하여 내가 지금 시대의 너희들이
보고 깨우쳐야 될 새로운 성경을 내가
법전이라 하여 세상에 나의 아들을 통
하여 내려보내는 그 역사를 이루고 있
거늘,
35 너희들이 이를 받아들이지 아니하며,
이를 너희 것으로 소중히 간직하여 깨
우치는 것이 아니요, 사탄이요, 이단
이요, 사악한 자라 매도하고 너희들이
밀어붙이는 그와 같은 행위를 하고 있
음이니,
36 너희들 무지한 백성들이 또한 무지한
행동을 하고 있음을 알라.
37 너희들이 무지한 백성들을 깨우쳐 주
기 위한 성서를 2천 년 전에 만든 그
것에 너희들이 인간의 생각으로써 그
들을 통제하기에,
38 또 너희들이 만들어 놓은 그 문자를
그대로 해석하고 그대로 가르치고, 그
것을 한 자도 빼도 안 되며 더해도 안
되며 이것은 영원불변한 것이라 하여
너희들이 밀고 그리 간다 하면 바로
너희들은 무엇이더냐?
39 2천 년 전 그 시대에 사는 백성으로
돌아가 살아야 될 것이며, 그 백성의
수준이요, 그와 같은 형국으로 너희들
이 살아가는 그와 같은 삶을 살고자
하는 것이나,
40 너희들은 돌아갈 수도 없으며, 이 환

경에서 그와 같은 환경을 만들 수 없
으며, 너희들이 깨달음의 지혜의 그
상식이 그때 미련하고 답답한 백성들
이요, 그 미개했던 백성들의 그와 같
은 수준이요, 환경으로 돌아갈 수 없
는 것이거늘,
41 그러니 너희들이 돌아갈 수도 없으며
돌이킬 수 없으며 그대로 갈 수 없기
에,
42 오늘의 너희들에게 맞는 너희들이 깨
우쳐야 되는 지금의 환경이요, 지금의
가는 백성들의 지혜에 맞는 나의 새로
운 성경이요, 새로운 가르침이 세상에
내려오는 것은 당연한 것이며, 이건
필연적인 역사이며 순리임을 너희들
은 알아야 될 것이니라.
43 너희들이 그 시대요, 그 백성으로 될
수 없으며 돌아갈 수 없지 않더냐?
44 그러니 너희들이 그와 같은 시대의 그
들을 깨우치고자 했던 것을, 인간이
만든 그와 같은 것을 문자 해석에 매
달리고 또 매달려,
45 앞으로 나가지 못하며, 앞의 변화되는
것을 보지 못하는 그와 같은 너희들의
변화되지 못하는 삶이요,
46 변화되고자 하는 나의 백성들까지 너
희들이 발목을 잡아 넘어트리고 붙잡
아 놓음이니,
47 이것이 하늘에서 보는 나 여호와의 가
장 가슴 아픔임을 알라.
48 이제 감히 내가 나의 아들을 통하여
너희들에게 전함이니, 나의 성경이요,
나의 뜻이 그 시대의 백성이요, 그 환
경에 맞도록 내가 내려보낸 것을 너희
들이 무지한 백성들의 수준에 맞춰 그
들을 통제하고 다스리기 위하여 몇몇
의 지식층이라는 자, 그리고 가진 자,
귀족이라는 자들이 저희들의 입맛에
맞도록 가르치고 변질시켰으며 또 고
쳤음이니라.
49 그리하여 너희들이 그 문자 그대로 해
석하도록 만들어 놓았음이니, 그 문자
를 그대로 해석해서는 거기에 매달려
서 너희들이 가는 믿음은 아무것도 깨
달을 수가 없으며 변화될 수 없으며
내 뜻을 알 수 없음이니,
50 이제 너희들은 새로운 시대요, 새 역
사가 이루어지는 내가 내린 나의 새로
운 성경이요, 나의 법전을 보고 깨우
쳐,
51 이에 따라 행하는 그와 같은 삶을 사
는 자, 너희들이 거듭날 수 있는 길을
가고 있는 자라는 걸 절대 잊지 말라
전하라.
52 너희들은 이 두렵고 무서운 나의 전함
을 감히 그 누구도 말할 수 없으며 그
누구도 역사할 수 없음이니라.
53 이를 만드는 자, 이를 창조한 나 여호
와이기에, 내가 너희들에게 잘못됐으
며 고쳐야 될 부분을 고치며 바로 가
라 함이니, 이는 오로지 나 여호와만
이 할 수 있는 역사니라.
54 사탄이요, 그 누구도 이는 할 수 없으
며 그리 명할 수 없으며 그를 고치고
시정할 수 없음이니, 하늘의 뜻을 알
지 못하는 자가 어찌 그를 가르치고
그를 역사한다 하느냐?
55 오로지 이 세상의 모두의 존재함이요,
우주 공간의 모두는 나 여호와의 계획
이요, 나만이 아니니 아무도 모르니라.

56 그러니 나만이 시정할 수 있으며, 나
만이 고칠 수 있으며, 나만이 잘못된
것을 지적할 수 있으며, 바로 가라 가
르칠 수 있다는 것을 잊지 말라, 사랑
하는 나의 아들딸들아!
57 모든 백성 너희들이 잘못된 것을 부르
짖고 잘못된 것을 책으로 만들어 내며
근거하나,
58 그것은 인간의 생각으로써 너희들이
잘못됨을 지적하는 것이요, 바로 서지
못함을 지적하나,
59 나 여호와가 나의 아들을 통하는 것은
원천적이요, 근본이요, 그 뿌리부터
바로잡고 감이니, 하늘의 뜻으로써 다
스려 잡는 것이요,
60 인간 너희들이 만들어 내는 것은 인간
의 생각으로써 너희들이 무엇인가를
바로잡아 보고자 하는 노력의 한계니,
61 그는 한계에 부딪치며, 더 이상 나가
지도 못하며, 더 이상 깨우치지도 못
하며, 너희들이 모두가 그 재가 되어
감이니라.
62 그러니 너희들이 그 역사 또한 나의
아들이요, 내가 내리는 법전을 보좌하
기 위해 너희들이 단역을 맡는 자들이
요, 단역을 맡은 배우로서 그 단역을
마쳤을 때 그 무대에서 내려오는 것은
당연한 것이니 그 이치를 알라, 모든
백성에게 전하라.

9,594 번째 하나님 말씀

2004년 2월 12일 07시 36분

1 사랑하는 나의 아들아!
2 "네, 아버님! 말씀하옵소서."
3 너희들이 재물을 바치고 하늘에 많이
쌓아 놓는 것으로써 영광이요, 축복의
은혜를 받는다 가르치는 것이 얼마나
너희들이 허황된 것이며 부질없으며
나의 백성들을 속이는 것인 줄 알겠느
냐?
4 인간 세속에 살아가는 너희들이 이 세
상에서 먹고 마시고 그리하지 아니하
면 너희들의 육이 존재하지 못하는 이
세상에 물질이요, 재물이 필요한 것이
아니더냐?
5 이 세상에 살아가는 속에서 육이 존재
하는 동안에 너희들이 먹고 마시며 걸
치고 쓰고 입지 아니하면 아니 되는
것이 너희들의 오늘의 삶이니라.
6 그러나 너희들이 정녕 하늘에 오르며,
나의 나라에 오르며, 천국이라는 문을
들어서고자 한다면,
7 그곳에는 지금 너희들처럼 먹고 마시
는 그와 같은 존재함이 없는 것임을
너희들은 어찌 모르더냐?
8 그러니 너희들이 먹고 마시는 것은
이 세상에서 필요한 것이요, 너희들이
입고 쓰는 것 또한 육의 세상에 필요
한 것이지,
9 그와 같은 것을 먹고 마시고 입고 걸
치는 것이 없는 그와 같은 세상에서는
그게 필요치 아니하거늘,
10 어찌하여 너희들이 세상의 오염된 것
을 하늘나라에까지 갖다 바치며 놓는
다 그리 말하느냐?
11 그 어리석은 자들이 어떠한 방법으로
너희들이 마시고 먹는 그와 같은 것
이 없는 그 세상에, 인간 세상에서 필
요하고 소중한 것을 하늘에 바치며,

너희들이 그리 쌓아 놓음으로 구원을
받는다 말하느냐?
12 그러니 모든 종교 집단이요, 그 재물
을 하늘에 쌓는다는 것은 인간의 틀을
벗어나지 못한 자요, 깨달음이 없는
자요, 어리석은 백성이니라.
13 인간 세상에서 소중한 금화와 은화의
그 재물을 먹고 쓰지 않는 그 세상, 하
늘나라에서도 그게 가장 소중하고 귀
한 것처럼 그리 착각을 하고 있음이니,
14 먹고 마시지 않는 세상에서는 너희들
의 아름다운 마음이요, 변화되는 너희
들의 마음만이 필요한 것이며, 그 마
음이 올 수 있고 심판을 받는 것이니,
15 그 재물은 아무 데도 쓸 수 없으며 오
를 수 없는 것이거늘, 그 상식조차도
모르는 종교 집단의 지도자들이니,
16 제가 금화와 은화가 필요하며 제가 소
중하기에 그걸 거둬들이기 위해서 그
와 같이 사기극을 벌이고 있는 그들에
게 더 이상 속지 말며 그들에게 더 이
상 갖다 바치는 행위를 하지 말라.
17 하늘나라에는 먹고 마시는 것이 필요
없으며, 그게 존재하지 아니함이라는
걸 알라.
18 하늘에 재물을 바쳐 쌓아 놓아야 그
상을 받는다는 말을 하지 말라.
19 그리하여 나의 백성들을 더 이상 우롱
하지 말며, 나의 백성들을 더 이상 고
통 속에 끌고 가지 말라.
20 지상에서 먹고 마시는 육이 존재하는
세상의 재물이요, 금화이니, 여기에서
나 그게 필요함을 깨닫도록 그리하며,
21 그 기초적인 상식을 모르고 있는 자
깨우쳐 주며, 알면서 사악하게 하는
자, 또 그 행동을 중단하라 내가 함이
니 그리 알라.
22 너희들이 먹고 마시는 것이 필요 없는
그 하늘나라에는 병들고 고통이 없으
며, 아픔이라는 것이 없으며, 또한 시
련이라는 것이 없으며, 아픔의 고통이
요, 역사함이 없음이니라.
23 나의 나라에 너희들이 존재하는 것은
그것이 다름을 알아야 될 것이니라.
24 여기에는 너희들이 인간 세상에서 그
저 세 사람만 모이면 남을 헐뜯기를
좋아하는 너희들의 그와 같은 삶의 행
동이요, 그와 같은 백성들이 나의 나
라, 먹고 마시지 않는 세상에는 절대
없음이니라.
25 그러니 시기하는 자요, 시기하는 말을
하는 사람이 없으며, 질투하며 투기하
는 자가 없으며, 남을 해하고자 하는
자가 없으며, 너희들이 서로 의사가
달라 갈등함이 없는 것이니라.
26 이것이 하늘나라라는 것을 너희들이
어찌 모른단 말이더냐?
27 어떠한 갈등과 고통이 없으며, 애통
함도 없으며, 너희들이 통곡하는 일도
없으며, 슬퍼하는 일도 없으며, 너희
들을 지배하는 자도 없으며, 다스리는
자도 없는 것이 곧 하늘나라요, 먹고
쓰지 않는 세상이니, 천국이 그러하거
늘,
28 너희들이 어찌하여 그를 보지 못하며
그를 바라보지 못하고 종교 집단이요,
지도자들이 하늘의 그 모두도 지상에
서 너희들이 살아가는 속에서 재물이
필요한 것처럼, 그 재물이 있어야만
하늘에서 살아가는 것처럼, 그것이 있

어야 너희들이 복을 받는 것처럼 그리 어리석게 가르치는가?

29 아무것도 모르는 자가 그리함이니, 그러니 너희들이 나로부터 계시를 받은 일이 없으며, 나에게 가르침을 받지 않았으며, 나의 명령을 너희에게 내가 내린 것이 없으며, 너희들이 내가 원하는 역사의 그것도 알지 못함이라 함이니라.

30 네가 너를 찾아온 사람에게 무어라 말하였느냐?

31 그는 모두를 인정하지 아니하며 모두를 다 부정하는 마음으로써 똘똘 뭉쳐져 있으니, 네가 그에게 말하지 아니하였더냐?

32 모든 마음을 비우고 천사와 같은 마음으로 변해질 때 하늘의 뜻을 알게 되며, 하늘에 나 여호와가 존재하는지 존재하지 아니하는지를 그때 가서 깨닫고 알 수 있으니,

33 네 마음부터 스스로 다스리고 변하는 역사를 하면, 오늘의 그가 부정하고 부정하지 아니하는 것을 깨달을 수 있을 것이라는 그 지혜를 네가 주었으니,

34 그와 같은 이치의 의미라는 것을 너희들은 깨닫고 알고 가야 될 것이니라.

35 그러니 바로 너희들의 마음이 변하며 천사와 같이 변화되었을 때 모두를 알게 되는 것이거늘,

36 그와 같이 변하지 아니하였기 때문에 하늘에서도 재물이 필요하며 금화와 은화가 필요한 것처럼 저희들이 평생 금화와 은화를 갈취하고 거둬들이기에 혈안이 된 자들이 하늘에까지 바리바리 싸 가지고 올 수 있는 것처럼 생각하나,

37 그것이 너무나 잘못된 자요, 어리석은 백성이요, 하늘의 뜻을 모르며 하늘에 그림을 그릴 줄도 모르며 볼 줄도 모르는 어리석은 지도자들이 세상을 지배하고 있으니,

38 나의 사랑하는 백성들을 지옥이요, 타락의 길로 끌고 가는 자들이라 함이니 그리 알라.

9,595 번째 하나님 말씀

2004년 2월 13일 06시 24분

1 사랑하는 나의 아들아!

2 "네, 아버님! 말씀하옵소서."

3 내가 너에게 무어라 말하였느냐?

4 내가 너에게 내리는 메시지요, 그 뜻은 네가 전함으로써 그 책임을 다한다 하였음이니라.

5 그러나 네가 그를 알며 그 뜻을 알면서도 전해 주지 아니하며 깨우쳐 주지 아니하고 가르쳐 주지 아니한다면 이는 무엇이더냐?

6 나 여호와가 이루고자 하는 그 역사가 이루어질 수 없는 것이며 행하여지지 못함을 너는 알아야 될 것이니라.

7 네가 생각하여 네가 불리한 것은 말하나, 유리한 것은 말하지 아니하며 네가 침묵을 지키고 가고자 하는 그와 같은 마음으로 가서는 아니 되느니라, 사랑하는 나의 아들아!

8 그리하여 그 사람에게 더욱이 불행이요, 더 어려운 일이 있다면, 이는 네가 잘못하는 것이 아니더냐?

9 그러니 너는 내가 주는 메시지요, 내
가 전하는 뜻을 그대로 전하고 말하도
록 하며, 그리고 그가 지키고 안 지키
는 것은 그 스스로 알아서 함이니라.
10 네가 그와 같은 말을 하여 상대방이
그를 듣고 따르지 아니하였을 때, 그
가 당하는 그 고충이요, 시련을 네가
체벌이라 그리 생각하나, 그것은 체벌
도 아니며 내가 그에게 벌을 내림도
아님이니라.
11 다만 자기가 가야 할 길을 그대로 가
는 것뿐이니라.
12 그 방향을 바꿔 주며 그 가는 길의 고
통을 바꿔 줄 수 있는 것을 너 스스로
판단하여 말하지 아니하면 아니 되느
니라, 사랑하는 나의 아들아!
13 그 모두는 네가 상상할 수 없게 잘못
되는 것이니, 너희들이 달리는 열차가
궤도를 벗어나는 것과 같은 그와 같은
형국이 됨이니, 그 참사가 어떠하더냐?
14 네가 차를 몰고 가는 기사에게 졸아서
는 아니 된다 가르치는 것, 이것은 당
연한 것이 아니더냐?
15 그러니 그와 같은 것을 네가 이제 주
저해서는 아니 될 것이니라.
16 나의 법전을 기록하며 나의 성령을 그
리 많이 듣고 깨우쳐 아는 나의 아들
너는 너에게 유리한 쪽의 이야기는 하
지 아니하며,
17 인간 세상에서 생각하고 평가하여 너
에게 더 큰 떡이 되는 이야기는 하지
않으려 함이니,
18 그것은 네게 큰 떡이 되는 것이 아니
라, 그 상대방에게 더 큰 떡이요, 그를
구원함이요, 그를 도와주는 길이라는
것을 너는 알아야 될 것이니,
19 그것 또한 네가 믿음이 약한 것이며,
네가 생각함이 부족함임을 알아야 될
것이니라, 사랑하는 나의 아들아!
20 너는 내가 내리는 그 뜻을 그대로 전
하는 것이요, 그리하여 나의 법전을
읽은 제자들이요, 그리고 모든 백성들
이 알 것은,
21 너는 네 생명이 네가 사는 것이 아니
요, 내가 연장한 자요, 내가 너를 통제
한다 하지 아니하였더냐?
22 그 대목을 알고 읽은 깨우친 백성이라
면, 너는 네가 하는 것이 아니요, 나의
뜻에 의하여 역사함이요, 나의 뜻만을
위해 네가 움직인다는 것을 그들이 알
것이니라.
23 그러니 그들이 깨우침이 부족한 자요,
그들이 법전을 마음으로 정독하지 아
니한 자들이니라.
24 너의 제자들이라도 그 법전을 정독했
다면 그 뜻을 알 것이며 그 역사를 알
것이니, 너는 그를 주저하지 말고 그
리하라.
25 그것으로써 모두 내가 역사하는 길이
있음이니라.
26 내가 무어라 말하였느냐?
27 작은 것도 네가 작다 생각하지 말며,
너의 제자들 또한 그리 생각하지 말라
하지 아니하였더냐?
28 지금의 너희들이 인간 생각으로써 작
은 것이 그 뿌리를 뽑고 뽑으면 끝이
없다 하였으며,
29 너희들이 생각할 때 뿌리가 길고 넓을
것 같으나 실상 너희들이 뽑아 보면
아무것도 아닌 그와 같은 형국이 있다

하였으니,
30 작고 큰 것을 너희들은 구분하지 말라
하지 아니하였더냐, 사랑하는 나의 아
들아!
31 내가 너를 도울 자를 부를 것이며 그
사람들이 올 것이니라.
32 그러나 내가 내린 그 성령의 뜻대로
내가 명한 대로 너는 그대로 전하지
아니하면 그 모두가 부서지는 것이 됨
이니라.
33 그리고 무너지는 결과가 되니, 너는
주저하지 말고 전하기만 하라.
34 네 뜻이 아니고 나 여호와의 뜻이니라.
35 나의 아들 예수가 그 나귀의 주인에게
가서 나귀를 달라 하면 줄 것이라 했
음이니, 그가 얼마나 그 자신을 위하
는 길이라 생각했겠느냐?
36 그러나 그 모두는 내가 다 역사하여
준비해 놓았음을 너는 알아야 될 것이
며, 그러하기에 예수는 그리 말했듯이,
37 너에게 필요한 것은 네가 필요로 하는
것이 아니요, 내가 필요한 것이요,
38 네가 지금 가지고 있는 네가 역사하는
것이 너를 위하고 너 자신을 편안하게
하며 네 뜻을 펴고자 하는 것이 아니
니, 너를 돕고자 하는 것이라 생각하
지 말라.
39 모두는 나 여호와가 이루고 필요하여
거둬들이는 것이며, 또한 나에게 필요
치 아니하여 손을 놓게 된다는 것을
명심하고 명심하라, 사랑하는 나의 아
들아!
40 오늘 이후에 이와 같은 것을 거역하는
일이 있어서는 아니 되며, 이를 그대
로 행하지 아니하는 일이 있어서는 아
니 될 것이니, 명심 또 명심하도록 그
리하라.
41 그리 행하면 내가 너를 통하여 내린
모두는 그대로 행하며 역사한다는 것
을 알라.
42 그렇지 아니했을 때 내가 명한 뜻이
이루어지지 아니함이니, 너는 내가 주
는 것을 네가 받지 아니하고 사양하는
그와 같은 마음을 갖지 말라.
43 내가 내리는 것을 사양하는 것은 아니
니라.
44 인간 세상사에 너희들이 주고받는 것
은 사양할 수 있으나, 나 여호와가 내
리는 것은 진리요, 법이니 그리 알라.

9,596 번째 하나님 말씀

2004년 2월 13일 06시 34분

1 사랑하는 나의 아들아!
2 "네, 아버님! 말씀하옵소서."
3 내가 너희들에게 구약 시대는 준비의
시대요, 신약 시대는 중간의 주자로서
달리는 그 시대라 하였으며, 지금 내
가 마지막 내리는 제3의 시대가 모두
를 매듭을 짓는 그와 같은 시대라 하
였음이니라.
4 그러나 지금의 모든 종교 집단이요,
그 백성 너희들이 무어라 하느냐?
5 구약은 구약 시대에 모두가 마무리 짓
는 시대요, 신약 시대는 모두가 저희
들이 영원히 마무리 짓는 시대요, 더
이상 나갈 수도 없으며 변화되는 것도
있어서는 아니 된다 그리 말하느니라.
6 그리하여 영원토록 저희들이 신약 시
대가 존재하며 그것으로써 모두가 구

원의 길을 역사하고 역사하지 않는다
너희들이 그리 말함이니라.
7 그러나 너희들은 알아야 될 것이니라,
지금 너희들이 그와 같은 생각을 하고
있음이 잘못된 것이니라.
8 모두는 너희들이 변하는 소용돌이 속
에서 역사한다는 걸 어찌 모르는가?
9 나 여호와는 구약 시대는 준비요, 신
약 시대는 중간 주자요, 제3의 법전의
시대가 마지막 시대요, 마지막 주자의
시대란 그 뜻을 너희들은 알라.
10 이제 너희가 영원토록 머무는 시대요,
모두가 역사하는 그 시대가 지금 시작
되고 있음을 너희들은 알라.
11 그러니 너희들이 새로운 시대를 도약
하는 나의 이 법전을 읽고 깨우치지
아니하면, 너희들이 역사하고자 하는
나의 뜻을 모름을 알아야 될 것이니
라.
12 구약 시대는 그를 붙잡고 그대로 그
것이 마무리요, 마지막 시대요, 신약
은 더 이상 인정치 아니하며,
13 그 신약 또한 저희들이 마무리 시대
요, 마지막 시대라 하며, 제3의 법전
의 시대를 인정하지 아니하려 하며
역사하지 아니하려는 것이 너희들의
오늘이니,
14 그리해 가지고는 너희들이 정녕 깨달
음을 얻을 수 없으며 나의 뜻을 알 수
없으며 하늘에 오르는 길을 볼 수 없
는 것이니라, 사랑하는 나의 아들딸들
아!
15 내가 너희들에게 무어라 했느냐?
16 변해야 된다 하였음이니라.
17 변화되지 아니하면 너희들이 볼 수 없
으며 들을 수 없다 하였음이니라.
18 너희들이 정녕 나 여호와가 원하는 것
을 안다면, 너희들이 나의 법전을 가
슴에 안고 정독해 그 깨달음의 길을
알게 될 것이니라.
19 내가 너희들에 간곡히 말하느니라.
20 성서를 열 수 있는 열쇠요, 그 모두가
다 나의 법전이라 하였음이니라.
21 그러니 너희들이 나의 법전을 읽고 정
독해 깨우치면, 너희들이 바로 구약이
요, 신약의 그 성서의 그 비유의 숨겨
져 있는 뜻을, 봉인된 것을 다 열 수
있으며 그 속을 볼 수 있다 하였거늘,
22 어찌하여 너희들이 이를 보지 아니하
고 읽지 아니하려 한단 말이더냐?
23 이를 읽고 깨우쳐 너희들이 바로 서야
됨이니, 절대 너희들은 동요되지 말며
나의 법전을 읽고 깨우쳐 만백성에게
전하는 데 최선을 다할 것이며,
24 그 백성들에게 나의 법전을 읽고 되돌
아서서 너희 성서를 읽을 때, 그 봉인
된 뜻을 다 알 수 있다는 것을 간곡히
깨우치고 전하도록 그리하라, 사랑하
는 나의 아들딸들아!

9,597 번째 하나님 말씀

2004년 2월 13일 06시 40분

1 사랑하는 나의 아들아!
2 "네, 아버님! 말씀하옵소서."
3 나 여호와가 너희들에게 모두를 취하
고 살아갈 수 있는 것을 다 내려 주었
음이니,
4 그리하여 너희들이 100이라는 그 점
수가 나에게 닿는다면, 그중에 너희들

이 60이라는 그 점수의 세상의 모든
이치를 다 주었으니, 그 속에서 너희
들이 취하고 얻고 살 수 있도록 다 주
었다 하였음이니라.
5 너희들에게 다 손에 쥐여 준 그와 같
은 너희들의 인간 세상의 삶에 있어서
도 너희들이 대충대충 사는 것, 대충
대충 생각하는 것, 그리하여 너희들이
대충대충 행동하는 자, 그리고 신중히
행동하지 못하는 자는 모두가 패자가
되며,
6 너희들이 거둬들일 수 있는 것도 거둬
들이지 못하는 그와 같은 백성이 된다
내가 너희들에게 말하지 아니하였느
냐?
7 그러니 너희들이 지금 거듭나는 길이
요, 구원의 길이요, 너희들이 나에게
오르는 길을 달려오는 신앙이요, 그
믿음의 길을 너희들이 대충대충 그와
같이 가서는 절대 아니 된다는 것을
알라.
8 지금의 모든 믿음의 길을 가는 백성,
그리고 가르치는 종교 집단 지도자들
이요, 그들이 확신이 없으며 자신이
없음이니라.
9 가르치는 지도자도 나로부터 성령을
받음이 없으며, 나로부터 메시지를 받
음이 없으며, 나를 보고 나를 만질 수
없음이니,
10 그들이 가고 있는 그 자신이 지금 대
충대충 흔들리며 그저 그런대로 흘러
가는 그와 같은 종교 지도자들이 단상
에 서서 강론하고 설교하는 것이 오늘
의 그들의 가르침이니라.
11 확신이 없으며 자신이 없음이니라.
12 그리하여 그들이 정답을 내리지 못하
며 답을 내리지 못함이니라.
13 그리하여 두루뭉술하게 성서에 이리
되었으니 이리 가는 것이며, 이리 가
면 되는 것이라 그리 그들이 가르치느
니라.
14 그러나 가르치면서도 그들이 내가 성
서에서 원하는 것이 무엇이며 내가 요
구하는 것이 무엇인지, 그 간단한 것
도 눈을 뜨지 못하며 그 속에 있는 비
유를 보지 못함이니라.
15 이제 나의 아들을 따르는 제자 너희들
이 성서를 폈을 때, 그 내용이 무엇이
며, 내가 무엇을 역사하는가를 너희들
은 알 수 있으며, 그 글귀를 발견할 수
있음이니라.
16 그러나 모든 백성들이요, 지금 종교
집단이요, 지도자들이 너희들만큼 마
음이 비워지지 아니하였으며, 너희들
이 성경을 여는 그 열쇠를 알지 못함
이니,
17 그저 알지 못하고 대충대충 믿음의 길
을 가고 있는 것이 오늘의 너희들의
현실임이니라.
18 그러니 너희들이 구원의 길이요, 나에
게 오르는 그 믿음의 길이요, 가장 갈
구하는 그 길을 대충대충 올 수 있다
생각하느냐?
19 절대 그리해 가지고 너희들은 나에게
올 수 없음이니라.
20 너희들의 믿음이 대충 가는 그 믿음이
요, 대충 그저 걸치는 대로 때에 따라
서, 너희들이 분위기에 따라서 흘러가
는 그와 같은 너희들의 믿음이니,
21 거기에 진정한 진실이 없으며 너희들

이 깨달음이 없음이니라.
22 깨달음이 없으니, 너희들이 알 수 없
음이니라.
23 목숨을 다하여 모두를 다 바쳐 너희들
이 성서를 정독했을 때 그나마 너희
들이 그 비유의 뜻이요, 그 가르치는
뜻을 찾아내고 볼 수 있거늘,
24 너희들은 그저 모르는 종교 지도자가
부르짖는 대로 '아멘, 할렐루야!' 하며
은혜 받았다, 축복받았다고 울고불고
하는 자들이니,
25 그 성서에 나 여호와가 가르치고자
하는, 내가 인도하고자 하는 그 길을
너희들이 모르고 반대의 길을 가고
있는 것이 그 불쌍한 너희들의 오늘의
믿음이니,
26 대충대충 하지 말라, 나의 법전을 읽
고 너희들이 성서의 그 봉인됨을 알라
내가 이리 애절하게 전함이니,
27 이 뜻을 거역하는 자 아무것도 알 수
없음이니라.
28 이제 나의 아들을 따르는 제자 너희들
이 나의 법전을 읽고 깨우쳤을 때, 너
희들이 성서를 들여다보도록 그리하
라.
29 아무리 믿음을 모르는 백성도 나의 법
전을 정독하고 깨우친 자, 나의 아들
을 통하여 내리는 강론을 충실히 들은
자, 이제 성서를 열면 그 뜻을 너희들
이 알 수 있을 것이니,
30 이것이 너희들의 은혜요, 기적이요,
성서의 봉인된 것을 들여다볼 수 있는
은혜를 받음이니 그리 알라 전하라.
31 그리하여 성서를 들여다보도록 그리
가르치라, 사랑하는 나의 아들아!

9,598 번째 하나님 말씀

2004년 2월 13일 06시 50분

1 사랑하는 나의 아들아!
2 "네, 아버님! 말씀하옵소서."
3 육의 세상에서 나의 참진리요, 나의
계명을 지키고 사는 것은 정녕 어렵고
힘든 길이니라.
4 그러니 너의 제자들이 과연 어떠한가?
5 쇠를 달궈 명검을 만드는 것보다도,
그 달궈지는 쇠의 고통보다도, 두드려
또 맞고 맞아서 명검으로서 거듭 탄생
하는 그것보다도 더 어렵고 힘든 길을
가는 것이 참진리요, 나의 계명을 지
키고 살아가는 사랑하는 나의 백성들
임을 너희들은 알라.
6 너희들이 불에 달구는 그 쇠요, 그리
두드려 맞고 또 맞아 다듬어져서 명검
이 만들어지는 것보다,
7 너희들이 나의 참진리요, 나의 계명이
요, 나의 아들을 통하여 내리는 나의
강론을 들으며 나의 법전을 가슴에 안
고 정독하여 깨우치고 거듭나는 것은,
8 그 찬란한 명검보다도 더 위대한 하늘
나라요, 영원히 사는 그 나라에 너희
들이 구원을 받으며 은혜를 받음이니,
그보다도 더 크고 영광된 것이 없음이
니라.
9 그러니 너희들이 두드려 맞고 너희들
이 또 불에 달구는 그 쇠보다도 더 고
통스럽고 힘든 길을 가야 하는 것이
너희들이 구하는 길이요, 역사하는 길
이니라.
10 너의 제자 '김윤수'에게 내가 특별히
전함이니, 쇠가 달구어지고 두드려 맞

아 명검이 되느니라.
11 네가 정녕 그 명검보다도 화려한 자
요, 구원을 받는 자요, 나에게 오를 수
있는 내 딸이 되고자 한다면 너는 그
고통을 겪지 아니하면 아니 되니,
12 너는 오늘부터 불에 달구는 쇠요, 두
드려 맞고 맞아 변하는 명검이 되도록
그리하라.
13 내가 너를 기다리며 너를 생각하며
너에게 거는 그 기대가 가장 큼이니라.
14 그 누구도 네 본심을 모르며 네가 가
는 마음을 모르나 나 여호와는 알고
있음이니라.
15 너의 그 지극정성이요, 그 사랑은, 믿
음도 없고 깨우침이 없는 네가 나의
아들을 따라가는 길은, 다른 사람들의
열배 백배로, 믿음이 있는 자도 갈 수
없는 그 길을 네가 가고 있음이니,
16 내가 너를 위하여 오늘 한 구절을 내
림이니, 쇠가 불에 달구어지며 녹는
그 고통이 어떠하겠느냐?
17 그리고 그가 또 두드려 맞고 맞아야
찬란한 명검이 될 수 있는 것이니,
18 그보다 더 어렵고 힘든 고통의 길을
네가 와야만 하늘에 오를 수 있는 것
임을 알라.
19 너는 오늘부터 '낙타가 바늘구멍을 통
과하는 것이 하늘에 오르는 길'이라는
나 여호와의 뜻을 알아 네가 바로 오
도록 그리하라.
20 지금의 나의 아들을 따르는 제자들이
요, 믿음이 없으며 믿음 생활을 하지
아니한 자, 성서를 모르는 자, 그 제자
들 중에 네가 으뜸이니 그리 알라.
21 으뜸인 자에게 내가 너에게 상을 내려
더 매질을 함이니, 네가 달궈지는 쇠
가 되고 네가 맞아서 달궈져 명검이
되는 그 고통의 길을 가라는 것은 내
가 너에게 크나큰 상을 내림이니라.
22 내가 은혜를 주는 것은 너의 고통이
라 하였음이니, 네가 고통과 시련 속
에서 가야 한다는 것을 내가 나의 아
들을 통하여 나의 법전에 기록하여 전
함이니, 이는 내가 너에게 내리는 가
장 큰 은혜요, 상임을 알라.
23 지금서부터 더 달려가라, 지금서부터
더 네 마음을 굳건히 그리 가면 될 것
이니라.
24 나는 네 마음을 알며, 내가 너에게 말
하는 내 뜻을 너는 알 것이니라.
25 너 자신이 어떠한 마음을 가졌으며
어떠한 생각을 굳혔기에 나 여호와가
너에게 갈 수 있는 그 은혜요, 상을 내
리는 것인가를,
26 네 마음이 정해지지 아니하였으며 네
마음이 굳어지지 아니하였으면 나는
이 상을 절대 주지 아니할 것이니,
27 너는 알고 나는 아느니라, 그 길을 가
도록 그리하라.
28 사랑하는 나의 아들딸들아!
29 너희들이 참진리요, 나의 계명이요,
나의 아들을 통해서 내리는 강론의 뜻
대로 사는 것이 얼마나 힘든가 알면
서 내가 그리했으며 또한 나의 아들을
따르는 제자에게도 그리 가라 명함이
니,
30 너희들이 모두에게 은혜요, 영광이요,
축복임을 알라.
31 그에게 박수를 보내도록 그리하라.
32 이제 그러나 너희들은 알아야 될 것이

니라.

33 그와 같이 어렵고 힘든 길을 가는 것, 그것이 영광의 길이요, 거듭나는 길이요, 너희들이 나를 볼 수 있는 백성으로서 은혜와 축복을 입는 것이라는 것을,

34 그 어렵고 힘든 길을 가는 것, 그리고 너희들이 편안하고 대충대충 믿고 가는 그 믿음과 신앙생활은 너희들이 인간을 아름답게 변화시키는 것이 아니요,

35 너희들의 몰골을 수없이 흉측한 모습으로 변화시키며, 인간이 짐승보다도 더 험악한 형국으로 변화되는 것이 너희들이 편안한 길이요, 대충대충 살아가는 길이요, 구원이요 영광을 위해서 가는 그 믿음이니,

36 이는 아름다운 믿음이 아니니, 오늘의 모든 백성들이 오는 길이 잘못되었다 함을 알라.

37 나 여호와가 너희들을 무어라 말하였느냐?

38 모든 종교 집단이요, 지도자들이 내가 가장 예쁘고 아름답게 만든 나의 사랑하는 나의 백성들을 보기도 흉한 괴물로 만들며,

39 그 괴물만 육성하는 오늘의 종교 집단이요, 지도자들이 되어 있으며,

40 울고불고 감히 구원을 받았다 말하고 광란의 짓을 하는 자, 그들이 괴물로 변한 흉한 모습을 저희들이 모르느니라.

41 지금의 너희들이 형상을 볼 수 없이 망가졌으며 형상이라 말할 수 없을 만큼 너희들이 무너졌으며 흉측한 모습이니라.

42 이를 명심하여 너희들이 받아들이도록 그리하라.

43 뜨겁게 달구어 만든 칼이 명검이 된다는 것을 잊지 말며, 달구어서 불순물을 뽑아낸 그 금은 정녕 정금이 되느니라.

44 그러니 사랑하는 나의 아들을 따르는 제자들이요, 너희들은 오늘에 정금으로서 거듭나지 아니하면 아니 됨이니 그리 알라.

45 이를 모두 너희들이 듣도록 그리하며, 그리고 내가 오늘 그 상을 내린 자와 같이 너희들에게도 그 상을 내리는 것과 같음이니,

46 모두가 너희들의 기쁨이요, 격려의 박수로써 그를 위로하라.

9,599 번째 하나님 말씀

2004년 2월 13일 07시 01분

1 사랑하는 나의 아들아!

2 **"네, 아버님! 말씀하옵소서."**

3 구약에 가르치며, 신약의 성서를 가르치며, 모든 종교 집단이요, 지도자들이 지금까지 가르친 방법,

4 그리고 너희들이 또 그걸 배워 구원을 받는다는 그 백성들, 너희들은 알아야 될 것이니라.

5 너희들이 변화되지 아니하는 믿음이요, 그저 틀에 박힌 성서의 가르침이요, 틀에 박힌 설교요, 그를 가르치는 자와 그걸 듣는 자,

6 그걸 가르치는 자는 그 모두를 나의 사랑하는 백성들을 기계로 만드는 것

이요,
7 거기에서 매달려 헤어나지 못하는 백
성들은 생각할 수 없으며 너희들이 지
혜가 없는, 나로부터 받은 가장 위대
한 것을 다 버리고 너희들이 그저 작
동하는 대로 움직이는 기계가 되고자
하는 것이니,
8 오늘의 틀에 박힌 그 가르침이라는 것
이 바로 너희들의 그 믿음이요, 신앙
생활이 기계를 만드는 데 모두를 다
바쳤으며, 거기에 너희들의 모두를 소
모했음을 알아야 될 것이니라.
9 지금 내가 나의 아들을 통하여 내리는
나의 법전은 너희들이 무엇이든 읽고
배우고 깨우치며, 그리고 너희들이 변
하는 지혜를 줌이니, 이게 참진리요,
10 스스로 변하며 깨우칠 수 있는, 그리
고 가르쳐 주는 것이 참진리의 길이라
는 것을 너희들은 알아야 될 것이니라.
11 그러니 참진리의 길을 보게 되는 것은
너희들이 스스로 깨우치고 변할 수 있
도록 지도하고 가르치는 것, 그리고
너희들에게 지혜를 주며 판단할 수 있
는 생각을 부어 넣어 주는 것, 이것이
가장 중요한 것이며 너희들이 참진리
를 보는 것이라 하지 않더냐?
12 너희들이 인간 세상에 살아가면서 그
와 같은 백성이 있지 않더냐, 너희들
이 '고기를 먹여 주는 그와 같은 가르
침이 아니요, 고기를 잡을 수 있는 가
르침을 주는 백성이 있다는 것', 그러
니 그 백성들을 당할 수가 있단 말이
더냐?
13 그러니 너희들이 틀에 박힌 믿음은 바
로 그것이 무엇이냐?
14 기계를 만드는 것이요, 죽음의 길이
요, 죽은 자를 만드는 것이니,
15 너희들이 스스로 참진리를 보고 깨우
칠 수 있도록 너희들이 스스로 깨우칠
수 있는 가르침을 주는 것은 그것이
너희들이 산 자요, 움직이는 자요,
16 그리고 참진리의 길을 보아 나에게 오
르는 길을 한 계단 한 계단 오르는 은
혜와 축복을 받을 수 있도록 진정한
길로 인도하는 지도자요,
17 진정한 선택된 백성이요, 축복받은 자
들이라는 걸 잊지 말라, 사랑하는 나
의 아들딸들아!
18 지금 나 여호와가 나의 아들을 통하여
160권의 법전을 만들어 스스로 전하
는 것은 무엇인 줄 알겠느냐?
19 너희들을 심판하는 시대요, 그도 중요
함이니라, 그러니 결국 심판대에 너희
들이 서고 못 서는 것은 너희들이 스
스로 깨우쳐 변화되는 그와 같은 삶
에 달렸다 하였음이니,
20 나의 법전은 누구나 다 스스로 깨우쳐
너희들이 깨달음을 알며 참진리의 길
을 보며, 심판대에 서서 심판의 기준
이 무엇인가를 알게 함이니,
21 이보다 위대함이 어디 있으며 이보다
너희들이 소중함이 어디 있단 말이더
냐?
22 그리하여 내가 나의 법전을 읽고 깨우
치지 않는 자, 곧 이는 참진리의 길을
버려두는 자요,
23 그리고 정독하고 가슴에 안고 살아가
는 백성은 참진리의 길을 갈 수 있으
며 볼 수 있는 깨달음을 얻는 선택된
백성들이니, 이를 너희들이 깨우쳐 전

하도록 그리해야 될 것이니라.
24 나의 법전을 너희들이 정독한다 해서
지옥 불로 가는 것이 아니요, 너희들
이 벌레가 되는 것도 아니거늘,
25 어찌하여 모든 종교 집단이요, 지도자
요, 그 백성 너희들이 세상에 참진리
요, 남이 가지고 있는 그 진리요, 남을
통해서 내리는 그 역사는 벌레 보듯이
그저 흉측한 몰골을 보는 것처럼, 너
희들이 보기만 해도, 접하며 읽는 그
순간에 지옥 불로 떨어지는 것처럼
생각하며,
26 어찌하여 너희들이 틀에 박힌 방법으
로써 나의 백성들을 그리 묶어 놓고
그와 같이 기계로 만들어 너희 마음
대로 작동하는 그와 같은 행위를 하고
있느냐?
27 이제는 나의 법전이 세상에 나감이니,
이를 읽는 백성 그들이 스스로 잘못
됨을 깨달을 날이 머지않았으며, 기계
가 되어 있음을 그들이 알게 될 것이
며,
28 그리하여 저희들은 인간으로서 변하
고자, 인간의 자세로 돌아오고자 몸부
림치는 백성들이 수없이 일어날 것이
니,
29 그때 가서 그리 기계를 만드는 지도
자 너희들이 설 자리가 없으며, 너희
들이 나에게 와 심판을 받기 전에 그
백성들로부터 너희들이 심판을 받는
다는 것을 알라.
30 이제 모든 백성들의 그와 같은 슬프
고 피비린내 나는 싸움을 막기 위하
여, 내가 모든 백성이 누구나 다 보면
깨우칠 수 있는 나의 법전을 세상에
내려보내어,
31 나의 아들딸들이 그저 순순히 거듭나
고, 피를 보지 아니하도록,
32 너희들의 아비규환 같은 피를 보는
전쟁이요, 물고 뜯고 그 억울함의 대
가를 받고자 치고받는 그와 같은 험
악한 세상이 도래해서는 아니 되기에,
33 내가 그 모두를 막기 위하여 지금 나
의 법전을 내려보냄이니,
34 너희들이 또한 내가 내리고 기다리는
시간 동안에 나의 법전을 보고 너희들
이 피비린내 나는 전쟁을 막으며 그
싸움에서 헤어날 수 있는 그와 같은
축복과 영광을 얻으라 함이니, 그를
잘 깨우쳐 전하도록 하며,
35 이 뜻을 받아 듣고 읽는 자, 너희들은
바로 무서움과 두려움을 알아 바로
서는 신앙의 삶을 살도록 그리하라.

9,600 번째 하나님 말씀

2004년 2월 13일 07시 08분

1 사랑하는 나의 아들아!
2 **"네, 아버님! 말씀하옵소서."**
3 너희들이 마음을 닫아 버리면 아무것
도 깨우칠 수 없다 나 여호와가 너희
들에게 그리 가르치지 아니했느냐?
4 그러니 너희들은 너희들만이 열 수 있
는 그 마음의 문을 항상 열어 두는 것
이 너희들에게 가장 소중하고 귀하다
하였음이니라.
5 다만, 너희들이 마음의 문을 열 수 있
는 것은 문고리가 안에만 있음이니,
너 자신이 열고 닫을 수 있다 함을 너
희들은 명심하고 또 명심하라.

6 그러니 너희들이 마음을 여는 것도 너
희들의 소관이며, 그러니 마음을 닫아
두고 모두를 깨우치지 못하는 어리석
은 백성으로서 살아감도, 기계화 되는
것도 또한 너희들 자신에게 달렸음이
니,
7 그러니 언제나 너희들만이 열 수 있는
그 마음의 문을 항상 열어 두도록 그
리하라.
8 그렇지 아니하면 너희들은 아무것도
이룰 수 없는 백성이 됨이니라.
9 마음의 문을 열어 두는 자만이 나의
성령의 뜻을 받아들일 수 있으며, 너
희들이 내가 너희들에게 임할 수 있는
그와 같은 크나큰 영광이요, 축복을
얻을 수 있다는 것을 알라.
10 마음의 문이 닫혀 있는 너희들에게 어
찌 나의 성령이요 나의 뜻이 임할 수
있으며, 너희들이 내 뜻을 알 수 있으
며 내 뜻에 따라 너희들이 행하는 길
을 갈 수 있단 말이더냐?
11 마음을 닫아 두는 자는 저 자신이 얼
마나 어리석은지를 모름이니라.
12 저희는 겸손한 자요, 미덕을 갖추고
사는 백성이라 하나, 마음을 닫아 둔
자는 이 세상에 가장 저 자신이 위대
한 선생이요, 저만큼 아는 자가 없으
며, 제가 알고 있는 그 상식 이상은 이
세상에 아무것도 존재하지 아니하며,
13 저는 더 배울 것도 없으며 더 들을 것
도 없다는, 제가 완벽한 선생이요, 가
장 위대한 선생이라는 그 착각 속에
사는 것이니, 그는 바로 무엇이더냐?
14 교만한 자이니라.
15 그러니 마음의 문을 열어 둔 자는 어
떠한 자이던가?
16 마음을 열어 두고 나의 성령을 받아
들일 수 있는 그와 같은 백성은 언제
어디서나 무엇이든지 배울 수 있는 백
성이요,
17 그를 배워서 제 것으로 만들 수 있는
백성이요, 또한 그를 걸러서 버리고
버리지 아니할 것을 아는 현명한 사
람이 되어 있다는 것을 너희들은 알아
야 될 것이니라.
18 그는 겸손한 나의 백성이요, 내가 원
하는 백성의 그 길을 가고 있는 것임
을 알라.
19 사랑하는 나의 아들아!
20 "네, 아버님! 말씀하옵소서."
21 너희들은 나의 뜻에 의해 변화되는 그
역사를 이루는 것, 그것이 소중한 것
이라 하였음이니라.
22 그리고 너희들이 생각으로써만 말로
써만 모두를 이루는 것은 무가치한 것
이라 그리하지 아니하였더냐?
23 말로써 역사하는 것, 말로써 너희들이
모두를 이루는 것은 하나의 그림자에
게 너희들이 옷을 입히고자 하는 어리
석은 백성과 같다 하지 아니하였더냐?
24 그러니 너희들이 마음으로 생각으로
깨달은 것은 행동으로 옮기는 것이 가
장 중요한 것이라 하였음이니,
25 내가 너희들에게 마음을 열라 함이 무
엇이더냐?
26 너희들 자신이 마음을 열지 못하면 너
희들이 세상 것을 받아들이지 못하며
알지 못함이니,
27 알지 못하는 자가 어찌 행하고 역사할
수 있단 말이더냐?

28 너희들이 마음을 열 수 있는 그 문의
고리는 네가 안에서 잡고 있음이니,
29 내가 너희들에게 마음을 열라 함은 그
마음을 열었을 때 세상사의 모두를 너
희들이 받아들이고 또 그를 보게 됨이
니,
30 그 받아들이고 너희들이 또 깨우치고
얻은 것을 거기에서 너희들이 행하는
것이 또 가장 소중한 것이라는 것을
내가 지금 나의 아들을 통하여 너희들
에게 전하지 아니하였더냐?
31 그러니 마음의 문의 고리를 걸어 잠그
고 움켜쥐고 열지 못하는 그 백성, 제
가 가장 위대한 선생이라 하는 자는
듣고 보고 배우는 것이 없음이니,
32 제가 듣고 배우는 것이 없으니 판단력
이 없으며 사고력이 없거늘,
33 제가 듣고 본 것도 없으니, 행함이 어
디 있으며 어찌 행동으로써 그것을
보일 수 있단 말이더냐?
34 사랑하는 나의 아들아, 그리하여 너희
들에게 마음의 문을 열라 함이니라.
35 마음의 문을 걸어 잠근 자, 그리고 알
지 못하는 자, 깨달은 것이 없어서 행
동을 못 하는 어리석은 백성, 또한 나
의 아들을 따르는 제자 너희들은 그
마음의 문을 열고 살아,
36 너희들이 깨닫고 듣고 행하고 아는
것, 그 모두가 참진리의 길이요, 나 여
호와에게 한 점의 부끄럼이 없는 것이
라면, 너희들은 그대로 행하고 지키는
것이 가장 소중하다는 의미를 알라.
37 행하지 않는 믿음은 내가 바로 무어라
말하였느냐?
38 네 그림자에게 네가 스카프를 둘러 주
며, 모자를 씌우며, 네가 바람에 춥다
하여 장갑이라는 것을 끼워 주며, 양
말이라는 것을 신겨 주며, 춥다 하여
외투를 입히고자 하는 것이 너희들의
형국이요, 너희들의 생각이니,
39 거기에 입히고 너희들이 먹이고자 하
는 그와 같은 불쌍한 자들이 오늘의
믿음의 길을 가는 것이요,
40 그리하여 암흑에서 허덕이는 자요, 아
무것도 볼 수 없으며 깨닫지 못하는
어리석은 백성이라는 나 여호와의 뜻
을 알라.

9,601 번째 하나님 말씀

2004년 2월 13일 07시 13분

1 사랑하는 나의 아들아!
2 "네, 아버님! 말씀하옵소서."
3 너의 제자가 와서 너에게 그리 말하였
느니라.
4 가장 성서의 중요한 것은 모두가 다
기록되었으며 거기에 모든 내용이 다
기록되었거늘, 어찌하여 그를 제가 알
지 못했으며 깨닫지 못했는가 하며,
그리고 성서는 실천해야 한다는 것이
거기에 다 기록되었다며 그를 봤다는
그 제자의 말을 듣지 아니하였느냐?
5 그러니라, 사랑하는 나의 아들아!
6 중요한 것은 너희들이 성서대로 실천
하고 행하는 것이니라.
7 그러나 너희들이 성서를 천 번 만 번
읽는다 해도 그 성서에 기록된 내용을
알지 못함은 의식 없이 너희들이 그
성서를 읽어 가기 때문이니라.
8 너희들이 성서에 기록된 내용은 그것

을 너희들이 직접 행하고 실천해야 된
다는 것을 그리 그들은 깨닫지 아니하
며,
9 이는 수천 년 전에 역사한 것이며 저
와는 관계없는 것이요, 제가 그리 실
천할 필요도 없다 너희들은 그와 같은
생각을 하고 있으며,
10 그 성서에서 실천하고 행하라는 그 내
용이 바로 너희들 것이며 너희에게 명
하는 것임을 너희들이 깨닫지 못하고
그저 형식적으로 읽어 가기에 거기에
기록되어 있는 것을 모르느니라.
11 그러니 너희들이 성서에 기록된 내용
을 실천하고 행한다는 그 의식이 없이
너희들과는 관계없는 것처럼 그저 읽
어 내려가기 때문이요,
12 모든 종교 집단이요, 지도자들이 그리
행해야 된다는 것, 성서에 기록된 것
은 하나하나 너희들이 불리한 쪽으로
해석해서 너희 것으로써 만드는 것이
성서를 보는 의미요, 그 성서를 내린
의미요, 그를 깨우치는 의미가 거기
있다 종교 지도자들이 그리 가르친다
면,
13 너희들은 성서에 오늘의 종교 지도자
들이 잘못 가르치는 것, 잘못 가고 있
는 것, 그리고 너희가 잘못하고 있는
것, 잘못 행하고 있는 것이 얼마나 부
끄럽고 추한 모습이며, 얼마나 잘못된
것인가를 다 알 수 있는 것을,
14 모든 종교 집단이요, 지도자들이 그
신도들에게 너희들은 성서를 읽을 때
성서에 기록된 모두는 너희에게 직접
역사하는 것이며 너희에게 명하는 것
이니, 그를 실천하고 행하는 것만이
구원의 길이라 그리 말한다면,
15 너희들은 성서를 그나마 바로 깨우치
고 바로 갈 수 있는 그와 같은 것이요,
그리하여 너희들이 그 성서의 두려움
을 알고 무서움을 알 것이거늘,
16 너희들은 그와 같이 가르치지 아니하
고 그저 저희들이 한 대목을 뽑아 가
르치며, 재물을 바치면 구원이요, 구
원을 받는 것에만 매달리도록 기계를
만들어 놓았음이니,
17 의식이 없이 나의 성서를 읽도록 그리
가르쳐서, 그들이 읽으면서도 그 뜻이
무엇인지 모른다 함이니라.
18 그러니 나의 법전을 읽을 때, 너희들
은 이는 행해야 되며, 나의 법전에 나
의 아들에게 명한 것도 그 제자들은
자신에게 명한 것이라 깨닫고 그를 읽
으니,
19 그와 같이 너희들이 변화되며 나의 아
들이 그리 가르침이요, 내가 너희들을
그리 교육시킴이니,
20 너희들이 성서를 읽는 순간에 이것은
바로 자기가 실천하라는 것이라 그리
너희들이 그 깨달음이요, 의식 속에서
읽기 때문에,
21 성서의 잘못된 구절을, 너희들이 또
잘못 가르치는 것을, 잘못 의식하는
것을, 제대로 실천하지 아니하는 것을
알 수 있는 너희들의 눈이 열리며 귀
가 뚫림이니,
22 그게 성서의 인봉된 것을 너희들이 읽
는 그와 같은 축복을 얻는 백성이라
함을 알라.
23 이제 내가 너희들에게 성서를 보라 함
은 무엇인 줄 알겠느냐?

24 성서를 보는 그 순간에 '이는 나에게
명한 것이요, 나에게 실천하라는 하나
님이 그 아들 예수를 통해서 내린 그
뜻이구나!' 하고 너희들이 깜짝 놀랄
것이며 두렵고 무서움을 알게 되며,
그 성서의 소중함을 또한 알게 될 것
이니,
25 너희들이 그리 변화되는 것, 그리 변
화된 것이 바로 너희들이 나의 법전을
읽고 은혜 받은 축복이요, 영광이요,
역사함이라는 것을 알라, 사랑하는 나
의 아들딸들아!

9,602 번째 하나님 말씀

2004년 2월 13일 07시 22분

1 사랑하는 나의 아들아!
2 "네, 아버님! 말씀하옵소서."
3 내가 너희들에게 묻고자 함이니라.
4 너희들이 믿음이요, 신앙이요, 하늘에
오르는 길을 가는 백성들이 정녕 참진
리를 연구하고 깨우치는 어렵고 힘든
길을 가는 것이 바른길인가,
5 너희들이 인간관계의 친목 단체로써
친목을 이루는 데 정성을 들이고 살아
가는 것이 믿음의 길을 가는 그 정도
인가,
6 나는 너희들에게 그리 물었느니라.
7 그러나 너는 들으라, 사랑하는 나의
아들아!
8 모든 몇천 년 동안 흘러오는 그 믿음
의 길을 간다는 그 백성들, 그리고 나
에게 오른다는 백성들, 그리고 광신하
는 자들, 맹종 맹신하여 그저 제 형제
요, 이웃도 모르는 자,
9 성서의 한 구절에 기록되어 있는 '네
형제를 미워하고 네 형제를 미련하다
하는 자, 심판받으며 지옥 불로 간다.'
는 그 무서운 내용을 수천 번 수만 번
뇌까리면서도 그것이 무엇인지 모르
며 그것이 어찌 행해야 되는 것인지
모르는 것,
10 저희들과는 관계없는 것이요, 그저 꿈
속에서 뇌까리는 것처럼, 꿈을 꾸고
지워 버린 것처럼 저희들이 그를 다
잊어버리고 사는 자들이니라.
11 그러니 그들이 그 성서의 두렵고 무서
움을 모르는 것이 무엇인 줄 알겠느냐?
12 저희들이 진정한 믿음이요, 하늘에 오
르는 길인 참진리를 연구하는 것이 아
니라,
13 저희들이 모여서 강론하며 설교 들으
며 저희들이 축복받았다는 것이니,
14 참진리의 교리요, 성서의 나의 뜻과
성령을 연구하고 깨우치는 것이 아니
라,
15 그저 친목 단체로써 저희들이 모이는
것, 거기서 얻어지는 것, 이해관계로
써 저희들은 만족하다 생각하기에,
16 저희들이 그저 투자하는 만큼 거둘 수
있다는 생각으로 흘러가니,
17 서로 물고 뜯는 그와 같은 친목 단체
로 형성되며 변질된 것이 오늘의 종교
집단이요, 지도자들이 이루는 근본의
형태임을 너희들은 알라.
18 각자에게 성령이 임하도록 모두를 받
아들이며 성령으로써 서로 하나가 되
는 것, 그리고 서로 깨우치는 것, 그리
고 성령으로써 통하여 저희들이 역사
하는 것, 그것이 위대한 것이며 하늘

에 오르는 길이요, 나 여호와가 원하
는 것임을 알라 너희 제자들에게 전하
라.
19 너희들은 인간의 친목 단체로써 얽히
고설키는 그와 같은 믿음이 아니라,
20 너희들은 성령으로써 성장하며, 성령
으로써 서로 통하여 성령으로써 대화
하며, 성령으로써 뭉쳐지며, 성령으로
써 하나가 되는 그것이 하늘에 오르는
백성들이 가는 길이요, 그것보다 더
위대한 것이 없음이니,
21 친목 단체로 전락되는 그 단체 속에
서 허덕이는 그들을 깨우쳐 주도록 그
리하라.
22 성령으로써 교통되지 아니하며, 너희
들이 친목 단체로써 역사하며 친목 단
체에 불과한 것이 오늘의 그 광신도들
이요, 너희들의 믿음이 그리 흘러가고
있음이니,
23 오로지 너희들이 친목에 의한 관심만
있는 것이며 친목 단체를 육성하기 위
하여 그를 조정하는 것이 오늘의 종교
집단이요, 지도자들이니라.
24 그저 재물을 거둬들일 수 있으며 그들
을 기계화하여 저희들이 마음대로 부
릴 수 있으면 그것으로 만족한 자들이
요,
25 친목 단체든, 사악한 단체가 되든, 어
떠한 형태로 흘러가든 그들은 관심이
없는 자들이니라.
26 그리하여 내가 무어라 하였느냐, 종교
지도자요, 만백성을 가르치며, 창조주
나 여호와의 뜻을 위한다는 자들이,
27 해서는 아니 되는 고리대금업자요, 남
의 피를 빼는 그와 같은 사업장에 가
서도 헌금을 많이 내는 자면,
28 '하나님의 축복이 열배 백배 있으며,
하나님 은혜로써 이와 같은 사업을 역
사했으니, 이 종에게 은혜와 영광을
주십시오.' 그리 기도해 주고 경배하
니, 그것이 바로 무엇이더냐?
29 그것이 바로 너희들이 참진리를 가르
치며 성령을 가르치는 것이더냐?
30 그 사람과 너희들이 인간관계의 친목
을 돈독히 하며, 그를 거짓말로 현혹
함으로 그에게 재물을 거둬들이며 그
와 같이 기도할 수 있는 자가 나의 아
들이요, 나의 목자요, 나의 지도자라
말할 수 있는가?
31 그러니 그것이 누구더냐, 짐승이요,
사탄만도 못한 자니,
32 나를 의식하고 가지 아니하는 것이 종
교 지도자요, 너희들의 집단이라는 것
을 알라.
33 이를 보는 내 마음이 얼마나 비통한
줄 알겠느냐?
34 그러니 내가 그들을 너희들로 하여금
단죄하고자 하며 바로잡고자 함이니,
35 너희들이 얼마나 바로 서야 되며, 곱
게 가야 되며, 정의롭게 가야 되는 것
인가를 너의 제자들이 명심하고 또 명
심하도록 그리 가르치라.
36 너희들이 나를 경배한다는 집단이 인
간의 친목 단체에 불과하지 않더냐?
37 그와 같이 타락되고 그와 같이 무너진
것이 너희들이니, 그를 바라보는 내
마음을 알겠는가?
38 이제 사랑하는 나의 아들을 따르는 그
제자들이요, 나의 법전을 읽고 깨우친
만백성 너희들은 인간관계의 친목 단

체로써 너희들이 형성되는 것은 끝이
있고 무너지고 부서짐이 있으니, 그와
같은 마음으로 너희들이 나의 성전을
찾아서는 아니 되는 것이요,
39 성령으로써 너희들이 한 발짝 한 발짝
깨달아 천사와 같이 변하는 그 삶으로,
40 성령으로써 더불어 가며 성령으로써
얽혀 하나가 되며 성령으로써 서로 교
통하는 그와 같은 위대한 백성으로 변
화되지 아니하며 거듭나지 아니하면
절대 아니 됨이니, 이를 명심하고 명
심하도록 그리하라.
41 모든 종교 집단들이 저희들이 상업화
되며 장삿속으로 변한 것이라는 것이
무엇이냐?
42 저희들이 성령으로써 교통하는 것이
아니요, 친목 단체로 전락되었으며,
그 친목 단체를 위해 저희들이 존재하
고 살아가는 것이 오늘의 그들의 형국
이라는 것을 너희들은 알라.
43 그러니 그와 같은 형태로써 흘러가면
절대 아니 된다는 것을 명심하고 또
명심하도록 그리하라, 사랑하는 나의
아들아!

9,603 번째 하나님 말씀

2004년 2월 13일 07시 28분

1 사랑하는 나의 아들아!
2 "네, 아버님! 말씀하옵소서."
3 너희들이 인간 세상에서 부모가 가슴
이 철렁하며 가슴이 무너진다 하는
말을 듣느니라.
4 나 여호와가 이 세상을 바라보는 그
마음이 가슴이 무너지며 철렁철렁 가
라앉는 것이 한두 번이 아님이니라.
5 모든 종교 집단이요, 지도자들이 지금
수천 년 동안 그 역사를 오면서 나 여
호와의 뜻이요, 하늘에 오르는 백성으
로 인도하며, 내 뜻에 의해 은혜와 영
광을 받아 나의 아들 예수의 보혈로써
구원을 받았다는 그 백성들이 지금까
지 하고 온 짓이 무엇인지 알겠느냐?
6 너희들이 잘못 가고 잘못 가기에 내가
너희들을 바로잡고자 하여 나의 성령
이요, 나의 은혜를 내려 세상에 백성
을 내려보냄이니,
7 너희들은 그와 같은 자를 무조건 이단
이요, 사탄이라 하여, 그가 세상에 존
재하지 못하도록 밀어붙이고 낭떠러
지로 집어던지는 그와 같은 행위만을
했음이니라.
8 그 집단의 힘으로 인하여 그들이 존재
하지 못하며 그 모두를 다 태워 버리
고 찢어 버리는 그와 같은 행위를 했
으니,
9 나로부터 성령의 은혜를 받아 깨우침
이 있는 백성이 전도하고 깨우치고자
하니, 그들을 짓밟은 것이 너희들이니
라.
10 배척하고 받아들이지 않는 일만을 일
삼은 것이 너희들이니,
11 너희들은 잘못 가며 썩어져 있기에 내
가 나의 백성을 선택하여 바로 가르치
며 바로 진리를 가르치고자 내가 내려
보낼 때마다, 그를 배척하고 핍박하며
세상에 존재하지 못하게 했으니,
12 지금까지 수천 년 동안 흘러오며 너
희들이 반복되고 반복된 그 역사만 했
느니라.

13 그러니 이제 내가 나의 아들을 통하여
160권의 법전에 나 여호와의 뜻이요,
진리요, 하늘에 오르는 길이요, 만백
성을 구원을 받을 수 있도록 모두를
풀어 내림이니라.
14 그리고 성서를 들여다볼 수 있도록,
너희들이 그 봉인된 것을 볼 수 있도
록 내가 나의 법전의 그 열쇠를 만들
어 내려보내거늘,
15 지금도 너희들이 무조건 이단이요, 사
탄이요, 말세의 시대에 거짓 선지자라
하여 배척하고 욕하는 그와 같은 행위
만을 하고 있으니,
16 언제까지 너희들이 이와 같은 행위를
할 수 있으며, 그 모두가 다 너희들 앞
에 굴복한다 생각하느냐?
17 이제는 나의 아들이 정녕 나의 아들로
서 나의 명을 받아, 너희들이 심판을
할 수 있는 기준의 법전인 새로운 성
경을 세상에 전함이니,
18 너희들은 이를 덮을 수 없으며 이길
수 없음을 알아야 될 것이니,
19 지금도 너희들이 오늘과 같이 모두를
다 무참히 핍박하고 짓밟아 세상에 존
재하지 못하도록 했던 행위로써 나의
아들을 너희들이 그리 무너트리려 하
는 생각을 아예 처음부터 지워 버리도
록 그리하라.

9,604 번째 하나님 말씀

2004년 2월 13일 07시 32분

1 사랑하는 나의 아들아!
2 **"네, 아버님! 말씀하옵소서."**
3 바르고 또 바르게 가야 하는 것이 네
가 가야 할 길임을 명심하고 또 명심
해야 될 것이니라.
4 지금 내가 나의 법전을 너를 통하여
세상에 내려보냄이니, 이것이 바로 무
엇인 줄 알겠느냐?
5 내가 예수에게 명하여 예수가 세상에
나가 만백성을 구하고자 전하고 깨우
치고자 했던 그 시대 그대로 지금 그
뜻을 전한다 하지 아니하였더냐?
6 그러니 내가 나의 아들 예수를 통하여
역사하고자 할 때, 모든 인간이 나의
성서요, 나의 뜻을 변질시키고 또 변
질시켰다 하지 않더냐?
7 이것을 직접 그들이 받아쓴 것이 아니
요, 그들이 바로 기록하여 전한 것이
아니라,
8 그 제자들이 전해 듣고 또 그의 제자
들이 취합해서 만들었으니, 가지와 이
파리는 있으나 몸통이 없다 하지 아니
하였더냐?
9 이 성서가 그리해서 변했느니라.
10 모든 너희들의 종교 집단이요, 지도자
요, 너희들이 1세요, 2세요, 따지는 자
들, 그들이 또한 그와 같이 몸통이 아
닌 가지와 이파리를 가지고, 너희들이
기록한 것을 가지고 성서라 말하였으
니,
11 하늘의 뜻을 모르며 내 역사함을 모르
니, 모든 백성들이 저희들에게 질문을
하고 무엇인가를 알고자 물었을 때,
그들이 대답하지 못함이니,
12 그 대답을 연구하고 만들어 또 성서에
기록하고 그리하여 1세대가 그리 흘
러갔음이니라.
13 2세대라는 사람들이 또한 그걸 받아

저희가 이 세상을 통제하는 제사장이
요, 제일 우두머리라 하니,
14 또 백성들이 그에게 무엇인가를 알고
자 질문하고 또 질문할 때 그 질문할
때마다 저희들이 답이 궁색하며 내 뜻
을 모르니,
15 그것을 저희들이 또 그 답을 연구하고
생각해서 또 성서에 기록하고 기록해
놓은 것이니,
16 그리하여 지금의 성경이 변질되었으
며 내 뜻이 변질되었다 함을 너는 알
아야 될 것이며, 그리고 너의 제자들
또한 그 의미를 알아야 될 것이니라.
17 지금 네가 이 법전을 기록하여 전하는
것은, 네가 정녕 답을 모를 때 어찌하
겠는가?
18 너는 그 답에 대해서 너의 제자들과
연구하고 또 생각할 것이니라.
19 그러나 나는 내가 예수를 통하여 모두
를 역사하듯이 모든 것을 너에게 내림
이니, 바로 너에게 답을 주어 네가 대
답할 수 있음이니라.
20 그러니 너의 제자들이요, 지금 공부하
는 모든 백성들이 그대로 들은 대로
기록하여 전하는 그것이 바로 나의 뜻
이요, 원액이 되지 않더냐?
21 그러나 네가 지금 이와 같이 모든 나
의 역사함이요, 내가 지금 내리는 160
권의 법전을 세상에 말로써 전하고 또
전해서, 너의 제자들이 기록한 것이
없이 그들이 전하고 또 전한 다음에
그것을 취합해서 적는다면,
22 과연 내가 너를 통하여 내리는 이 법
전의 내용이 어찌 되겠는가?
23 단 하나도 남는 것 없이 모두가 다 변
질되었을 것이니라.
24 그러니 거기에는 몸통이 있는 것도 있
고 없는 것도 있고 그와 같이 될 것이
니라.
25 그러니 그걸 취합해서 만들고 제가
그 모두를 관장하는 제사장이라 하여
사람이 하나 나온다고 하자.
26 그러니 그가 제가 가장 위대한 자요,
제가 모두를 다 아는 것처럼, 그리고
내가 너에게 내린 뜻을 다 아는 것처
럼 하며, 그와 같이 저 자신을 받들라
그리했을 때, 모든 백성은 그를 따를
것이니라.
27 그러나 백성들이요, 그 신도들이 그에
게 질문을 하고 알고자 하는 것을 몰
랐을 때, 그는 대답을 할 수 없으며 나
의 뜻을 알 수 없음이니라.
28 그러니 그를 갖다 그들은 또 연구하고
또 살을 붙이고 뼈를 붙이고 그리 만
들지 않겠는가?
29 그리하여 변질되고 변질된 것이 나의
성서요, 내 뜻이라 함을 너희들은 알
아야 될 것이니라.
30 그러니 지금 내가 너에게 직접 내리는
것이요, 이게 바로 예수에게 직접 내
려 만백성을 구하고자 했던 그와 같은
역사가 그대로 지금 진행되는 것이며
그 뜻이 진행됨이니라.
31 그리하여 예수가 제 뜻으로 오는 자,
저를 밝힐 것이며, 제가 누구라는 것
을 알려 줄 것이며, 예수가 누구요, 어
떠한 역사를 했다는 그 뜻을 전해 줄
것이라 한 구절이 있음이니,
32 바로 여기에서 너희들이 예수가 전하
고자 했던 것, 그 뜻을 지금 직접 내가

전하는 것이 바로 나의 이 법전이요
새로운 성경이니라.
33 그리하여 너희들이 고칠 수 있는 것,
명할 수 있는 것을 직접 내려 줌이니,
이것이 위대함을 너의 제자들은 알아
야 될 것이며, 나의 법전을 읽고 깨우
친 만백성은 그 소중함을 알라 그리
전하라.

9,605 번째 하나님 말씀

2004년 2월 13일 07시 41분

1 사랑하는 나의 아들아!
2 "네, 아버님! 말씀하옵소서."
3 사랑이라는 것은 베푸는 것이며, 나의
뜻을 따라가는 선택된 백성 너희들은
베풀며 살아야 되는 것이니라.
4 내가 무어라 말하였느냐, 모든 성서에
기록되어 있는 것, 너희들이 구약의
모세요, 또한 신약의 나의 아들 예수
에게 유리하게 기록되었으며,
5 그가 무엇인가를 취했다 하는 것, 그
리고 또한 그 은혜를 베푼 자에게 그
가 큰 상을 내렸다 하는 것,
6 그리고 예수에게 잘하기 때문에 상을
내렸다는 것, 모세에게 잘하기 때문에
상을 내렸다는 것, 지금 나의 아들에
게 잘하기 때문에 나의 법전에 너희들
에게 무엇을 내가 상을 내렸다는 것,
그리고 또 나의 아들이 상을 내렸다는
것,
7 그와 같은 것은 너희들이 다 잘못되고
왜곡되게 기록되어 전해짐을 알라.
8 지금 나의 아들이 가는 길이 무엇이더
냐, 나의 아들이 무어라 말하느냐?
9 너희들이 나의 아들에게 재물을 바치
며 그에게 기쁨을 주었으며 무엇을 선
물했다 하여, 그리고 성전에 너희들이
무엇을 역사했다고 해서,
10 너희들이 그것으로써 나로부터 사랑
이요, 은혜를 받는 것이 아니며 구원
의 길이 아니며, 하늘에 오르는 길에
상이 하나도 없다 그리 말하지 아니하
였더냐?
11 그러니 모세요, 또한 예수의 그와 같
은 말을 기록하여 너희들이 전하는 성
서의 구절이 있다면, 그것이 바로 너
희들이 예수의 뜻을 모르며 변질시킨
것이니라.
12 예수에게 누가 잘하기에, 예수가 그
잘함에 감사해서 무엇을 내렸다든지
은혜를 내렸다든지 그와 같이 기록된
내용은 잘못되었음을 알라.
13 예수가 그와 같이 행했으며 그와 같이
역사했겠는가, 모세가 또한 그와 같이
역사했겠는가?
14 지금의 나의 아들도 그에게 무엇을
선물하며 무엇을 바치며 갖다 주며
그가 가는 길에 편하게 한다 해도, 그
것은 너희들의 구원의 근본이요, 그
길이 아니라 가르치거늘,
15 나의 아들 예수가 과연 그리했겠는가,
또 모세가 그리했겠는가?
16 지금의 나의 아들이 60이라는 그 인
간 세상의 삶을 살며, 그 세속의 그 모
두를 안고 있는 그도 그리 말하지 아
니하고, 지금 그리하지 아니하려고 발
버둥치며 가고 있지 않은가?
17 그러니 너희들이 지금 자신을 위해
무엇을 달라 구원하고 소원하는 것,

그것이 얼마나 추한 모습이며, 과연
너희가 믿음의 길을 가는 백성이란
말이더냐?
18 그는 감히 저를 위해서 무엇인가를
주는 것, 갖다 바치는 것도 잘못되었
으며, 나와는 아무런 관계도 없는 것
이니, 너희들이 그런 것으로 구원을
받지 말라 그리 가르치고 있거늘,
19 어찌하여 너희들은 이루어 달라 더 달
라 그리 소원하는가?
20 과연 그것이 사랑이요, 그것이 나의
뜻이요, 나의 백성들이 할 일이요, 지
도자들이 과연 그 일을 할 수 있고 그
말을 할 수 있단 말이더냐?
21 그러니 너희들이 나와 관계없는 길을
가는 자들이요, 구원을 받지 못한다는
의미를 알라.
22 정녕 지금 나의 아들이 너희들에게 모
두를 다 바쳐 충성을 다함에 있어서
그로 인하여 나 여호와 아버지가 너희
들에게 큰 상을 내릴 것이라 나의 아
들이 그리한다면,
23 그것은 나의 아들의 욕심이요, 나의
아들이 깨우치지 못함이요, 나의 아들
이 나의 뜻을 모르는 것이며,
24 또한 그리 말하는 제자가 있다면, 나
의 아들에게 제가 무엇을 잘했기에 나
의 아들이 저를 더 특별히 생각하고
사랑한다 하며 그와 같은 말을 너희들
이 한다면,
25 그 또한 나의 아들의 속내를 모르며
나의 아들이 가는 것을 모르는 것이니
라.
26 너희들은 이와 같은 이치를 잘 깨우쳐
성서를 들여다보면, 과연 그것이 어찌
하여 기록된 것이며, 무엇이 잘못되었
고 잘못 역사한 것인가를 알게 될 것
이니라.
27 예수를 위하여 무엇을 했다 하여 그에
게 상을 내렸다는 이야기, 그를 영원
히 기억할 것이라고 이야기한 것, 이
와 같은 것이 다 너희들이 예수의 뜻
을 모르며 예수를 욕되게 하는 그와
같은 행위이니라.
28 모세에게 어찌하였기 때문에 그 은혜
를 내리며 무엇을 역사했다는 것, 그
리고 모세의 육신을 편안하게 하여 그
가 무엇인가를 나로부터 받아 내려 주
었다 그리 말하는 것은 모세와 관계없
이 너희들이 만든 자작극임을 알라.
29 지금 또한 너희들이 나의 법전에 나의
아들이 죽고 난 다음에 누구든 그와
같은 대목을 넣고 고친다면 너희들이
다 또한 변질되는 역사가 될 것이니라.
30 그러니 그와 같은 이치를 너희들이 보
고 그리 깨달아야 될 것이니라.
31 나로부터 선택된 백성이요, 나의 아들
딸이 나가 저에게 잘했기 때문에, 저
에게 잘해 주었기 때문에 그에게 상을
주며 은혜를 내린다는 그와 같은 대목
을 기록하여 넣는다면,
32 그것은 너희들이 바로 나의 아들딸의
뜻을 모르고 그가 가는 길을 모름이니
라.
33 그것으로써 너희들이 은혜를 받을 수
없으며 은혜를 줄 수 없으며,
34 그와 같은 자에게 특별히 은혜를 내리
는 것이 나의 아들딸이 아님을 알라.

9,606 번째 하나님 말씀

2004년 2월 13일 07시 43분

1 사랑하는 나의 아들아!
2 "네, 아버님! 말씀하옵소서."
3 나 여호와가 단호히 너에게 전하여 만백성에게 전하도록 했느니라.
4 '육을 가지고 존재하는 자는 신이 아니라' 내가 그리 말하였음이니,
5 바로 너희들이 나의 아들 예수를 '주여, 주여, 구세주여!' 하며 나와 같다 그리 말함이니, 육을 가진 자는 신이 아니라 하는 것을 알겠느냐?
6 나의 아들 예수가 왜 죽고 사는 그와 같은 시련의 삶을 살았느냐?
7 육을 갖고 있기 때문이니라.
8 육이 있기 때문에 죽고 살 수 있는 것이며 너희들과 다 똑같음이니, 이 이치를 너희들이 깨달아야 될 것이니라.
9 지금의 내 새로운 성경이요, 나의 성령을 받아 만백성을 구하는 역사를 하는 나의 아들 또한 신이 아님이니라.
10 다만 육을 가진 나의 아들을 내가 선택하여 그에게 성령을 부어 그를 이끌고 지도하는 것뿐이니, 너희들은 그리 알아야 될 것이니라.
11 그러니 나의 아들 예수를 너희들이 그리 받들지 말라.
12 그리하여 나의 아들 예수가 지금 고통을 당하고 있으며, 너희들이 모든 것을 다 흐트러트리며 나의 백성을 지옥으로 이끌어 가느니라.
13 예수가 죽은 것, 그것 한 가지로써 너희가 생각한다 해도 육을 가진 자는 신이 아니니,
14 신이라는 것은 영원히 죽지 아니하고 변하지 아니함이니, 창조주 나 여호와 외에 그 누구도 없다는 것을 너의 제자들은 깨우쳐야 될 것이며, 이를 인식해야 될 것이며, 이를 머릿속에 심도록 하라.
15 그리고 만백성을 바로 깨우쳐 주기 위하여 내가 그리 전하느니라.
16 나의 아들 예수요, 또한 지금의 나의 아들, 그 모두가 신이 아니요,
17 육을 가지고 있는 자는 죽어 감이니, 그러니 신이 아니라는 것을 알아야만 너희들이 지금 그와 같은 오류를 범하지 아니하며, 너희들이 믿음의 길에서 눈을 뜰 수 있으며,
18 너희들이 나를 직접 찾으며 나에게 경배하며 내 뜻이 무엇인가를 알아 내 마음을 헤아릴 수 있는 그와 같은 거듭나는 백성으로 변할 수 있기 때문이니,
19 이를 내가 엄히 명함이니 그리 알라.

9,607 번째 하나님 말씀

2004년 2월 14일 06시 48분

1 사랑하는 나의 아들아!
2 "네, 아버님! 말씀하옵소서."
3 너를 따르는 제자들이요, 나의 법전을 읽은 만백성 너희들에게 나의 아들이 죽은 자요, 죽은 자 속에 거듭남이니, 그는 돌과 같이 살아가는 자라 내가 그리 말하였음이니라.
4 너희들은 과연 나의 아들이 죽은 자요, 거듭난 자라 하여 내가 그를 통제하며 다스린다는 것을 어찌 받아들이

는가?
5 너희들은 나의 아들로서 이 세상에 존
재하며 명을 받은 것의 다름이 무엇인
지 알겠느냐?
6 제가 제 뜻대로 행하지 않으며 제 의
사대로 행하지 아니하며, 모두는 내
뜻이요, 내가 조정하는 대로, 내가 명
하는 대로 그리 순종하고 따라가는
것, 그것이 나의 아들로서 선택된 자
요, 그것이 너희들과 다름을 알아야
될 것이니라.
7 오로지 나 여호와의 명이요, 나 여호
와의 뜻이 무엇인가를 그는 알고 있으
며, 그는 그것을 알고자 노력하며, 그
에 따라 움직이고자 함이니,
8 그는 자의로 움직이지 아니하며 모두
가 나 여호와의 뜻에 의해 역사하고
움직인다는 것, 그것을 너의 제자들이
요, 나의 법전을 읽고 깨우친 백성들
이 모름이니라.
9 그것부터 너희들이 깨우쳐 생각한다
면, 너희들이 어찌 가야 할 것이며 어
찌 역사해야 할 것인가를 알 것이니라.
10 나로부터 만백성을 구하는 역사를 받
은 나의 아들은 그 스스로 행함이 없
으며 그의 뜻으로써 역사함이 없음이
니라.
11 다만, 그는 오로지 나의 뜻에 의하여,
내 명에 의하여 살아가는 자요, 오로
지 내 뜻을 알 수 있는 자이니라.
12 너희들이 아들로서 또한 대명을 받은
자로서 거듭나는 것이 무엇인 줄 알겠
느냐?
13 내 뜻대로 살아가고자 노력하는 자,
내 뜻을 알고 있는 자이니라.
14 그리고 제 뜻대로 임함이 아니요, 내
뜻에 의하여 모두를 역사하는 것이 나
의 아들이요, 내 명을 받아서 가는 백
성들임을 너희들은 알아야 될 것이니
라.
15 이것을 모르는 너희들이 얼마나 어리
석은 백성인 줄 알겠는가?
16 그 이치를 이제 나의 아들을 따르는
제자들이요, 나의 법전을 읽고 깨우친
만백성 너희들은 알아야 될 것이니라.
17 너희들이 그와 같은 마음의 변화가 없
는 자요, 그와 같은 자신이 없는 자요,
그와 같이 행하지 못함이니, 너희들의
마음이 그리 믿음이 없으며, 너희들의
마음이 변화가 없음을 알라.
18 내가 뭐라 말하였느냐, 너희들이 사랑
하는 만큼 남의 사랑을 볼 수 있으며,
너희들이 마음을 연 만큼 남의 마음
이 열려 있음을 볼 수 있는 것이라 내
가 그리하지 아니하였더냐?
19 잡을 수 없으며 볼 수 없는 그 사랑도
그러하며, 마음을 열고 안 열고도 그
러함이니라.
20 더욱이 나의 아들은 죽은 자로서 거듭
남이니, 나의 아들이라 명받아 나의
뜻을 역사하는 자가 가는 길이 무엇인
줄 알겠느냐?
21 내 뜻을 알아 내 뜻을 따라가고자 함
이니라.
22 그리고 제 의사요, 제 뜻대로 하는 것
이 없음이니라.
23 그것이 나의 아들로서 명받은 자요,
내 뜻을 역사하는 자의 다름이니라.
24 그리하여 모두는 내 뜻대로 역사하며
내 주관하에 움직이는 것이라는 것을,

너희들은 아직도 그를 믿지 못하며 그
를 알지 못하고 있으며 내가 역사하는
뜻을 알지 못함이니,
25 너희들이 그를 모르는 자, 그 뜻을 역
사할 수 없는 자, 너희들이 지금 얼마
나 어리석은 백성으로서 얼마나 어리
석은 행위를 하며 얼마나 어리석은
행동으로써 가고 있는 줄 알겠는가?
26 너희들의 그 모두는 나의 뜻을 거역하
는 것과 같음을 알아야 될 것이니라.
27 그는 스스로 행함이 없으며 스스로 제
가 역사하고자 함이 없음이니라.
28 오로지 죽은 자 가운데 거듭남이니,
그 모두는 내가 그를 통하여 역사하고
내가 주관함을 너희들은 알아야 될 것
이니라.
29 그 뜻이 무엇인가를 알 때까지 너희들
은 기다리고 인내하며, 너희들의 노력
의 한계로써는 알 수 없음이니라.
30 너희들이 마음을 열고 마음을 비웠을
때, 그 모든 가는 것을 알게 될 것이
니, 이것을 너를 따르는 제자들이요,
나의 법전을 읽고 깨우친 만백성 너
희들이 알아야 될 것이니라.
31 그렇지 아니하면 너희들이 마음의 문
이 열리지 아니하는 자요, 너희들이
깨달음이 없는 자임을 알아야 될 것
이니,
32 내가 모두를 명하여 그에게 행하도록
함이니, 이것이 다름을 너희들은 알라.
33 내 뜻을 따라 행하고자 하는 것이 나
의 아들이요, 내 뜻을 알고자 하는 것
이 나의 아들이요, 그리하여 내 뜻을
아는 것이 나의 아들임을 너희들은 명
심하고 또 명심하도록 그리하라.

9,608 번째 하나님 말씀

2004년 2월 14일 06시 52분

1 사랑하는 나의 아들아!
2 "네, 아버님! 말씀하옵소서."
3 너희가 나의 아들 예수가 전하고자 하
며 역사했던 그 뜻을 알고 있는가?
4 그 모든 그가 전하고자 했던 귀하고
소중한 것이 그대로 기록되어 전하지
못하였음이니라.
5 그대로 기록되어 전했더라면 오늘의
이와 같은 너희들의 험악한 세상은 절
대 이루어지지 아니하였을 것이니라.
6 그러니 너희들은 나 여호와가 기원하
고 바라는 것이 제대로 기록되어 전하
지 못하여 오늘과 같이 이 험악한 세
상이 되었음을 알라.
7 그리하여 너희들이 2천 년 동안 흘러
오면서 지도자의 그 교리가 거기에 기
록되며 그리고 지도자의 계명이 기록
되어, 지금 인간 너희들이 만든 계명
과 교리가 되어,
8 너희가 믿음이요, 나에게 오는 길을
가고 있는 것이 나와는 정반대의 인간
의 교리로써 끌어간다 함을 알라.
9 인간의 교리로써 나의 백성들을 긁어
모았으며 그들로 하여금 지금까지 거
짓된 사기극을 벌이고 있는 것이 오늘
의 종교 집단 너희들임을 알라.
10 나의 뜻에 의하여 2천 년 간 믿음의
신앙생활을 이끌어 온 것이 아니라,
너희들이 나의 뜻을 거역하는 그와 같
은 것으로써 지금까지 믿어 왔음을 알
라.
11 그리하여 지금 나의 뜻을 정확히 기록

하여 내가 너희들에게 전하고자 하여
나의 아들을 통하여 160권의 법전에
그 책을 기록함이니,
12 나의 아들 예수를 통하여 2천 년 전에
역사하고 가르쳤던 그 뜻이요, 그 내
용을 하나도 빼지 아니하고 지금 내가
기록하여 전한다는 것을 너희들은 알
아야 될 것이니라.
13 너희는 들으라, 너희들은 오로지 성령
이 인도하는 길을 가야 하는 것이요,
14 그리고 너희들이 성령으로 시작하여
나의 성령 속에서 살다가, 또한 그 성
령의 나의 뜻에 의하여 너희들이 심
판을 받고 모두가 결정된다는 것을 잊
어서는 아니 됨을 알라.
15 너희들은 시작도 성령이요, 성령 속에
살아가는 것이요, 끝맺음도 모두가 다
성령에 의하여 결정된다는 것을 알아
야 될 것이니라.
16 그러니 성령으로 시작하여 성령 속에
살며 성령으로 모두가 끝남이니, 바로
이는 곧 무엇이더냐?
17 나의 성령의 메시지요, 나의 계시요,
내 뜻을 전하는 그와 같은 시대가 이
루어지며, 그 속에서 모두가 이루어진
다는 것을 너희들은 알게 될 것이니라.
18 내가 구약 시대요, 신약 시대도 내가
메시지요, 성령으로써, 예언으로써 모
두를 너희들에게 깨우쳐 주었듯이,
19 너희들이 성령으로써 시작하고 살아
가며 그리고 끝맺음이니,
20 그리하여 나는 항상 너희들에게 새로
운 계시요, 내 뜻을 역사하는 것이니
라.
21 그리하여 지금 마지막 시대에 나의 아
들을 통하여 160권의 법전을 내리는
나의 계시요, 나의 성령의 뜻이 역사
한다는 것을 너희들은 알아야 될 것이
며 믿어야 될 것이니라.
22 내가 그를 기록하라 하여 전하는 자,
나의 아들은 제 뜻이 아니요, 나의 명
에 의하여 모두 움직여지고 행해짐을
너희들은 먼저 알아야 될 것이며,
23 이를 알지 못하고 깨우치지 못하면 너
희들은 바로 무엇인 줄 알겠느냐?
24 지금 나에게 등을 돌리고 내 뜻을 거
역하고 달려가는 그 백성들에게 편승
하여 너희 스스로 그리 흘러가고 있
음을 너희들이 알아야 될 것이니, 이
를 명심하도록 그리하라.

9,609 번째 하나님 말씀

2004년 2월 15일 07시 04분

1 사랑하는 나의 아들아!
2 "네, 아버님! 말씀하옵소서."
3 나의 백성 너희가 성령 속에 살다 너
희들이 성령으로 심판받으며 성령으
로써 모두가 끝맺음이라 내가 그리하
지 아니하였더냐?
4 그러니 이 귀중하고 소중한 성령이 너
희들에게 임하는 것이 가장 너희들에
게 귀한 것이 아니더냐?
5 그러니 너희들이 성령으로 임한 백성
이 되어 그와 같은 백성으로 살지 아
니하면, 너희들은 정녕 나와 아무런
인연이 없다 함을 명심하도록 그리하
라.
6 그리하여 성령의 말씀이 내려오며 나
의 뜻이 세상에 전해짐을 너희들은 알

라.
7 너희들에게 나의 계명과 나의 법전을
지키라 함이니, 이는 곧 무엇이더냐?
8 너희들이 천사와 같이 변화되는 그와
같은 삶이요, 그리 변화되지 아니하면
결코 너희들에게 성령이 임할 수 없기
때문임이니라.
9 그리하여 너희들에게 변하라 하는 것
이며, 너희들에게 바로 서라 하는 것
이며, 곧게 서라 내가 너희들에게 명
함을 절대 잊지 말도록 그리하라.
10 또한 너희들은 하루하루의 삶을 사랑
의 삶으로 살지 않으면 아무것도 되는
것이 없으며 이루어지는 것이 없음을
알라.
11 너희들이 성령이 임하는 그와 같은 백
성으로서 거듭나는 것은 하루하루의
삶을 너희들이 시간 시간마다 초를 다
투어 사는 그 삶 속에서 사랑의 마음
으로 살지 아니하면 절대 아무것도 이
루어질 수 없다는 그 엄연한 사실을
알아야 될 것이니라.
12 사랑의 삶을 살지 않는다면 너희들은
아무것도 이루어질 수 없으며 역사할
수 없으며,
13 너희가 나를 찾고 울고불고 나의 아들
예수를 부르짖는다 해도 아무것도 볼
수 없다는 것을 알라.
14 아무리 너희들이 애통해하고 슬퍼하
며 애걸복걸하며 구원해 달라 애원해
도 아무것도 이루어질 수 없으며, 그
소리는 나와 관계없는 그와 같은 백성
의 삶이라 하였음이니,
15 이를 너희들이 명심하고 또 명심해야
됨이니라.
16 성령으로써 시작하여 성령으로써 끝
맺는 것이 너희들이요, 그 성령이 너
희들에게 임하는 삶을 사는 것이 가장
중요한 것이요,
17 그 성령이 임할 수 있는 삶은 너희들
이 바로 사랑이라는 것을 초를 다투어
실천하며, 그리고 그를 잊어서는 아니
되며 버려서는 아니 되는 삶을 살아야
된다는 것을 절대 잊지 말고 명심 또
명심하도록 그리하라, 사랑하는 나의
아들딸들아!

9,610 번째 하나님 말씀

2004년 2월 16일 07시 07분

1 사랑하는 나의 아들아!
2 "네, 아버님! 말씀하옵소서."
3 나의 법전을 읽고 깨우친 백성들이요,
그리고 너를 따르는 제자 그 모두는
알아야 될 것이며, 그들이 가야 할 길
이 있음이니라.
4 너희들이 나의 아들을 따라 공부하며
깨우침을 얻으며 진리의 길을 감이니,
5 너희들이 인간 상식의 지식이요, 너희
들 인간의 생각이요, 너희들 인간이
가지고 있는 너희들의 배움의 그 상식
을 가지고 나의 아들을 따라가면서 거
기에 맞추려 하는 그와 같은 생각을
한다면,
6 너희들은 분란이 일 것이며, 더 이상
너희들이 어떠한 것도 하나가 될 수
없다는 것을 알아야 될 것이니라.
7 나 여호와의 뜻에 의해 역사하는 것
이며 나 여호와가 인도함이니,
8 너희들이 인간의 지혜요, 인간의 상식

이요, 인간의 가지고 있는 교양이요,
그 모두를 아무리 동원하고 동원한다
해도 너희들이 나의 아들의 뜻이요,
그 가는 것을 알 수가 없음이니라.
9 너희들이 인간의 상식이요, 교양이요,
너희들의 생각에 나의 아들이 가는
것을 맞추어 거기에 따라 같이 간다
면,
10 그리고 그 상식선에서 너희들의 모두
가 다 행해지며, 너희들의 생각과 계
산 속에서 그것이 맞아떨어지는 그와
같은 길을 간다면,
11 이것은 하늘의 뜻이 아니요, 인간의
생각이요, 인간의 가르침이요, 그를
벗어나지 못함을 너희들은 알아야 될
것이니라.
12 나 여호와가 역사하는 것, 나의 아들
이 내 뜻을 따라 역사하는 것은 너희
들 인간의 생각이요, 인간의 지식이
요, 인간의 상식으로써는 따를 수 없
으며 이해할 수 없는 그와 같은 것을
너희들이 깨달을 것이며 그를 보게 됨
이니라.
13 그러니 너희들이 제 생각이요, 제 뜻
대로, 너희들의 교양이요, 너희들이
모든 세상에 살아가는 그와 같은 것을
가지고 맞추려 한다면,
14 너희들은 혼란이 오게 될 것이며 거
기에 불화가 따르게 되어 있음을 알
아야 될 것이니라.
15 나의 아들이 역사하고 가는 것은 인간
의 상식이요, 인간의 계획에 의해 가
는 것이 아님이니, 너희들이 무너지고
부서지는 그와 같은 혼란 속에서 가
게 될 것이니라.
16 그러니 너희들은 이를 명심하고 이를
지키고 가야 할 것임을 알라.
17 나의 아들 예수를 따랐던 그 제자들이
왜 그를 배신했으며 그를 팔았으며 그
에게 등을 돌렸는지 알겠느냐?
18 그들의 인간의 상식이요, 인간의 지식
이요, 저희들이 가지고 있는 모든 인
간의 세상 속에서 계산하며 거기에 맞
추려 했기 때문임을 알아야 될 것이니
라.
19 나 여호와의 뜻을 역사하며 내가 역사
하는 그 모두는 너희들의 상식선을 뛰
어넘는 것이며 너희들이 역사하는 것
을 뛰어넘는 그 세상의 이룸이니,
20 너희들이 너희들 것에 맞추려 한다면
그것이 시시비비요, 분란이요, 환란이
요, 그 모두를 불러일으키게 되었으며,
21 너희들이 견디지 못하고 떠나게 되어
있는 것은 엄연한 사실임을 이제 알아
야 될 것이니라.
22 나의 아들을 따르는 제자들이요, 그리
고 나의 법전을 읽고 깨우친 만백성
너희들이 나의 법전이요, 내가 새로
내리는 성서의 그 내용들을 다 너희들
의 인간 상식에 맞추려 하며, 거기에
그 모두를 맞추지 아니하면 갈 수 없
다 그리 생각하는 것,
23 제 고집을 먼저 내세우며 제가 가지고
있는 상식을 먼저 내세우며 제가 가지
고 있는 인간 세상의 경험이요, 제가
살아왔던 그 모두가 옳다 생각하여 그
를 내세워 너희들이 그리 맞추려 한다
면,
24 너희들이 가장 어리석은 백성이요, 아
무것도 얻을 수 없는 자임을 너희들은

알아야 될 것이니라.
25 나의 아들이 너희들에게 높은 산을 걸
어 올라가라 함이니, 인간 너희들이
지식이요, 생각으로써는 그를 넘을 수
없는 험준한 길이라 갈 수 없다 할 때,
너희들은 못 간다 이야기하며 그를 어
리석은 자요, 바보라 그리 말할 것이
나,
26 그러나 나의 아들은 나의 명이요, 내
뜻을 알기에 너희들에게 가라 하는 것
이니, 이를 너희들의 잣대로써 너희들
의 생각 속으로 맞춰 계산한다면,
27 아무것도 하나가 될 수 없으며, 아무
것도 이해할 수가 없으며, 아무것도
깨달을 수 없으며,
28 너희들이 그저 시시비비와 분란과 환
란만 이루게 됨을 알아야 될 것이니,
29 상식선에서 모두가 벗어나 이루기에
나 여호와의 뜻이요, 나의 아들이 역
사하는 길이라는 것을 너희들은 알아
야 될 것이니라.
30 이제는 모두 예수의 제자들이요, 그를
따랐던 그들이 다 등을 돌리고 떠난
이치를 너희들이 알겠는가?
31 인간의 상식이요, 인간의 지혜 그걸
벗어나지 못했기 때문임이니라.
32 나 여호와가 나의 아들을 통하여 역사
하는 것, 나의 아들 예수가 역사하는
것을 그 제자들이 읽고 깨우친 자가
없으며 바로 선 자가 없었기 때문임을
너희들은 알아야 될 것이니라.
33 이제 나의 아들을 따르는 제자 너희들
은 마지막 나로부터 선택된 백성들이
요, 너희들이 지금까지 훈련되어 왔으
며 깨달음이 있으며 경지가 있음이니,
34 이제 내가 너희들에게 명하는 것을 깊
이 깨우쳐 행해야 됨을 너희들은 알라.
35 너희들의 잣대요, 너희들의 생각이요,
너희들의 상식으로써 맞춰 간다면 인
간 세상의 삶이요, 인간 상식을 벗어
나지 못한 것이지, 하늘의 뜻이요, 창
조주의 진리를 깨우치는 것이 아니지
않더냐?
36 나 여호와의 진리는 너희들이 생각할
수 있는 선을 넘으며, 너희들이 계산
할 수 있는 한계를 넘어 있으며,
37 모두가 너희들이 어떠한 것으로써 그
림도 그릴 수 없는 그와 같은 세상이
요, 그와 같은 계산법에서 역사하는
것이니,
38 너희들 인간이 당혹스러우며 당황하
며 제 고집을 세울 수 있으며 제 뜻을
부르짖을 수 있는 것이니라.
39 너희들이 나의 아들이 가는 길에 시시
비비하며 이렇다 저렇다 말할 수 있는
것은, 물론 너희들이 그것이 인간의
세상이요, 인간의 잣대로 봤을 때는
맞을 수 있으나,
40 그 잣대는 너희들 인간의 생각이요,
인간의 도리일 뿐이니라.
41 나의 아들은 내가 직접 모두를 역사하
며, 그가 가고 그가 역사하는 것은 너
희들의 상식에 맞지 않는 것, 너희들
의 생각에 맞지 않는 것, 너희들이 맞
추려는 잣대에 맞지 않는 그와 같은
일이 이루어지는 것이니,
42 그것이 하늘의 뜻이요, 그러기에 나의
아들이요, 하늘의 뜻을 명하는 자임을
너의 제자들은 알아야 될 것이며, 나
의 법전을 읽고 깨우친 백성들은 알라.

43 예수의 그 제자들이 그러했기에 그를
벗어나지 못했기 때문에 등을 돌렸으
며 그를 팔았으며 그를 버린 것이 여
기에 있음을 내가 너희들에게 깨우쳐
줌이니,
44 나의 아들을 따르는 제자 너희들이요,
나의 법전을 읽고 깨우친 만백성 너희
들은 그를 알아야 될 것이니라.
45 모두는 너희들이 생각하는 한계를 벗
어나서 이루어지는 것이며, 그것이 너
희들이 이해할 수 없으며 따라갈 수
없는 그와 같은 세상 속에서 이루어지
는 것이기에 하늘의 뜻이요, 나 여호
와의 뜻임을 알라.
46 두 번 다시 너희들의 고집을 내세우
지 말며, 너희들이 가지고 있는 상식
을 앞에 내세우지 말며,
47 그걸 가지고 옳다 그르다 너희들이
나의 아들에게 대화하며 시시비비한
다면, 하늘의 뜻을 모르는 것이요, 내
가 역사하고자 하는 걸 모르는 것이
요,
48 선택된 나의 아들이 가는 길에 그가
역사하는 것이 얼마나 방대하고 위대
한 것이며 얼마나 소중한 그 모두를
너희들에게 전해 주는 것인가를 너희
들이 모르기 때문이니,
49 이를 벗어나지 못하는 자, 너희들이
절대 나의 아들을 따라갈 수가 없으
며 미래를 볼 수 없으며 변화되는 백
성으로 갈 수가 없음이니라.
50 너희 고집이요, 너희가 아무리 맞는
상식이라 해도 그것은 너희들이 타락
의 길이요, 떨어지는 길이요, 내 뜻을
따라 하늘에 오를 수 있는 길이 아니
라는 그 무서운 사실을 알라.
51 모든 백성들이 나의 아들 앞에 와 저
희들이 따지고 말하는 것이 무엇이더
냐?
52 인간의 생각이요, 인간의 한계에서 놓
고 제 지식에 의해서 맞추려 하나, 그
지식의 상식선을 뛰어넘어 있는 것이
나의 아들이 역사하고 가는 길이라는
것을 알도록 하라.
53 나의 아들이 물속을 너희들에게 가라
하면, 너희들은 인간 상식이요, 너희
들의 지식으로는 갈 수 없으나,
54 나 여호와의 역사요, 나의 아들에게
명한다면 그것은 나의 아들의 그 가
르침이 하늘의 뜻이요, 창조주 나의
뜻이니,
55 너희들이 상상할 수 없는 그 차원 높
은 세상의 역사를 너희들에게 전한다
는 그 이치를 깨달아야 될 것이며, 그
무서움과 두려움을 너희들이 알아야
될 것이니라, 사랑하는 나의 아들딸들
아!

9,611 번째 하나님 말씀

2004년 2월 16일 07시 11분

1 사랑하는 나의 아들아!
2 "네, 아버님! 말씀하옵소서."
3 모든 종교 집단이요, 지도자요, 구원
을 받았다며 맹종 맹신하며 광분하는
그들이 무어라 말하든, 나의 아들을
따르는 백성, 그리고 나의 아들을 따
르는 제자, 너희들은 알아야 될 것이
니라.
4 그리고 나의 법전을 읽고 깨우친 만백

성 너희들은 그리 살라.
5 나 여호와가 너희들에게 명함이니, 너
희들이 나의 심판대에 와 설 때까지
너희들은 사랑으로써 충만된 삶을 살
아야 될 것이며, 오로지 사랑으로써
베풀고 살아야 함을 알라.
6 그렇지 아니하면 너희들이 바로 설 수
없음을 알아야 될 것이니라.
7 너희들이 사랑으로써 충만된 삶을 살
지 아니하면, 바로 설 수 없으며 나에
게 오를 수 없다는 그 뜻을 알고 있는
가?
8 "네, 아버님! 저 또한 그를 알고 있으
며, 저를 따르는 그 제자, 또한 아버님
의 아들딸들도 그를 알고 있을 것이
라 그리 생각하옵나이다.
9 사랑하는 나의 아들아, 나 여호와의
실체가 사랑이요, 내 모두가 사랑임이
니, 너희들이 사랑으로써 충만된 삶을
살 수 없으면, 너희들이 따르는 너희
아버지 나 여호와요, 내 품에 오고자
하는 너희들이 내 뜻을 정녕 알 수 없
기 때문이니라.
10 그러니 너희들이 육의 세상에 살면서
사랑이 충만된 그와 같은 백성이 되지
아니하면, 나의 뜻을 알 수 없는 것은
결국 무엇이더냐?
11 너희들이 나 여호와와 교통될 수 없으
며 너희들과 내가 통할 수 없으며, 모
두가 교통되지 못함이니 모두가 차단
되기 때문임을 너희들은 알아야 될 것
이니라.
12 너희들이 교통되지 못하며 나와 너희
들이 대화하지 못한다면 결국 무엇이
더냐?
13 너희들이 하늘의 뜻이요, 나 여호와의
뜻을 알 수 없음이니, 너희들이 나의
뜻을 버리고 나의 뜻을 거역하는 그와
같은 길을 가며 그 삶을 가게 되는 것
이 너희들의 운명임을 알아야 될 것이
니라.
14 그러니 이 세상에 누가 무어라 해도,
너희들을 이단이요, 사탄이요, 사악한
자라며 핍박을 한다 해도 너희들은 사
랑으로써 충만된 삶을 살도록 그리하
라.
15 사랑으로 충만된 백성만이 나의 아들
딸임이니, 이는 나의 뜻을 너희들이
알고 있음이며,
16 나의 뜻을 알고 있기에 너희들이 나와
교통할 수 있으니,
17 나와 교통되지 않는 백성은 나와 관계
없다는 것을 알게 될 것이니라.
18 나와 교통하는 그 백성만이 나의 뜻을
알아 내 뜻에 따라 역사함이니,
19 너희들이 나로부터 선택된 나의 아들
딸이요, 내가 이루고자 하는 그 역사
의 대업이요, 유업을 받아 역사하는
것이 너희들이기 때문이니 그리 알라.
20 모두를 사랑으로써 충만된 삶을 살도
록 그리하라.

9,612 번째 하나님 말씀

2004년 2월 16일 07시 16분

1 사랑하는 나의 아들아!
2 "네, 아버님! 말씀하옵소서."
3 너를 따르는 제자들이요, 나의 법전을
읽고 깨우친 만백성, 그리고 지금 나
의 법전을 접하지 아니하며 우왕좌왕

하는 자들, 하늘에 오르는 길이라 하
면서 나에게 등지고 가는 그 모든 백
성, 너희들은 들으라.
4 나 여호와가 나의 아들이라 부름이니,
그 의의와 뜻이 과연 무엇이며, 어찌
하여 내가 나의 아들이라 부르는지 너
희들이 알고 있는가?
5 나 여호와가 나의 아들이라 부름이니,
이는 천사와 같이 변화될 수 있으며
그는 그 변화되는 삶을 살 수 있기 때
문이니라.
6 그러니 나의 아들이 천사와 같이 변화
되어 갈 수 있는 것은 무엇인 줄 알겠
느냐?
7 창조주 너희들이 아버지라 부르는 나
여호와의 뜻을 정확히 알 수 있으며
내 뜻을 받아들일 수 있기 때문이니,
8 내 뜻을 정확히 알며 받아들일 수 있
는 나의 아들은 순종하며 내 뜻에 의
하여 모두를 역사하는 그와 같은 자가
될 것이며, 만백성을 그와 같이 인도
하고 그와 같이 이끌어 갈 것이니라.
9 또한 너희들이 그와 같이 변하는 백성
이 되어야만 너희들을 나의 아들딸이
라 내가 부를 수 있음을 알아야 될 것
이니라.
10 천사와 같이 아름답게 변하는 백성이
요, 그리고 나의 뜻을 천사가 되어 정
확히 알 수 있고 들여다볼 수 있는 그
와 같은 자가 나의 백성이요, 나의 아
들딸이 됨을 너희들은 명심하고 또 명
심하도록 그리하라.
11 나의 아들로서 나의 유업을 계승하는
것이며 나의 아들로서 모두를 다 역사
하는 것이니라.
12 그리하여 그는 나의 뜻에 의해 모든
백성을 인도하며 만백성을 구하는 길
을 보일 것이며, 그 길을 스스로 이끌
어 그를 따르도록 그는 그 길을 말없
이 갈 수 있는 자라는 것을 너희들은
알아야 될 것이니, 명심하고 또 명심
하라.
13 나의 모든 백성들이 그와 같이 변했을
때, 너희들이 나의 아들딸이 되는 것
은 나의 유업을 받으며 내 뜻을 계승
하며 만백성을 너희들이 인도할 수 있
는 자격을 받게 됨이니라.
14 그러니 이를 너희들은 알아야 될 것이
니라, 지금의 나의 아들이 천사와 같
이 변화되고자 노력하며 내 마음을 정
확히 알고 있듯이, 너희들이 천사와
같이 변화되는 그와 같은 삶을 살 때,
그리 최선을 다할 때, 너희들이 지금
나의 아들처럼 내 뜻을 정확히 알 수
있음이니,
15 그와 같이 된 나의 아들딸이야말로 나
의 유업이요, 나의 뜻을 계승하여 만
백성을 구하는 전사요, 지도자로서 거
듭난다는 것을 잊지 말라.
16 이를 나의 아들이라 부르는 것이며,
그리하여 그와 같은 나의 아들에게 내
가 명하며 그에게 모두를 역사하게 한
다는 것을 너희들은 알아야 될 것이니
라.
17 너희가 정녕 나의 아들딸로서 거듭나
려거든 너희들은 나의 법전대로 살아
야 한다는 것을 명심하라.
18 너희들이 지금서부터 천사와 같이 변
화되는 삶이요, 그리하여 너희들이 내
뜻을 아는 나의 백성이요, 나의 아들

딸로서 나로부터 내 품에 올 수 있는
거듭나는 영광을 얻는다는 것은 나의
법전에 적혀 있는 그 내용대로 지키고
행하도록 하라.
19 이는 나의 아들을 통하여 나의 성령으
로써 나의 아들을 인도했으며, 나의
아들을 통하여 나의 성령으로써 법전
을 만들어 냈으며 이 모두가 역사했기
때문이니, 너희들은 그리 알라.
20 그러니 너희가 그대로 법전에 순종하
고 따르는 것, 그리고 나의 아들을 통
하여 내리는 강론을 받아들여 그를 잊
지 아니하고 행하며 살아가는 것, 그
것이 바로 너희들이 나에게 오를 수
있는 길이요, 만백성을 구하는 길지도
자요, 내 뜻에 따라 역사할 수 있는 백
성으로 거듭남을 알라.
21 다시 한 번 내가 너희들에게 강조함이
니라.
22 나의 법전대로 사는 것이 너희들이 모
두를 다 이룰 수 있는 것이니, 이는 바
로 지금 나의 아들을 통하여 내가 성
령으로써 나의 아들을 인도했으며, 성
령으로써 모두를 지시하여 나의 법전
을 만들어 세상에 전하는 그 역사를
함이니,
23 여기에 너희들이 순종하고 따르는 것
이 나 여호와의 뜻을 따르는 백성이
되기 때문임을 절대 잊지 말라.

9,613 번째 하나님 말씀

2004년 2월 16일 07시 26분

1 사랑하는 나의 아들아!
2 "네, 아버님! 말씀하옵소서."
3 너희들이 말하기를, 적그리스도가 세
상에 올 것이며 그 적그리스도의 파괴
력과 적그리스도의 그 역사하는 것은
감당키 어려울 것이니, 그 적그리스도
에 현혹되지 말며 넘어가지 말라 그리
말하느니라.
4 그러나 너희들은 정녕 누가 적그리스
도인가를 알아야 될 때가 왔음을 알라.
5 지금의 모든 종교 집단이요, 지도자,
그 신도들, 너희가 바로 모두가 다 적
그리스도가 되어 있음을 알아야 될 것
이니라.
6 바로 너희들이 적그리스도가 되어 있
는 자들이니라.
7 너희들은 알라, 나 여호와가 나의 뜻
을 전하는 것은 메시지요, 나의 성령
으로써 전하며 모두 역사하는 그와 같
은 것을 너희들은 어찌 모르는가?
8 그러니 지금 너희들이 무엇이더냐?
9 내가 나의 아들을 통하여 나의 계시
요, 나의 메시지를, 또한 나의 예언으
로써 모든 나의 뜻을 전하고 지금 역
사하는 것을,
10 이를 받아들이며 이해하지 못하는 그
백성들이요, 그 종교 집단이 무어라
말하느냐?
11 너희들이 이단이요, 사탄이라 그리 매
도하고 나의 아들을 핍박하며, 나의
법전을 태우고 찢어 버리며 읽지도 보
지도 말라 말함이니,
12 참진리요, 창조주의 뜻을 보지도 말며
듣지도 말며 읽지도 말라 하며 너희
들이 있는 모두를 다 동원하여 그를
훼방함이니, 과연 너희들이 성령으로
임하여 역사한 백성들이라 말할 수

있겠는가?
13 나 여호와가 성령으로써 백성에게 이
리 역사하며 내 뜻을 이루고자 하는
것을 너희들이 막고 훼방하는 데 모두
를 다 바치는 것이 아니더냐?
14 그러니 나 여호와가 지금의 잘못되고
다 타락된 백성들을 구하고자 하여 나
의 아들을 통하여 나의 성령을 태워
너희들을 인도하고자 하여 나의 법전
을 세상에 내려보냄이니,
15 이게 내려가지 못하도록 너희들이 훼
방하고 방해하며 또 부인하며 이를 무
시하며 박해하며 핍박하는 그와 같은
일들만을 일관해서 가고 있는 자들이
아니더냐?
16 지금의 너희들이 참진리를 가르치기
전에, 너희들이 가진 것이 없으며 깨
우칠 것이 없으며 더 가르칠 것도 없
음이니,
17 너희들이 참진리의 뜻이 내려가는 나
의 법전을 들고, '이가 세상을 혼란케
하는 적그리스도가 세상에 온 자이니,
이를 보지도 말며 듣지도 말라.' 하여,
18 나의 참진리요, 나 여호와의 뜻이 전
해지지 못하도록 방해하고 훼방하는
것이 바로 너희들의 집단이니,
19 그리하여 너희들이 적그리스도라는
것을 알아야 될 것이니라.
20 이 세상에 존재하는 것은 다 여호와의
뜻이라 너희들이 그리 말하면서도 그
를 보지 못하며 훼방하는 것이 얼마나
너희들이 어리석은 자며 사악한 자인
줄 알겠는가?
21 너희들의 잘못된 치부가 드러날 것이
두려워, 너희들이 오늘의 그 제왕적인
삶을 영위하기 위하여 모든 방법과 물
자를 동원하여 그를 방해하며 훼방하
는 자이니,
22 바로 지금의 모든 종교 집단이요, 지
도자요, 그리고 광분하는 그 맹종하고
맹신하는 그 신도들, 제가 어디 가는
줄 모르는 자, 무엇을 역사하는지도
모르는 자, 어떠한 죄를 짓고 있는 것
인지도 모르고 광분하고 있는 너희들
이 바로 적그리스도임을 알라.
23 나 여호와가 나의 법전에 기록하여 전
함이니, 지금의 모든 종파요, 지도자
너희들이 적그리스도로서 이 세상을
혼란케 하며 이 세상을 무너트리는 자
들이며, 이 세상을 사악한 자들이 지
배하는 그와 같은 세상으로 만들었음
이니,
24 너희들이 정녕 그렇지 아니하거든 나
의 법전을 기록하여 전하는 나의 아들
앞에 와 대적하여 너희들이 한번 시시
비비를 가려 보면 만백성이 알 것이
니, 만백성 앞에 너희들이 당당히 시
비를 한번 가려 보라.
25 너희들이 숨어서 이 책을 읽어서는 아
니 되며, 이곳에 가서는 아니 되며, 이
를 접하는 자, 이를 쓴 자를 만나는 것
은 너희들이 적그리스도가 되어 지옥
불로 가니, 절대 만나지 말라 말하는
너희들이 과연 어떠한 자들인가?
26 그늘에서 너희들이 훼방하는 자요, 핍
박하는 자요, 방해하는 자들이니라.
27 정녕 너희들이 진정한 참진리를 깨닫
고 가는 자라면, 너희들이 나의 법전
을 기록하여 전하는 나의 아들과 만백
성 앞에 모여 시비를 가리고 그들에

게 답을 던져 줘 보라.
28 너희는 얼굴이 붉어져 고개를 들지도
못하고 그 단상을 내려가는 꼴이 될
것이니 그리 알라.
29 그것이 두렵고 무섭기에 너희들이 그
늘에서 숨어서 귓속말로 입으로써 너
희들이 그 사랑하는 신도요, 그 사랑
하는 백성이요, 하늘에 인도한다는 그
백성들로 하여금 너희들이 가르치고
깨우쳐 입으로 전하고 너희들이 귓속
말로 전하며,
30 어두운 곳에 전하면서 모두를 훼방하
는 사악한 자들이요, 그러니 너희들이
그늘에서 활동하는 적그리스도라는
것을 알라.

9,614 번째 하나님 말씀

2004년 2월 16일 07시 35분

1 사랑하는 나의 아들아!
2 **"네, 아버님! 말씀하옵소서."**
3 너의 제자들이요, 그리고 나의 법전을
읽고 깨우친 만백성 너희들은 나의 성
령의 위대함이 무엇이며 나의 법전의
위대함이 무엇인가를 바로 알고 깨우
쳐야 됨을 알라.
4 너희들은 나 여호와의 성령이 위대하
며, 나의 법전이 위대하며, 그 진실의
참진리가 왜 위대한지 알겠느냐?
5 이 모든 백성들이 지금 수천 년 동안
역사하고 이루어 온 것, 그리고 너희
들이 그 숫자요, 그 재물이요, 그 능력
을 가지고 제왕적인 자리요, 너희들이
무너지지 아니할 것이며 절대 쓰러지
지 아니할 것이다 그리 말하는 것, 그
리고 너희들의 그 능력이 세상을 덮을
것이라 말하는 것,
6 너희들이 수천 년 동안 이루어 놓은
그 모두를 다 한순간에 무너트릴 수
있으며 너희들이 무너질 수 있는 것이
며,
7 그 무너진 터전 위에서 모두를 바로
세워 새로운 시대를 역사할 수 있는
것이기 때문이니,
8 그 파괴력을 가지고 있는 것이 성령이
요, 바로 나의 법전임을 너희들이 알
아야 될 것이니,
9 그리하여 내가 나의 성령이요, 나의
법전의 위대함을 알라 너의 제자들이
요, 나의 법전을 읽고 깨우친 백성에
게 전함을 알라.
10 나 여호와의 성령의 뜻을 거역하며 인
간의 교리로써 역사한 그 모두를 하
루아침에 백지화할 수 있는 것이 나의
성령이요, 나의 법전이요,
11 그들을 단죄하며 한순간에 그들에게
깨우침을 주며 너희들이 역사하는 것
을 바로 볼 수 있는 그와 같은 변환점
을 이루는 것은 일순간에 이룰 수 있
음이니라.
12 이것이 바로 그리하여 위대한 성령이
요, 위대한 나의 법전이라 함을 여기
서 너희들은 알아야 될 것이니라.
13 이것이 성령이요, 나의 법전임을 알라.
14 이 모든 백성들이 말로써 역사하고 말
로써 이루어진다 하는 것, 인간의 교
리로써 온 그것을 벗어던지며, 나의
법전을 정독하여 깨우쳐 나의 성령이
요, 나의 뜻을 헤아려 거듭나는 백성
이 되지 아니하면 아니 됨을 알라.

15 나 여호와가 나의 성령이요, 나의 법
전으로써 일순간에 모두를 무너트리
며 잠재우며 백지화할 수 있음이니라.
16 그러나 그와 같이 되었을 때 너희들을
따르던 그 신도들이 너희들을 핍박하
며 너희들에게 돌을 던지는 그 고통
은 피비린내 나는 전쟁이요,
17 모든 백성이 생명을 잃고 얻는 이와
같은 무서운 일이 역사하기에,
18 나 여호와가 일순간에 무너트리지 아
니하며 파괴하지 아니하며 잠재우지
아니하는 것이니라.
19 그리하여 나의 법전을 만들어 물이 흐
르듯이 서서히 깨우치는 백성들이 정
화되며, 그 정화되는 백성들이 정화됨
으로 인하여 그들이 변화되는 그와 같
은 역사의 시간을 기다리고 있음이니,
20 내가 재앙을 막고자 함이니라.
21 내가 너희들을 일순간에 깨우쳐 모두
를 잠재우며 변화시키고 백지화한다
면,
22 그들이 내 뜻이 무엇이요, 나의 법전
이 역사하는 것을 모르며, 내가 전하
고 이루고자 하는 뜻을 모르고,
23 저희들이 잘못 가르치고 잘못 이끌어
온 것이 분해 그 한을 풀기 위하여 너
희들에게 돌을 던지며 너희들을 공격
할 때는 먹이를 보고 달리는 사자보
다도 맹수보다도 더 무서운 형국으로
너희들이 피비린내 나는 종교 전쟁이
이 세상에 이루어지기 때문에,
24 피비린내 나는 전쟁이요, 서로 나의
아들딸이 죽이고 사는 무서운 그와
같은 재앙의 역사가 이루어지지 아니
하도록,
25 너희들이 나의 법전을 읽고 깨우쳐 그
마음을 다스리며, 불과 같이 공격하는
마음, 태우고자 하는 마음, 그리고 맹
수가 먹이를 채는 것보다 더 무섭기
에 너희들이 돌진하는 것,
26 그 피비린내 나는 그 모두를 막고자
하여 내가 나의 법전을 지금 내려보
냄이니라.
27 그 백성들이 이를 읽고 마음을 달래고
깨우쳤을 때, 서서히 너희들은 무너지
게 될 것이며, 내가 서서히 너희들을
잠재울 것이며, 너희들이 문을 닫는
그와 같은 역사가 이루어짐이니,
28 나 여호와가 기다리고 기다림이니라.
29 만일 너희들이 나의 법전이요, 나의
아들의 가슴에 화살을 쏘며 나의 법전
을 찢어 버리고 태우며, 나의 아들을
따르는 제자들이요, 나의 법전을 읽고
깨우쳐 가는 백성들의 길을 너희들이
무력으로 막으며 힘으로 막으며 그들
을 박해하며 내가 볼 수 없는 그와 같
은 사악한 행위를 역사할 때,
30 너희들은 일순간에 무너지며 모두가
잠재워질 수 있는 그 모두가 준비되어
있음을 알라 그리 전하라.
31 너희들이 그러니 두려워하지 말며 주
저하지 말며,
32 나의 법전을 만들어 전하는 것이 만백
성의 육의 세상에 피비린내 나는 전쟁
을 막으며,
33 위로는 하늘에 오르는 길이요, 참진리
를 따라 나에게 오를 수 있는 길을 역
사하는 것이기 때문에,
34 너희들이 두 가지를 다 이루는 나의
귀중한 아들딸이라 함을 알라.

35 이것이 성령이요, 나의 법전의 위력임을 너희들은 알라.

36 이제 말로써 모두가 이루어지고 말로써 만들며 인간의 교리로써 하는 것을 다 벗어 던지고, 나의 법전을 정독하여 깨우치는 만백성이 그를 깨닫고 돌아서서 마음을 다스리며 서서히 변할 수 있도록 너희들이 법전을 전하는 데 최선을 다하며,

37 너희들의 삶을 아름다움의 삶으로 살아 너희들을 보고 그들이 분개함을 참으며, 그들이 욕됨을 참으며, 불과 같은 성격을 참으며, 공격하고자 하는 마음을 누그러트릴 수 있도록,

38 그와 같은 것으로써 나의 법전을 전하며 너희들이 행동으로써 보여 주도록 그리 가야 할 것이 나의 법전을 읽고 깨우친 백성 너희들이니,

39 인간 세상의 피비린내 나는 종교 전쟁을 막으며 위로는 그들이 구원의 길을 볼 수 있도록 안내하는 것이 너희들이니,

40 얼마나 소중한 나의 아들딸인 줄 너희들 스스로 알고 잘 다스려 나가도록 그리하며,

41 하늘을 향하여 한 점의 부끄러움이 없는 삶을 위하여 모두를 다 바치도록 그리하라.

9,615 번째 하나님 말씀

2004년 2월 16일 07시 41분

1 사랑하는 나의 아들아!

2 **"네, 아버님! 말씀하옵소서."**

3 나 여호와를 믿기만 하면, 또 나의 아들 예수를 찾고 믿기만 하면, 너희들의 믿음과 신앙이 그것으로써 모두가 결집되어 있으며 그것만을 위하여 너희들이 오늘에 가고 있는 그 믿음이 아니더냐?

4 그러니 결국 너희들이 그와 같은 믿음 속에서 나 여호와를 믿으며 나의 아들 예수를 믿기만 하면 너희들의 그 믿음이 모두 끝나는 것으로써, 그리고 모두가 결집되어 너희들이 구원의 길에 역사하는 것으로써 그리 믿음이니,

5 결국 너희들이 믿는 자는 천국이요, 믿지 않는 자는 지옥이라는 그와 같은 논리로써 나의 백성들을 그리 세뇌시키며,

6 그것 외에는 보지 못하는 그와 같은 어리석은 백성으로 지금 만들고 끌고 가는 것이니라.

7 믿지 않는 자는 지옥이요, 너희들이 상상하기도 싫은 지옥이요, 그리고 믿는 자는 무조건 구원이요, 하늘에 오를 수 있다는 그 논리를 가지고 나의 피조물 만백성을 핍박하며 너희들이 끌고 감이니,

8 그들이 정녕 믿음이요, 하늘에 오르는 길을 위하여 가는 자들인가?

9 너희들이 양자택일을 하라 하니, 그저 지옥이 두려워 그 길을 택하는 그와 같은 형국으로써 나의 피조물 만백성들을 세뇌시켜 너희들이 지옥으로 밀어 넣는 그와 같은 행위를 하고 있음을 알라.

10 너희들은 알아야 하느니라, 이 세상의 모두가 창조된 것이 무엇이더냐?

11 나 여호와가 나의 피조물 만백성 너희

들을 위하여 모두를 창조했으며 내가
모두를 다 내려 주었음이라.
12 그러니 그 속에서 너희들이 아름답게
사는 것, 그리고 사랑을 베풀고 사는
것, 그것으로써 너희들이 나에게 오르
고 못 오르는 것이거늘,
13 어찌하여 너희들은 믿고 안 믿는 것으
로써 양자택일을 하라 그리 나의 피조
물 만백성들을 협박하며 그리 끌고 가
는가?
14 너희들은 알라, 세상의 그 모두는 내
가 무엇 때문에 존재하게 하는가?
15 이는 바로 너희들의 육을 존재시키기
위하여 내가 모두를 역사해 주었으며
너희들에게 내려 주는 상이라 함을
너희들은 알아야 하느니라.
16 그리고 또한 너희들의 육보다 더 소
중한 것이 또 하나 있으니, 그것이 무
엇이더냐?
17 바로 너희들의 육을 지배하는 나로부
터 받아 나간 나로부터 부여 받은 영
이 존재함이니라.
18 그러니 너희들은 이 세상의 모두가
존재하는 것은 너희들의 육이 존재하
기 위함이요, 그 육은 또한 왜 존재하
는가?
19 너희들의 영혼을 지키는 집이라 하였
으니, 영혼을 지켜 주기 위해 너희들
의 육이 존재하는 것이니,
20 위로는 너희들이 나로부터 명을 받은
영혼이 가장 중요한 것이요,
21 그다음은 그의 집으로서 그를 보호하
고 지키는 그 육이요,
22 그 다음에 이 세상의 그 모두가 존재
하도록 만든 것이 이 세상의 이치니
라.
23 그래서 그 속에서 너희들이 모두를 사
랑하며 모두를 아끼며 서로 너희들이
소중히 생각하는 그와 같은 아름다운
마음으로 사는 것, 그것으로써 너희들
이 나에게 오르고 못 오름이니,
24 나의 아들을 찾으며 나를 부르고 안
부르는 것으로 너희들이 지옥이요, 천
국이요, 두 가지의 길을 놓고 선택하
라 그리 위협하지 말라.
25 이제 너희가 구원에 연연하는 그와 같
은 믿음을 가지 말라 하는 것,
26 그리고 너희들이 마지막 하나의 구원
을 받는 것까지도 남에게 양보하는 그
와 같은 믿음의 길을 가라 하는 것,
27 그리고 자기를 위하여 기도하지 말며
남을 위하여 기도하는 뜻을 가지고 살
라 하는 나 여호와의 뜻을 너희들은
알았을 것이니라.
28 영을 위하여 육이 존재하는 것이며,
너희들의 육은 또한 이 세상의 모든
것이 너희가 존재하도록 하기 위해 세
상에 내려 주었음이니,
29 너희들이 그 삶의 풍요로운 것을 마음
껏 깨닫고 느껴 감사함을 느끼며, 아
름다움의 그 위대함을 느끼며,
30 그 속에서 너희들이 모두를 다스리고
사랑으로 베풀고 나아가 천사와 같은
마음으로 변화되는 그와 같은 삶이 너
희들이 나에게 오르는 길이니라.
31 그러나 너희들은 지금의 모두를 그와
같이 가르치는 것이 종교 집단 지도자
니라.
32 나의 아들 예수를 믿으면 천국이요,
믿지 않으면 지옥이라는 이 양대 논리

로써 나의 피조물 만백성을 혼동케 함
이니,
33 너희들이 지옥과 천국의 그와 같은 것
으로써 내가 너희들에게 그 모두를 거
기에 초점을 맞춰 믿고 안 믿는 것으
로 역사하는 것이 아니라,
34 내 뜻이요, 나의 아들 예수를 통하여
내리고자 하는 그 뜻을 너희들이 얼마
만큼 들여다보며 내 마음을 알며 그를
행하고 지키고자 살아가는가, 그것이
너희들이 나에게 오르고 못 오르는 그
변화의 역사를 이룬다는 것을 내가 나
의 법전에 수없이 기록하였음이니,
35 오늘 내가 나의 아들을 통하여 다시
한 번 전하니, 너희들이 이를 명심하
고 깨우쳐, 바른 믿음이요, 바른 신앙
생활에 돌입하도록 그리하라.

9,616 번째 하나님 말씀

2004년 2월 16일 07시 48분

1 사랑하는 나의 아들아!
2 "네, 아버님! 말씀하옵소서."
3 나의 성전이 이제 너희들이 말하는 방
방곡곡에 생기는, 그리고 자리를 잡는
그와 같은 역사가 이루어질 것이니라.
4 그러니 그곳을 맡아 가야 하는 너의
제자들이 책임자로서 그곳에 감에 불
안한 마음을 갖지 말라 그리 전하라.
5 너희는 어떻게 운영할 것이며, 어떻게
운영될 것이며, 어떻게 너희들이 가르
칠 것이며, 찾아오는 만백성에게 어찌
대답하고 어찌 그들과 대화할 것인가
를 생각하지 말며 불안해하지 말라.
6 너희들의 뜻이요, 너희들의 생각으로
써 모두가 역사하고 임하는 것이 아니
요,
7 나 여호와가 성령으로써 너희들에게
능력을 줄 것이며, 너희들이 다 대답
할 수 있는 그 모두를 내려 줄 것이니,
불안해하지 말며 두려워하지 말라 그
리 전하라.
8 너희들의 자유의사로 운영하고 역사
하는 것이 아니요, 모두는 다 나 여호
와의 뜻으로써 이루어지는 것이니,
9 너희가 대답하고 지도함이 아니라, 나
여호와가 성령으로써 일러 줄 것이며
인도해 줄 것이며 너희들에게 희망과
지혜를 줄 것이니, 그리 알라 전하라.
10 너희가 걱정하고 염려한다 하여 모두
가 이루어지고 안 이루어지며, 승자가
되고 패자가 되며, 그 뜻을 이루고 못
이루는 것이 아님이니라.
11 그 모두는 너희들이 아니요, 나 여호
와가 다 이루며 모두를 갖추어서 역사
한다는 것을, 그리고 다 준비되어 있
음을 알라 그리 전하라.
12 나의 법전이 세상을 덮는 것, 그것 또
한 너희들이 노력하는 것은 너희들의
한계점이요, 너희들이 할 수 있는 그
일부분이요,
13 모든 총체적인 역사하는 것은 너희들
의 자유의지요, 너희들의 노력이요,
너희들의 한계로써 결코 이루어지는
것은 아님이니라.
14 나 여호와의 뜻이요, 내 계획에 의하
여 모두가 이루어짐이니, 너희들은 그
리 알라.
15 너희들의 뜻으로써 성공하고 성공하
지 못한다면, 그것은 인간의 노력이

요, 인간의 한계이니,
16 인간의 모든 역사하는 것으로써는 하
늘의 뜻이 아니지 않더냐?
17 그러니 나 여호와의 뜻이요, 내가 역
사한다면 그 모든 주도는 나 여호와가
하며 성패도 또한 내가 책임질 것이
며, 운영이 되고 안 되는 것도 내 뜻이
며 내가 함이니,
18 내 모든 능력을 너희들에게 성령으로
써 내릴 것이니, 너희들은 두려워하지
말며 그저 명하는 대로 나가도록 하라
그리 전하라.
19 너희들은 이와 같은 이치를 알며, 나
의 뜻에 의하여 모두가 이루어지게 된
다는 것을 잊지 말도록 그리하며, 너
희들 제자들에게 불안한 마음을 갖지
말라 그리 전하라.
20 그리고 너희들이 인간과 더불어 시시
비비하지 말며, 그저 내가 내리는 지
혜대로 그리 가면 될 것이니라.
21 너희들의 생각이요, 너희들의 모든 상
식을 부합하여 너희들이 역사한다면,
인간 세상에 거래하는 사업장밖에는
되지 아니함이니, 거기에는 답이 없음
이니 그리 알라.
22 모두는 나 여호와가 이룬다는 것을 알
며, 모든 지도자는 내 뜻에 의하여 행
하는 그와 같은 마음의 준비가 되어야
함을 알라 전하라.

9,617 번째 하나님 말씀

2004년 2월 17일 07시 07분

1 사랑하는 나의 아들아!
2 "네, 아버님! 말씀하옵소서."
3 나의 뜻을 받아 역사하는 것이요, 참
진리를 깨우치는 것이요, 만백성을 인
도하는 너희들은 쓰러져도 쓰러지지
않는 오뚝이와 같은 그와 같은 마음으
로써 역사해야 한다 하였음이니,
4 너의 제자들은 그저 길거리의 풀처럼
밟아도 밟아도 또 살아나고 포기할 줄
모르는 잡초와 같은 강한 의지와 강한
마음으로써 역사하지 아니하면 아무
것도 이룰 수 없음을 알아야 될 것이
니라.
5 너희들이 '계란이라는 것으로써 바위
를 쳐 그를 뚫는다.'는 말이 있듯이,
너희들이 그와 같은 역사를 이루는 것
보다도 더 어렵고 힘든 길이 나의 법
전을 가지고 만백성을 깨우치는 길이
니라.
6 이는 나 여호와의 뜻이요, 참진리요,
너희들을 구원하는 길이라 하였거늘,
그와 같은 저희들이 소원하고 갈망하
는 길을 인도하는 나의 법전을 읽지
아니하며 보지 아니하며 이를 들으려
하지 아니함이니,
7 바위보다도 더 강하고 무섭게 굳어진
것이 그들의 믿음이요, 그들의 오늘의
신앙이 아니더냐?
8 그러니 그를 깨고 부수는 것이 얼마나
힘들고 어려운 길이더냐?
9 처마에서 떨어지는 빗방울이 바위를
뚫듯이, 그와 같은 고통과 시련이요,
끊임없이 부어 주는 것, 그것 외에는
아무것도 너희들이 이길 수 있는 길이
없음을 알아야 될 것이니라.
10 지금의 모든 백성들이 너희들이 전하
고자 하는 나의 뜻을 거부하는 것, 받

아들이지 아니하는 것, 그를 이해하지
아니하려는 것보다도 더 굳고 단단하
게 굳어진 것이 없음이니라.
11 그들은 지금 가고 있는 길이 하늘에
오르는 길이요, 참진리요, 나에게 오
르는 길이라 믿고 있기 때문이니라.
12 그리고 저희들이 가는 길이 바른길이
요, 저희들이 가는 길만이 구원을 받
는 길이라 그리 굳게 믿고 있음이니,
13 그 마음을 변화시키고 돌리고 역사하
는 것이 그렇게 어렵고 힘든 길임을
너희들은 알아야 될 것이니라.
14 저희들이 알고 있는 상식이요, 저희들
이 가지고 있는 그 지식이 다 나에게
오를 수 있는 길이요, 구원을 받는 길
이라 그리 생각하기에,
15 그들이 절대 그곳을 나오려 하지 아니
하며 그곳에서 헤어나지 아니하려는
것이 그와 같은 백성들이니라.
16 너희들은 살다 결국 어찌 되느냐?
17 죽음이라는 문턱을 넘지 않는 자가 없
음이니, 결국 너희들은 한 줌의 흙으
로 돌아가는 것이니라.
18 그러니 한 줌의 흙으로 돌아간다는 것
을 깨닫지 못한 자가 없음이니라.
19 그러나 너희들은 그를 의식하지 아니
하며 그를 인식하지 아니하며, 한 줌
의 흙으로 돌아간다는 것을 알면서,
한 줌의 흙으로 돌아가는 너희들의 육
이 어떠한 삶을 살아야 되며 어떠한
길을 가야 하는 것인가를 연구하고 생
각하는 사람은 없음이니라.
20 다만, 너희들이 그저 살다 죽는다는
것을 알며, 그리고 살다 죽는다 그리
하며 그것을 알면서도, 너희들이 그
순간을 기다리며 그는 벗어날 수 없다
하면서도,
21 그와 같이 벗어날 수 없는 죽음의 길
이기에 너희들이 얼마나 아름답고 소
중히 살아야 되고 귀한 시간인가를 생
각하여 바르게 쓰고자 하는 사람은 없
는 것이니라.
22 이제 너의 제자들은 깨달아야 될 것이
니라.
23 너희들이 언젠가는 한 줌의 흙으로 돌
아가며 반드시 죽는다는 것을 안다면,
과연 그 죽음 앞에 있는 너희들이 어
찌 살아야 되겠는가?
24 남을 시기하고 질투하고 음해하는 마
음으로 살아야 되는가, 그렇지 않으면
사랑을 베풀며 아름다운 마음으로 살
아가야 하는가, 그것을 너희들이 스스
로 깨달을 수 있을 것이니,
25 그를 깨닫는 백성만이 마음의 변화가
올 수 있는 백성이라 함을 알라.
26 그러니 지금 모든 믿음이요, 신앙의
길을 가고 있는 백성들이 죽는다는 것
은 아나, 그 죽지 아니하면 아니 되는
너희들의 인생의 얼마 남지 않은 그
삶은 시간이 정해져 있는 것이요, 그
시간은 점점 줄어 가는 삶이거늘,
27 그 삶이 얼마나 귀하고 소중하며, 제
가 어찌 살아야 되는가를 생각하고 연
구하는 백성이 과연 얼마나 있는가?
28 나의 법전이 세상에 나오는 것을 너희
들이 다 이단이요, 사탄이라 그리하느
니라.
29 나의 아들을 통하여 너희들에게 기적
을 역사했을 때, 내가 그를 세상에 내
놓지 못하게 하는 것이 무엇인 줄 알

겠느냐?

30 기적을 역사하는 것은 사탄이요 이단이라 그리 말하고 밀어붙임이니라.

31 그 어떠한 이유든 그들이 갖다 붙이되, 어떠한 것도 너희들이 그 백성들을 깨우치는 데 도움이 되는 것은 아무것도 없음을 알라.

32 너희들이 강하고 크면 클수록 그 적은 더 강해지며, 그들은 돌아올 수 없는 그와 같은 마음을 갖게 되며, 절대로 종교 집단이요, 지도자들이 돌아서지 못하게 함이니라.

33 그러니 그들은 절대로 그 강을 넘을 수가 없는 그와 같은 백성이 되고 마는 것이니라.

34 그것이 오늘의 믿음의 길을 가는 백성들이요, 신앙생활을 하는 백성들이요, 구원을 받았다 생각하는 그 어리석은 백성들의 마음 자세이니라.

35 그러니 나의 법전을 그들의 가슴에 전해 주고 전해 주어, 그저 스스로 깨우쳐 오는 그 역사의 길밖에는 아무것도 없음을 너희들은 알라.

36 모든 종파들이 들고일어날 것이니라.

37 기적을 이루고 네가 역사를 이루어 나간다면 그들은 모두가 다 하나가 되어 너희들을 공격할 것이니, 그는 정녕 뿌리를 내릴 수 없는 그와 같은 형국이 되느니라.

38 기적을 이루는 것은 사탄의 장난이요, 그 기적을 이루는 것으로써 믿음의 길을 가는 것이 아니요,

39 진정한 믿음의 길을 가는 자는 조용히 지키는 것이며, 그와 같은 하늘의 천기를 누설하지 아니하며, 하늘의 뜻이라 하여 그걸 보여 주지 아니하며,

40 오로지 저만 깨달아 그와 같은 깨달음의 길을 가는 것이요, 깨달으면 깨달을 수록 사람이 더 침묵을 지키며 세상에 나오지 아니하며 행하지 않는 그와 같은 고귀한 인품으로 변한다 하여,

41 모든 종교가 저희들대로 상대를 정해 놓고 공격하는 그와 같은 형국이 될 것이니라.

42 그러니 나의 법전을 가지고 그들에게 깨우쳐 만백성을 구하는 길밖에 없으며, 너를 찾는 자, 너의 제자들이 필요한 그 역사의 기적을 보임으로써 믿는 자만이 그걸 볼 수 있도록 그와 같은 길을 갈 수밖에 없는 것이 오늘의 네가 가는 길임을 너희들은 알아야 될 것이며, 너희들이 가야 하는 길이라는 것을 알라, 사랑하는 나의 아들딸들아!

43 아무리 무엇을 해도 그들은 인정하지 아니하느니라.

44 너희들이 더 역사할수록 더 적이 생길 것이니라.

45 나 여호와가 직접 내려가 만백성을 구한다 해도, 나를 믿지 아니하며 왕사탄이라 하여 공격하고 나에게 대드는 그와 같은 형국이 오늘의 집단의 자세라 하지 아니하였더냐?

46 오죽하면 너희들이 계란으로 바위를 깬다 하듯이 불가능한 그와 같은 형국으로 되어 있음이니,

47 그러나 너희들은 깨고 또 깨서 그를 뚫어야 되는 것이요, 밟히고 밟혀도 숨을 쉬어 일어나는 그 잡초와 같은 마음 자세로 가는 길밖에 없음을 알라 전하라.

9,618 번째 하나님 말씀

2004년 2월 17일 07시 20분

1 사랑하는 나의 아들아!
2 **"네, 아버님! 말씀하옵소서."**
3 나의 아들을 따르는 제자요, 나의 법
전을 읽고 깨우친 만백성 너희들이 역
사하며 가는 길은 너희들 스스로 깨우
침의 길을 가는 것이 너희들이 바로
차별화되는 그와 같은 백성의 삶을 살
아가는 것이며,
4 그것이 너희들이 나에게 선택된 백성
이요, 또한 변화된 삶을 사는 그 백성
임을 알아야 될 것이니라.
5 너희들도 모르는 사이에 너희들이 변
화되어 있으며, 너희들도 모르는 사이
에 너희들이 깨달음이 있으며, 너희들
도 모르는 사이에 너희들이 멀리 가
있으며 높이 와 있음을 알아야 될 것
이니라.
6 모든 백성들과 너희들은 같이 있는 것
같으나 너희들이 멀리 떨어져 있으며,
너희들이 땅에 있는 것 같으나 너희들
이 높이 와 있으며,
7 너희들이 얻은 것, 깨우치고 변한 것
이 없는 것 같으나 너희들 스스로 변
해져 있음을 너희들이 놀라는 그와 같
은 순간순간이 너희들에게 있음을 알
것이니라.
8 그것이 나로부터 선택된 백성 너희들
이 가는 길이니라.
9 모든 백성들은 육의 생각과 인간의 지
식과 인간의 지혜의 그 모든 생각으로
써 계산을 두고 인간 상식으로써 이해
하고 가려 한다 하지 아니하였더냐?
10 그러니 그들은 눈에 보이는 것, 저희
들이 배운 학식이요, 학문이요, 그리
고 저희들이 가지고 있는 그 지혜의
모두를 가지고 생각하며 그것을 우선
으로써 계산하며 살아가는 것이니라.
11 절대 나 여호와의 뜻이요, 다음 세상
에 하늘의 역사하는 것이 무엇인 줄
모르느니라.
12 오로지 그와 같은 학식이요, 인간의
생각을 우선으로 살아가는 백성이 무
엇인 줄 알겠느냐?
13 너희들이 좋은 물건이 하나가 있음이
니, 인간 상식은 그것을 우선 제 것으
로 만들고 제 앞으로 갖다 놓는 것이
바로 너희들이 역사하는 것이라 그리
생각할 것이니라.
14 그러나 그렇지 아니함을 너희들은 알
아야 될 것이니라.
15 나의 아들을 따르는 백성 너희들은 하
늘의 뜻이요, 나의 뜻에 의해 역사함
이니,
16 그것을 제 앞에 놓는 것이 아니요, 남
을 먼저 줄 수 있으며 남 앞에 줄 수
있는 그와 같은 마음을 가지고 그리
생각하고 연구하는 것이 너희들이니,
17 이것이 바로 인간 생각이요, 인간의
지혜를 우선으로 하여 생각하는 백성
들과 나 여호와의 뜻에 의해 살아가는
백성과의 차별화가 여기 있으며, 너희
들이 변화된 것이 여기 있으며,
18 그들과 멀리 떨어져 있는 것이 너희들
임을 알아야 될 것이니라.
19 눈에 보이는 것, 피부에 닿는 것, 계산
적으로 무엇인가를 얻는 것이 현명한
것이요, 제 앞에 놓고 제가 갖는 것이

위대한 백성이라 그리 생각하니,
20 그것으로는 어떤 것도 초월한 것이
없으며 벗어난 것이 없는 것이 그들
임을 너희들은 알라.
21 그러니 제 생각을 우선으로 하여 사
는 백성들과는 너희들이 같이할 수
없으며, 그 모든 역사의 길을 같이할
수 없으며,
22 너희들과 그들은 더불어 갈 수 없는
운명이라는 것을 너희들은 알아야 될
것이니라.
23 그 모두를 초월하여 이루어지는 것이
너희들이 말하는 오늘의 깨달음이요,
나의 참진리의 역사하는 것이니, 그들
은 그를 알 수 없으며 들여다볼 수 없
는 것이니라.
24 인간 세상의 지도자들이 그와 같은 인
간 세상의 학식이요, 인간 세상의 가
지고 있는 지혜요, 그 모두를 가지고
가르치고 연구하며, 나의 세상이요,
차원 높은 세상을 보지 못하기 때문에,
25 오늘의 한계를 초월하지 못하며 벗어
나지 못하며, 초등학문에서 저희들이
그 자리를 맴돌고 있는 그와 같은 형
국이라 함을 알겠느냐?
26 인간의 생각과 한계를 초월하지 아니
하고는 너희들이 나 여호와와 대화할
수 없으며 너희들이 역사할 수 없으
며, 나와 교통할 수 없는 그와 같은 운
명임을 알아야 될 것이니라.
27 더욱이 지금 나를 향하여 높이 와 있
는 나의 아들을 따르는 제자, 너희들
또한 인간 생각을 가지고 있는 그 백
성들과 대화할 수 없으며 너희들이 같
이할 수 없으니,
28 너희들이 어떠한 것을 던져 준다 해도
받아들이지 못하며 이해하지 못하는
것이 그들이니라.
29 눈에 보이고 손에 잡히는 것을 갖는
것이 이익이요, 제가 남에게 손해 보
지 않는다는 그 한계를 벗어나지 못하
는 자에게,
30 네가 그를 갖지 않고 제 앞에 쌓아 놓
지 않는 것이 더 큰 것을 얻는 것이요,
은혜를 받는 것이요, 그것이 인간의
도리라 말해도, 그들은 절대 그를 따
르지 아니하고 이해하지 아니함이니
라.
31 추우면 그저 아무것이나 남의 것이든
무엇이든 덮어쓰며 제 몸을 덮고 보호
하는 것이 사는 길이요, 얼어 죽지 않
는다는 것, 그것밖에 모름이니,
32 너희들이 그와 같은 것을 남에게 입혀
주고 제가 추위를 견디고 이겼을 때,
하늘의 뜻이요, 나의 은혜 속에서 추
움을 모르며 너희들이 거듭날 수 있는
역사가 있다 해도,
33 그들은 절대 그를 들으려 하지 아니하
며 믿으려 하지 아니하며 듣지를 못하
는 것이니,
34 바로 그것이 그와 같이 인간의 상식으
로써 계산하고 벗어나지 못하는 백성
들과 너희들의 차이라는 걸 알라.
35 이것이 너희들이 오늘의 이루어질 수
없는 운명이요, 같이 갈 수 없는 운명
이라는 것을 알라.
36 그리하여 인간 세상에서 그러한 사람
들과 너희들이 더불어 가고자 한다면
혼란을 빚게 되며, 너희들이 착오를
일으키게 되며, 너희들 자신도 무너지

는 그와 같은 문제들이 생기는 것이요,
37 오로지 그 인간 생각으로써 벗어나지
못하는 자와 너희들이 시시비비를 한
다면 문제만 발단되는 것이며,
38 그 문제로 하여금 너희들은 인간의 풀
수 없는 고리를 만들게 되며, 서서히
돌아올 수 없는 그와 같은 길을 가,
39 알지 못하는 남보다도 더 무서우리
만큼 돌아서고 변하는 것이 너희들의
관계 형성이라는 것을 너희들은 알고
명심하라.
40 그러니 인간의 상식이요, 인간의 지혜
에서 모두를 판단하는 자와 시시비비
하지 말며 그들과 경쟁하지 말라.
41 다만, 너희들이 일순간에 그들을 다
무너트릴 수 있으며 다스릴 수 있는
것을 그들은 알지 못하며,
42 그 위대한 나 여호와의 진리요, 참뜻
이요, 하늘의 그 위대한 역사함을 그
들은 생각할 수 없으며 알지 못하기
때문이니, 그리 어리석고 불쌍한 백성
들임이니라.
43 그들 앞에 너희들이 무엇을 심어 주려
하지 말라, 그리고 그들과는 시시비비
하지 말라.
44 다만, 기회가 되어서 저희들이 깨우칠
수 있도록, 그들이 문을 열 수 있도록,
너희들이 조용히 나의 법전을 전해 주
며 그들을 기다리는 그와 같은 방법으
로써 가는 길이 바른길이라는 것을 알
라.

9,619 번째 하나님 말씀

2004년 2월 17일 07시 27분

1 사랑하는 나의 아들아!
2 "네, 아버님! 말씀하옵소서."
3 예수를 통하여, 너희가 나의 참진리대
로 역사한다면, 누군가 나의 명에 의
해 다시 보내지는 그와 같은 일은 없
을 것이라 그리 전하였느니라.
4 그러니 너희들이 나의 참진리요, 내
뜻에 따라 그 어렵고 힘든 고통의 길
을 가지 아니하며, 너희들이 인간의
기본자세요, 나의 사랑을 실천하는 그
모두를 행하지 못하며, 너희들이 무너
지고 쓰러질 때, 그리고 인내하지 못
할 때,
5 나는 너희들을 안내할 자요, 너희들을
이끌어 갈 수 있는 참진리의 역사를
실행하는 나의 아들이 올 것이라는 것
을 너희들에게 이미 명하여 그 뜻을
전했음이니라.
6 그러니 내가 성서에 기록하여 그 전한
뜻을 너희들은 어찌 생각하는가?
7 너희들이 바로 가지 못하고 고통의 길
을 역사하지 못하며 바른 지도자가 세
상에 없을 때,
8 나는 반드시 나의 아들을 통하여 이
세상을 통제할 것이며, 다른 명을 가
지고 세상에 내려오는 나의 아들이 있
을 것이라는 그와 같은 성서에 기록함
이 있음을 알라.
9 너희들은 그것을 가지고 무어라 말하
느냐?
10 그 뜻을 가지고 예수가 재림할 것이며
예수가 다시 세상에 올 것이라 하여

너희들이 지금까지 몇천 년 동안 그리
가르치고 전하고 있는 것이 너희들의
오늘의 신앙이니라.
11 이는 나로부터 성령이 임하여 나의 뜻
을 역사하는 다음의 나의 아들이 온다
는 그 의미라는 것을 너희들은 알아
야 될 것이니라.
12 너희들이 고통스러운 참진리의 길이
요, 어렵고 힘든 그 길을 인내하며 그
길을 가기 위해 노력하지 아니하며
무너지고 쓰러질 때, 나는 나의 아들
을 세상에 보냄이니,
13 그것이 바로 나의 아들 예수가 세상에
내려간 뜻이라 너희들은 그리 가르치
며,
14 오로지 나의 아들은 예수만이 존재하
며, 예수만이 나의 아들이라 너희들이
그리 생각하며,
15 그 누구도 대신할 수 없다는 그와 같
은 너희들의 생각으로 오늘에 굳어져
있는 것이 너희들의 머리이니,
16 그 생각을 돌리지 못하며 바라보지 못
하는 것이 너희들이니라.
17 그러나 나의 아들 예수의 재림이 있는
것이 아니요, 내가 나의 아들로 하여
금 새로운 뜻이요, 새 역사를 가지고
너희들에게 내려보낸다는 것을 너희
들은 알아야 될 것이며, 그 뜻이 있음
을 알아야 될 것이니라.
18 나로부터 성령이 임하여 나의 뜻을 역
사하는 나의 아들이 너희들에게 내려
온다는 것, 그리고 너희들에게 내려가
그 역사를 이룬다는 것, 예수를 통하
여 이루고자 했던 그 역사를 그대로
이루며 내 뜻을 이룬다는 것을 너희들
은 알아야 될 것이니라.
19 그러니 지금 나의 뜻을 나의 뜻대로
지도하고 가르치는 백성이 없는 이와
같이 험악한 세상이요,
20 돌이킬 수 없으며, 내 뜻은 어디로 갔
는지 찾아볼 수 없으며, 인간의 교리
로써 너희들이 모두를 역사하는 이와
같이 험악한 세상으로 타락되었음이
니,
21 이는 너희들이 바로 가지 못하며, 바
로 가르친 지도자가 없으며, 바로 배
운 백성이 없기에,
22 내가 나의 아들을 보내어 나의 새로운
성경을 내려보냄을 너희들은 알아야
될 것이니라.
23 오늘에 나의 160권의 법전이 세상에
내려가며, 나의 아들이 세상에 와 나
로부터 명을 받아 만백성을 인도하는
지도자로서 세상에 내려왔다 함은,
24 그 모두가 다 성서에 예언되어 있는
것이며 준비되어 있는 길임을 너희들
은 알아야 될 것이니라.
25 지금 내가 나의 새로운 성경에 기록하
여 전함이니, 이게 마지막 길이요, 너
희들이 이를 선택하지 않으면 정녕 구
원을 받을 수 없다 하였음이니,
26 이 또한 예언된 것이라는 것을 수천
년 후의 너희 백성들은 알 것이니라.
27 그러니 내가 오늘의 너희들에게 약속
하기를, 두 번 다시 새로운 성경이요,
새로운 나의 뜻이 내려감이 없이 이것
으로써 모두를 끝낸다는 것, 이것이
다 예언되어 기록되어 있으니,
28 몇천 년 후에 너희들이 이를 보지 아
니하면 절대 구원을 받지 못하는 그와

같은 백성들의 형국이 이루어지는 것
처럼,
29 나 여호와는 모두를 예언했으며 너희
들에게 사전에 알려 주었으며 사전에
깨우쳐 주어,
30 너희들이 따르고 역사하지 않을 때,
내가 그에 대한 대가를, 너희들의 그
죄를 묻는다는 것을 절대 잊지 말라.
31 그러니 성서에도 반드시 내가 나의 아
들로서 너희들의 그 모두를 인도할 자
가 올 것이라,
32 너희들이 잘못 갔을 때 바로 서지 못
했을 때, 고통과 시련의 그 좁은 길로
역사하여 나에게 오지 못할 때, 불쌍
한 너희들을 구원하러 내려보낸다 했
으니,
33 이는 나의 성령이요, 나의 뜻을 가지
고 내려가는 나의 아들이 준비된 자
요, 예견된 자요, 예언된 자라는 것을
너희들은 알아야 될 것이니 그리 알라.
34 그것이 시행되고 지금 지켜 가고 있음
이니라.

9,620 번째 하나님 말씀

2004년 2월 17일 07시 30분

1 사랑하는 나의 아들아!
2 "네, 아버님! 말씀하옵소서."
3 지금 너를 따르는 그 제자들의 마음은
나 여호와의 뜻이 무엇이며, 저희들이
어찌 가며 어찌 행하는 것이 나를 볼
수 있으며 하늘에 오를 수 있는 것인
지를 이제는 아느니라.
4 생각으로써 알 수 있으며 저희들의
지혜로써 그 깨달음이 있으며, 내가
내리는 나의 강론을 들은 그 백성들이
어찌 가야 할 것인가를 이미 가지를
가지고 있음이니라.
5 그러니 그 가지대로 저희들이 행하도
록 하면 된다 그리 전하라.
6 수천수만 가지의 그 가지들을 너희들
이 다 어찌 다스리며 어찌 정복해야
하는지를 알고 있음이니,
7 이제 너희들은 자르고 다스리고 접목
할 것, 그리고 버릴 것, 이와 같은 것
을 너희들이 행하고 행동으로 옮기는
길만 남았다 그리 전하라.
8 너희들이 깨닫고 있는 상식이요, 너희
들이 지키고자 하는 것이요, 너희들이
어찌 가야 되는지를 알고 있으니,
9 한 나무에 수많은 가지가 있으니, 농
장 주인이 곁가지를 자르고 또 열매
를 맺을 가지를 관리할 수 있는 그와
같은 자격이 있고 실력이 있듯이,
10 그보다도 너희들은 천배 만배 정확하
게 지금의 너희들이 버릴 것, 안 버릴
것을 알고 있음이니라.
11 너희들이 살아가면서 수천수만 가지
의 그 가지가 너희들 앞에 있음이니,
그 가지를 버릴 것, 너희들이 취할 것,
그를 알고 있으니,
12 이제 자를 것 잘라 내며 보호할 것 보
호하는 그와 같은 너희들의 행동이요,
삶이 남아 있음을 알라 그리 전하라.
13 너희들이 그 과수의 주인이 봄에 그
모두를 잘라주고 너희들이 보호할 자
보호하도록 하여 그 열매를 거두듯이,
14 너희들이 지금 이제는 가위를 들고 있
으며, 그 모두를 자를 것도 준비가 되
어 있으며,

15 이제 봄의 시대가 왔음이니 너희들은
이제 자르고 가면 된다는 것을 잊지
말라
16 너희들이 알고 있는 그 상식이요, 거
기서 너희들이 그대로 행하는 것, 그
게 하늘에 오르는 길이요, 결실을 맺
을 수 있는 그와 같은 역사의 길에 너
희들이 와 있다는 것을 내가 그들에게
전함이니, 그 말을 전해 주도록 그리
하라.
17 너희들의 오늘의 노고를 사랑하며 너
희들이 오늘의 그와 같은 농장의 주인
으로서, 버릴 가지와 버리지 아니할
가지를 구분할 수 있는 그와 같은 곳
에 왔음이니,
18 이제 너희들이 행하면 된다는 것을 그
리 전하라.
19 그 마음속에 느끼는 대로 행하는 것이
나의 뜻이니 그리 알라.

9,621 번째 하나님 말씀

2004년 2월 17일 07시 35분

1 사랑하는 나의 아들아!
2 "네, 아버님! 말씀하옵소서."
3 오늘의 모든 종교 집단의 백성이요,
구원을 받았다 말하는 그 신도들이 잘
못 가고 있는 것이 무엇인 줄 알겠느
냐?
4 또한 너희들이 나의 뜻에 따라 높이
오고 있음이니, 너희들이 그들과 차별
화됨이 무엇인 줄 알겠느냐?
5 모든 믿음의 길을 가는 백성들은 그
리 말하느니라.
6 세상에 존재하는 것은 나 여호와의 뜻
에 의한 것이며 사랑으로써 모두를 역
사한다 그리 말하느니라.
7 그러나 그들은 그와 같은 것을 행동으
로 옮기지 아니하며, 말로써는 그리하
나 행함이 없음이니라.
8 그러나 나의 아들을 따르는 제자 너희
들은 말로써 하기 전에 너희들이 먼저
행하며 행동으로써 옮기는 것이니,
9 이것이 바로 너희들이 하늘과 땅의 차
이임을 알아야 될 것이니라.
10 수천 년 동안 저희들이 구원을 받았으
며 나의 은혜로써 축복을 받았으며 하
늘에 오르는 길이라 하는 그 백성들은
바로 무엇이더냐?
11 말로써 저희들이 모두를 다 하느니라.
12 그러나 저희들이 내 뜻을 따르지 아니
하며 내 뜻을 거역하는 것이 무엇인
줄 알겠느냐?
13 행동으로 옮기며 행동으로 살아가면
그들은 손해를 보는 것이며 잃는 것
이 있으며, 얻는 것이 없다는 그와 같
은 생각을 저희들이 하고 있음이니라.
14 그러니 그들은 말은 하지 아니하고 저
희들이 그대로 살아가나,
15 나 여호와의 뜻대로 하는 것은 세상에
손해 보는 것이요, 나 여호와의 뜻대
로 따르는 것은 저는 망하는 것이요,
패자가 되는 것이며,
16 저는 한 벌의 옷도 걸칠 수 없는 그와
같은 사람이 된다는 그와 같은 생각을
가지고 있는 자들이기 때문이니라.
17 그러니 그들은 내 뜻대로 살며 나를
사랑하며 나 여호와의 뜻에 따라 저희
들이 하늘에 오르는 길이라 그리 달려
오고 말은 그리하나,

18 저희들이 행동을 하지 않는 것은 하나님이요, 창조주의 말씀대로 따라가고 그대로 행하다가는 기둥뿌리가 빠지며 남는 것이 하나도 없으니,

19 그건 무조건 손해 보는 길이라 하여 그들이 행동으로써는 절대로 옮기지 않는 그와 같은 사악한 자들이니라.

20 그러니 거기에 얻어지는 것이 무엇이 있으며 이루어지는 것이 무엇이 있느냐?

21 그러나 지금 나의 아들을 따르는 너희들은 그를 생각하지 아니하며, 베풀 수 있으며 나눠 줄 수 있는 것은 행동으로 해야 된다 하여 너희들이 그를 줌이니,

22 너희들 마음속에는 나 여호와의 뜻대로 살면 손해 보는 것이 있으며 망하는 것이며 패가망신한다는 이와 같은 생각을 너희들은 머릿속에서 지워 가고 있으며, 지워져 가고 있으며, 또 지워진 자들이니라.

23 이러니 이것이 얼마나 무서운 차이요, 이치인 줄 알겠느냐?

24 사랑하는 나의 아들을 따르는 제자 너희들은 깨닫고 알아야 될 것이니라.

25 모든 종교 집단이요, 믿음의 길을 가는 자들이 저희들이 '사랑, 사랑' 하며 나 여호와의 뜻을 전한다면서, 그들의 말을 행동으로 옮기지 아니하며 말로써만 풍성한 잔치를 하는 자들이 무엇이더냐?

26 '모든 백성은 들으라, 하나님의 말씀이요, 하나님의 뜻대로 살아가는 것은 패가망신이요, 망하여 길거리에 나앉아 거지가 됨이니, 절대 그리 따르지 말라.' 하는 것이 행동으로 하지 아니하고 말로써만 가르치는 자들이니,

27 이를 보는 나 여호와의 마음이 어떠하겠는가?

28 그리 부르짖다 그들이 지옥으로 가는 그 속의 사악한 마음을 너희들은 알아야 될 것이니라.

29 그러나 너희들은 던져 줄 때 던져 주며, 줄 때 주며 양보할 때 양보하니, 행동을 함이니라.

30 물론 그러면서 너희들은 이것이 하나님의 뜻대로 살아가는 기쁨이요, 이게 하나님이 역사하는 길이요, 이리 가지 아니하면 아니 되는 것이요, 이것이 기쁨이라 생각하는 자들이요,

31 너희가 하나님의 뜻대로 살아가니, 너희가 앉은 자리를 양보하면서 너희 다리가 아프며 피로한 것을 생각지 아니하며,

32 어려운 자에게 너희들이 밥 한 끼를 싸 주면서, 그것은 하나님의 뜻이기에 너희는 기쁨이요, 즐거움이라 함이니,

33 하나님 뜻대로 사는 자 영광이 있으며 축복이 있으며, 하나님으로부터 생명을 받아 나간 자이니 그 은혜를 갚을 길이 없음이니,

34 행동으로 살아가 그 보답을 하는 것이 축복이요, 영광이요, 기쁨이라 생각하는 것이 너희들이니,

35 이게 얼마나 무서운 거리가 벌어져 있는지 알겠느냐?

36 그러니 그것이 누가 진정한 나의 아들이요, 나의 백성이요, 내 뜻에 의해 살아가는 역사라 하느냐?

37 너희들이 어렵고 힘들고 고통스러운

길이라 하여도 너희들은 나를 믿고 감
이니라, 그리고 그것이 너희들은 손해
보는 길이라 생각하지 아니하느니라.
38 너희들이 나로부터 은혜를 받으며, 나
로부터 성령이요, 감화를 받은 자들이
기에, 그리고 나의 성령으로써 나의
강론을 듣고 깨달은 그 은혜에 보답하
는 길이라 하여 너희들이 행하는 자들
이니,
39 이제 사랑하는 나의 아들을 따르는 제
자 너희들은 여기서 너희들이 스스로
어떠한 길을 가고 있으며 어떠한 것이
나의 뜻인가를 알라.
40 그리고 말로써만 구원을 받았다 하며
말로써 모두를 하며 행동을 하지 않는
자들은 그리 부르짖는 자들이니라,
'절대 하나님의 뜻대로 살지 말라, 하
나님의 말씀대로 살지 말라, 그랬다가
는 쪽박 찬다, 거지가 된다, 얻어먹는
자가 된다, 남는 것이 하나도 없다, 패
가망신한다, 패자가 된다.' 그와 같이
부르짖는 그들이라면 과연 그들은 무
어라 말하겠느냐?
41 너희들을 사탄이요, 이단이라 그리 말
할 것이니, 어리석은 자가 그들이니라.

9,622 번째 하나님 말씀

2004년 2월 17일 07시 42분

1 사랑하는 나의 아들아!
2 "네, 아버님! 말씀하옵소서."
3 너희가 나의 계명이요, 법전대로 살지
못한다 그리 말하며, 그리고 인간이기
때문에 절대 그를 행하고 살 수 없다
는 말을 너희들은 그저 편안하게 함이
니라.
4 그러기에 너희들이 인간이 죄를 짓지
아니하고 살 수 없기에, 인간이 죄를
짓고 그 용서를 비는 것이 오늘의 너
희들이 그 손으로 지은 죄의 온상이
요, 교회요, 성당이요, 성막이요, 법당
이요, 모든 종교들이 가지고 있는 그
와 같은 너희들의 오늘의 생각이며,
그와 같은 믿음 속에 살아가느니라.
5 그러나 너희들은 그와 같은 생각을 바
꾸고 돌이키지 아니하면 아니 될 것이
니라.
6 너희들은 지금 자신을 가져야 될 것이
며, 너희들은 그와 같이 역사할 수 있
다는 마음을 가지고 살아가야 될 것이
니라.
7 너희들은 성서에 기록하여, '제자가
스승만 못하며, 종이 주인만 못하다.'
하는 그와 같은 뜻을 가르쳐 전함이니
라.
8 그러나 너희들은 그것을 알아야 될 것
이니라.
9 너희들이 제자가 스승을 넘지는 못해
도 스승의 수준에 오를 수 있도록 피
나는 노력을 하는 자가 되어야 될 것
이며,
10 종이 주인을 넘지 못할망정 주인의 수
준에까지, 그 뜻을 이해할 수 있는 데
까지 도달하는 데 최선의 노력을 다하
는 자가 되어야 한다는 것을 너희들은
잊어서는 아니 될 것이니라.
11 하늘에 오르는 길이요, 너희들이 제자
가 스승처럼, 종이 주인처럼 너희들이
높게 변하지 못한다 해도,
12 너희들이 그 수준을 볼 수 있으며 그

뜻에 따라갈 수 있는, 그 동등한 수준
까지 오를 수 있는 그 피나는 노력, 그
것을 너희들이 포기해서는 아니 되며,
13 거기서 미리 두려워 너희들이 출발이
요, 행동을 하지도 못하는 그와 같은
어리석은 삶을 살아서는 아니 될 것이
니라.
14 내가 너희들에게 명하고자 함이니라,
15 이제는 내가 나의 뜻이요, 나의 새로
운 성경을 세상에 내려보내며, 너희들
이 바른 삶을 살라 내가 너희들에게
그리 깨우침이니라.
16 2천 년 전에 세상에 와 나의 뜻을 전
했던 예수의 삶을 너희들이 능가하지
는 못한다 해도, 너희들이 그 수준의
한계에는 도달해야 하는 것이 너희들
의 운명이라는 것을 알아야 될 것이며,
17 그와 같은 자가 나의 천국의 문에 들
어설 수 있다는 것을 명심하고 또 명
심하도록 하라.
18 지금의 나의 아들을 따르는 제자들이
요, 나의 법전을 읽고 깨우친 만백성
너희들은 나의 아들을 뛰어넘을 수는
없다 해도,
19 너희들이 나의 아들이 지금 가고 있는
그 수준이요, 그 삶이요, 그 생각하는
것, 그가 변화되는 그 수준은 너희들
이 바짝 따라와, 똑같고 동등한 그와
같은 위치가 되지 아니하면,
20 나의 아들이 그 천국의 문에 들어설
때 너희들이 같이 들어설 수 없다는
것을 알라.
21 내가 나의 아들의 그 수준을 넘으라
함도 아니요, 예수의 삶의 수준을 넘
으라 함도 아니니라.
22 2천 년 전에 나의 아들 예수가 세상에
나가 그 삶을 보였음이니, 너희들이
그와 같은 삶을 살라 하는 것이며,
23 지금의 내가 나의 아들을 세상에 내려
보내 60평생 살았던 그 허물을 벗으
며 그가 바로 서고자 하는 그와 같은
삶이요, 그것을 너희들이 더 넘어서
더 너희들이 아름답게 변하라 하는 것
이 나의 욕심이 아님이니라.
24 그저 나의 아들의 수준을 넘지 못한다
해도, 나의 아들이 변하는 그 수준이
요, 나의 아들이 가는 길만큼만 너희
들이 따라오고 같이 간다면 하늘에 오
르는 길을 들어설 수 있다 함이니,
25 여기서 용기를 잃지 말며 좌절하지 말
며 포기하지 말라.
26 나의 새로 내리는 성경이요, 나의 십
계명이요, 이대로 살아갈 수 없다는
자, 너희들이 바로 나의 아들의 수준
에 오를 수 없다 말하는 것이며,
27 너희들이 그 수준까지 가려는 어떠한
노력도 하지 않고, 그리고 너희들이
고통이요, 힘든 길을 넘고 이기는 그
인내를 하지 아니하려는 나약한 자들
이요, 그와 같은 자들이라는 것을 잊
어서는 아니 될 것이니 그리 알라.
28 나 여호와는 나의 아들의 수준을 너희
들이 넘기를 바라는 것이 아니며, 다
만 그가 가는 만큼, 그가 변해지는 것
만큼, 그가 보이고 사는 만큼 너희들
이 그리 따라오는 자, 바로 구원을 받
을 수 있는 것이니, 너희들은 이를 명
심하고 또 명심하도록 그리하라.

9,623 번째 하나님 말씀

2004년 2월 17일 07시 48분

1 사랑하는 나의 아들아!
2 "네, 아버님! 말씀하옵소서."
3 앞으로 너의 제자들이요, 또 네가 받
는 핍박이요, 그 고통은 너희들이 인
내로써 견뎌야 되는 것이며, 너희들이
그 모두를 다 던져 지탱하고 가지 아
니하면 아니 됨을 알아야 될 것이니라.
4 너희들이 2천 년 전까지 그 백성들이
어떠했으며, 오늘의 가는 종교 집단이
요, 지도자들이 과연 어떠한 백성들의
삶이요, 그들의 믿음인가를 한번 돌이
켜 보도록 그리하라.
5 지금의 모든 종파요, 믿음의 길을 가
는 그 신도들, 그 지도자들이 나의 아
들 예수를 2천 년 전에 죽게 한 그 후
예들이 아니더냐?
6 그러니 그와 같은 것을 하며 그들이
한 짓이 바로 무엇이더냐?
7 참진리요, 나 여호와의 뜻을 전하는
것을 그들이 방해했으며, 그를 막은
자들이 아니더냐?
8 그러니 그 후예들이 지금까지 그와 같
은 생각이요, 그와 같은 것을 버리지
못하고 2천 년 동안 흘러온 자들이라
면 너희들은 알겠느냐?
9 그들의 조상이 2천 년 전에 여호와요,
나의 아들 예수가 세상에 내려가 나의
뜻을 직접 전하려 한 그를 처참히 죽
인 자들이니, 그 후손이 오늘의 이 세
상에 지금 존재함이니,
10 그들 또한 나의 참진리요, 나의 뜻이
세상에 내려가는 것을 막는 자들이요,
그가 이루지 못하도록 그리 모든 행위
를 다 동원하여 막는 자들이 지금 그
들의 후손이라는 것을 알아야 될 것이
니라.
11 그리하여 그들에게 너희들이 쓰러지
지 아니하며 그들을 다스리며 이길 수
있도록 하기 위하여, 내가 새로운 성
경이라 하여 나의 성령을 책으로 기록
하여 증거하여 그들 앞에 제시해 주고
전해 주는 것이니라.
12 그러나 그들은 지금도 2천 년 전에 나
의 아들을 이단이요, 사탄이요, 그리
고 사악한 자라 그리하여 그를 죽였듯
이, 그 후예 또한 지금도 나의 아들을
사탄이요, 이단이요, 마귀라 그리 모
함하며 폭행함이니,
13 그들이 악한 행위로써 너희들을 제지
하는 것은 2천 년 전보다도 더 사악한
방법으로 더 잔인한 방법으로써 모두
를 행하고 역사하는 자들이라는 것을
너희들은 알아야 될 것이니라.
14 그들의 조상이 그와 같은 사악한 피를
가지고 있는 자들이요, 그러니 그들이
그보다도 더 사악한 행위를 할 수 있
는 자들이라는 것,
15 그리하여 그들이 지금 나의 아들이 전
하는 이 나의 아름다운 성령이요, 너
희들이 구원의 길이요, 너희들이 하늘
에 오를 수 있는 길 모두를 내려보내
거늘,
16 그들은 그를 믿지 아니하며 그를 들으
려 하지 아니하며, 그를 저희들이 보
는 것을 뜨거운 물에서 손을 빼듯이,
그보다도 더 저희들이 그와 같이 움츠
리는 자세요, 그를 접하지 않으려 하

며 가까이하지 아니하려는 그와 같은 자들이니라.
17 그러니 그것은 당연한 것이며 당연히 그들은 그 길을 가고 있을 것이며,
18 그러니 너희들이 오늘의 핍박과 어떠한 고통이라도 견뎌서 이기지 못한다면, 결코 너희들은 그들을 다스릴 수 없는 것이니라.
19 오늘의 여기서 마지막 싸움이니라.
20 나 여호와가 이게 마지막 시대요, 나의 법전이요, 내 새로운 성경이, 나의 피조물 만백성이 불쌍하고 가련하여 내가 마지막으로 내리는, 마지막으로 주는 기회라 하였음이니,
21 또한 너희들이 이기고 지느냐, 그것이 마지막 싸움임을 알아야 될 것이니라.
22 나의 아들 예수는 중간 주자로서 역사한 것이요, 지금의 나의 아들이 마지막 주자로서 달림이니,
23 너희들이 여기서 승자요, 패자요, 그것은 결국 마지막 주자의 그 능력에 달렸으며 그가 어찌 질주하느냐에 달렸지 않느냐?
24 그러니 너희들이 마지막 싸움을 준비하는 자요, 마지막 싸움을 해야 되는 너희들이니,
25 마지막 최후의 전투에 임하는 병사들의 마음이 어떠해야 되겠느냐?
26 용기를 잃어서도 아니 되며 사기가 떨어져서도 아니 되며, 자신감을 가지고 너희들이 그 모두를 바쳐 던져야 됨이니라.
27 마지막 결전의 전쟁에서 너희들이 진다면, 너 자신이 위험하며, 네 사랑하는 처자들이요, 모두가 다 너희들이 굴복하면 노예가 되며 죽어 가는 처참한 형국이 될 것이니라.
28 그러니 바로 그와 같은 형국이요, 마지막 일전을 벌이는 것이 나의 백성이요, 지금 나의 아들을 따르는 제자들이요, 선택된 너희들이니,
29 그리하여 너희들이 마지막 이 결전에서 지고 무너진다면 영원히 이 세상은 악의 씨로서 존재할 것이며, 나는 재앙으로써 모두를 다스리는 그와 같은 형국이 된다는 것을 너희들은 잊지 말라.

9,624 번째 하나님 말씀

2004년 2월 17일 07시 56분

1 사랑하는 나의 아들아!
2 "네, 아버님! 말씀하옵소서."
3 너희는 두려워하지 말라.
4 너희들이 이 세상에 살아가며 진실을 감추려 한다고 해서 그 진실이 감추어지며 덮어질 것이라 그리 생각하느냐?
5 너희들이 비밀을 지키자고 약속하여 비밀을 지킨다 하여 과연 그 비밀이 영원히 지켜진다 생각하느냐?
6 아무리 너희들이 진실을 감추려 해도 그를 감출 수 없으며, 비밀을 지킨다 해도 그 비밀 또한 지켜지지 아니하는 것이 인간 세상에 살아가는 너희들의 삶이 아니더냐?
7 비밀을 지키라 말할수록 그것은 빨리 퍼짐이니라.
8 그러니 너희들이 아무리 감추려 해도 진실은 이 세상에 전해지게 되어 있으며,

9 그러니 나의 성령이요, 나의 뜻이요, 나의 법전이 사탄의 것이요, 사악한 것이요, 마귀의 것이라 너희들이 아무리 그리 말한다 해도,

10 나의 법전은 새로운 성경이요, 나 여호와의 뜻이요, 너희들의 심판의 기준이요, 근본이 된다는 것을 너희들은 깨닫고 알게 되어 있음을 알아야 될 것이니라.

11 아무리 물리적인 힘으로써 너희들이 어떠한 형태로써 그를 다스리고 간다 해도, 결코 이는 너희들이 막을 수 없으며 감출 수 없는 운명이라는 것을 알라.

12 그리하여 너희들이 승자가 된다 하였으며, 모두는 나의 법전이 세상을 덮는다 하였음을 알라.

13 너희들이 어두운 곳에서 말한다 해서, 너희들이 귀에 대고 속삭인다 해서 그것이 감추어지며, 듣지 아니하며, 그 비밀이 지속될 것이라 그리 생각하지 말라.

14 나 여호와가 듣고 있으며 내가 보고 있으니, 너희가 그 두려움을 안다면 너희들이 비밀을 감추려 하지 아니할 것이며, 너희들이 곧 나의 진실을 감추려 하는 그와 같은 짓을 할 수 없음을 알라.

15 하늘에 오르는 길을 인도하는 길이요, 나의 뜻에 의하여 역사한다는 모든 백성들이 나의 참진리요, 나 여호와의 뜻을 감추고 짓밟아 찢어 버리고 태운다 하여 그것이 세상에 뿌리를 내리지 못한다는 어리석은 생각을 하지 말라.

16 어두운 곳, 너희들이 귓속말로 하는 것, 그 누가 듣지 못한다 해도 나 여호와가 듣고 있으며 천사들이 듣고 있다는 것을 너희들은 어찌 모른단 말이더냐?

17 아무리 너희들이 그리해도 아니 됨이니라.

18 오늘의 모든 종교 집단이요, 믿음의 길을 가는 그 백성들, 지도자들 저희들이 잘못 가고 있으며 잘못 가르치고 있는 것을 다 알면서도,

19 그를 바로잡을 길이 없으며, 바로잡는 것이 무엇이며 바로 역사하는 것이 무엇인지를 모르기에 저희들이 그냥 흘러가는 대로 가는 자들이 아니더냐?

20 흘러가는 대로 흘러가는 것이 목적지가 어디 있으며, 제가 그 배에 타고 있는 사람들을 어찌 구원하고 구제할 수 있단 말이더냐?

21 그를 이끄는 자가 당당한 모습으로써 길을 알며, 그 기계가 살아서 움직여야 되는 것이지,

22 그 기계가 그저 고장 나 표류하는 그와 같은 형국이요, 또 그 안내하는 자도 없으며, 안내하는 자가 방향을 모르고 간다면 결국 어떠한 것이 되겠느냐?

23 그 난파선의 결과가 무엇인지를 너희들이 알 것이니라.

24 오늘의 모든 종교 집단이요, 지도자들이 그리 가고 있으며 그리 행하고 있음이니,

25 지금 고장 난 배요, 난파선이요, 곧 부닻쳐 산산이 부서질 그 배를 타고, 그것이 저희들이 목적지에 갈 수 있으며, 가서 좋은 사람을 만나며 행복한

삶을 살 수 있으며, 창조주 나 여호와
와 살 수 있다 하여 저희들이 울고불
고하고 있는 것이니,
26 그들이 얼마나 어리석고 가련한 백성
인 줄 알겠느냐?
27 그와 같이 오늘의 가고 있는 자들이
그들이니라.
28 그리하여 저희들이 귀속말로 하는 것,
어두운 곳에서 말하는 것, 그리고 진
실을 진실이 아니라 감추려 하는 것,
그리고 나 여호와의 뜻이 아니라 말할
수 있다는 것, 그를 속이고 갈 수 있으
며 덮을 수 있다고 생각하는 그들이
사악한 자들이니, 얼마나 어리석은 자
들이더냐?
29 나 여호와가 듣고 보고 있음을 그들이
모르는 자들이니라.
30 그러니 너희들이 감추려 하는 것, 감
출 수 있다 생각하는 것이 어리석은
생각이니,
31 나 여호와가 보고 있음을 너희들은 알
아야 될 것이니라.
32 너희들이 아무리 나의 참진리를 털어
버리며 세상에 존재하지 못하며 전하
지 못하게 한다 하여도, 너희들이 이
리 전해지지 아니하고 역사하지 못한
다 생각하지 말라.
33 어리석은 백성들아! 너희들 자신이
오늘의 너희들의 그 목적지를 모르며,
항해할 수 있는 기능이 모두가 마비되
어 표류하는 난파선의 그 처참한 꼴을
보게 될 날이 머지않았거늘,
34 이를 보는 나 여호와가 너희들에게 이
를 바로 가라 하여 내가 안내하는 것
을 내려보내며, 내가 그를 고칠 자를
내려보내며, 그 목적지를 갈 수 있는
그와 같은 자를 내려보내도,
35 너희들이 내가 내리는 자는 절대 그
난파선을 고칠 수 없으며, 항해할 수
없고, 그와 같은 목적지까지 안내할
수 있는 사람이 아니라 하여,
36 너희들이 지금 울고불고하며 그를 바
다에 집어던지며, 그가 배에 오지도
못하게 하며 배에 서지도 못하게 하는
사악하고 어리석은 행위를 하고 있는
것이 오늘의 모든 종교 집단이요, 지
도자요, 구원을 받았다며 광분하는 그
백성이라는 것을 잊지 말라.

9,625 번째 하나님 말씀

2004년 2월 17일 11시 57분

1 사랑하는 나의 아들아!
2 "네, 아버님! 말씀하옵소서."
3 수천 년 동안 그 믿음의 길을 왔다는
백성들, 그리고 나 여호와의 뜻에 의
해 살며 나 여호와의 뜻에 의해 역사
했으며 다른 신을 섬기지 아니하며 우
상을 섬기지 아니하고 살아왔다는 그
백성들,
4 과연 그들이 나를 얼마나 생각하며 나
를 얼마나 존경하며 저희들이 내 뜻에
의해 살아가는 것인가, 그들에게 물어
보라.
5 너희들은 인간 세상에 살아가면서도
서로 좋아하고 사랑하고 아끼는 연인
이요, 그 남녀가 만나서 서로 사랑을
주고받을 때,
6 과연 그 만남은 무엇이더냐, 또한 서
로 소중히 사랑하는 것은 무엇이더냐?

7 그것은 서로 그 사람의 마음을 알며,
그가 원하는 것을 알며, 그가 요구하
는 것을, 그가 이루고자 하는 것을 서
로 알게 되어 있는 것이니라.
8 진심으로 사랑하며 진심으로 마음을
열었을 때, 너희들은 남남이라 해도
그 사람의 모두를 다 알 수 있으며 그
를 들여다볼 수 있는 것이 서로 인간
관계의 사랑이 아니더냐?
9 정녕 진심으로 사랑하지 않는 자는 그
상대방이 무엇을 원하는 것인지 그
마음을 알 수 없는 것이 인간관계의
만남이 아니더냐?
10 그러니 서로 만나면서 진실된 만남이
아니면 서로 알 수 없는 것이니라.
11 그러니 너희들이 나의 뜻에 따라 모두
를 살아가며 나를 경배하며 나를 사랑
한다는 종교 지도자요, 집단이요, 그
리고 구원을 받았다 하는 백성 너희들
이, 과연 나 여호와의 뜻이 무엇인지,
내가 역사하는 것을 얼마나 알고 있는
가?
12 지금 나의 아들을 따르는 그 제자들이
요, 그들만큼이라도 너희들이 알고 있
다 말하는가?
13 그러니 너희들이 그를 모른다면 나를
사랑하는 자들이 아니라 하는 뜻임을
알아야 될 것이니라.
14 너희들이 목숨을 바쳐 마음을 다하여
너희들이 나를 사랑하고 나를 경배하
는 그와 같은 믿음으로 간다면,
15 너희들은 나를 알 수 있으며, 내가 원
하는 것을 알 수 있으며, 내가 이루고
자 하는 것이 무엇인가를 알 수 있을
것이니라.
16 그러니 지금 나의 아들을 통하여 내리
는 나의 법전을 읽고 깨우쳐 가는 그
백성들, 그것이 나 여호와의 뜻이요,
하늘의 뜻이거늘,
17 너희들이 거기에 얼마만큼 알고 있으
며, 너희들이 얼마나 깨달음의 길을
가고 있는가?
18 그들만큼 그것을 너희들이 모른다면
너희들은 바로 무엇인 줄 알겠느냐?
19 너희들이 나를 진정으로 사랑하는 자
가 아니요, 나를 진정으로 존경하는
자가 아니요, 경배하는 자들이 아니라
는 것을 알아야 될 것이니라.
20 지금 내가 나의 아들을 통하여 내리는
것처럼 너희들이 그와 같은 성령이요,
메시지를 받지 못한다면,
21 너희들은 곧 나를 사랑하지 아니하는
백성이라는 것을 알아야 될 것이니라.
22 말로써 너희들이 사랑하고 말로써 나
를 경배한다 하나, 나는 나를 사랑하
는 나의 백성들을 통해 나의 메시지를
내리며, 직접 나의 뜻을 전하여 기록
하여 그 모두를 역사하도록 하는 것이
나 여호와의 뜻이니라.
23 나는 사전에 예고하지 아니하는 것이
없으며, 사전에 너희들에게 알려 주는
것 없이 행함이 없듯이,
24 모두가 알려 주고 행하는 것처럼 나는
나의 메시지요, 나의 뜻을 전해서 그
모두를 역사하는 것이니,
25 너희들이 지금 나를 얼마나 사랑하고
나를 경배하는가 그 기준을 너희들이
알려면,
26 나의 아들을 따르는 그 제자들이요,
그들이 2년 이상 여기 와서 나의 강론

을 듣고 공부한 자에게, 20년, 30년을
공부한 자 너희들이 와서 그들에게 한
번 물어보라.
27 그리고 그들이 알고 있는 상식이요,
그들이 가고 있는 그 믿음이 무엇인
가, 거기에 너희들이 따라오지 못하며
거기에 너희들이 앞에 가지 못하며 그
말의 뜻을 알아듣지 못한다면,
28 그것은 너희들이 나를 사랑하는 자가
아니요, 정녕 내 뜻을 하나도 모르는
어리석고 불쌍한 백성이기에, 너희들
이 나와 관계없는 백성이라는 것을 알
라.
29 이제 너희들이 나의 법전을 읽고 깨우
치는 순간에 너희들이 나의 법전을 얼
마만큼 행하며 살아왔는가, 그리고 너
희가 얼마나 행하고 있는가, 그것으로
써 너희들이 나를 사랑하고 나를 경배
하는 마음을 알 수 있는 그 잣대임이
니 그리 알라 전하도록 하라, 사랑하
는 나의 아들아!

9,626 번째 하나님 말씀

2004년 2월 17일 12시 00분

1 사랑하는 나의 아들아!
2 "네, 아버님! 말씀하옵소서."
3 오늘의 모든 종교 집단이요, 그들이
변할 수가 없으며, 나의 법전을 접하
고도 그들이 이 길을 따라오지 못하는
것이 무엇인 줄 알겠느냐?
4 저희들이 인간 세상의 그 지혜에 제
자신의 가지고 있는 그 모든 것이 저
희들만큼 아는 자가 없으며 저만큼 현
명한 자가 없다는 그와 같은 저희들이
오만과 자만 속에서 자기 자신의 안목
으로써 모두를 판단하고 평가하기 때
문임을 너희들은 알아야 될 것이니라.
5 그러니 그들이 참진리의 길을 보지 못
하며 그를 알지 못하고 있는 자들이니
라.
6 정녕 저희들은 구원을 받은 자요, 구
원을 받는 길을 가고 있다 그리 믿고
있기 때문에,
7 그들이 어떠한 것도 받아들이지 못하
며, 어떠한 것도 저희들 것으로써 받
아들여 거듭나는 그와 같은 기회를 얻
지 못하는 것임을 알아야 될 것이니라.
8 오늘의 모든 종교 집단 저희들이 지금
거둬들이면서 또한 저희들이 나의 백
성으로부터 갈취하면서도 그 종교 집
단이요, 지도자들이 하는 말이 무엇인
줄 알겠느냐?
9 저희들은 그저 희생하는 자요, 그저
봉사와 희생으로써 모두를 역사하는
종교 집단이요, 지도자라 그리 말하느
니라.
10 너희들이 가난한 자, 없는 자에게서
거둬들이며 제가 쌓아 놓으면서도, 제
가 나 여호와의 뜻이요, 하늘의 뜻을
전하는 자이기에 저희는 이 세상에
봉사하는 자요, 희생하는 자라는 그
착각 속에서 그를 저버리지 못하고 벗
어나지 못하고 있음이니,
11 봉사한다고 생각하며 희생당하고 있
다 생각하는 그 종교 집단의 지도자
들이기에,
12 그들이 변화의 길을 갈 수 없으며 변
화의 역사를 이루지 못하는 것이 오늘
의 현실임을 너희들은 알아야 될 것이

니라.
13 지금의 모든 종교 집단이요, 그 선생
밑에서 배우고 있는 그 백성들, 저희
가 가는 길이 참진리라 생각하며 그것
은 오로지 구원의 길이요, 그것 외에
는 아무것도 구원이 아니라 그리 생각
하기 때문이니,
14 결국 그들은 구원이라는 것을 위해 살
아가는 백성임을 너희들은 알아야 될
것이니라.
15 그리하여 그들은 절대 목숨을 바치면
바쳤지, 저희들이 거기서 나오지 못하
며 변하지 못하는 것이니라.
16 그중에는 저희들이 죽음을 택한다 해
도 저희들이 새로운 길이요, 새로운
변화의 역사의 길에 절대 가지 아니하
려는 그와 같이 굳어진 자들이 오늘의
믿음이요, 신앙생활을 하는 백성들이
니,
17 그들을 너희들이 바로잡고 깨우치는
길이 얼마나 어렵고 힘든 길인가를 스
스로 너희들이 알아야 될 것이니 그리
알라.
18 그리 알았다면 너희들이 마음의 준비
를 다시 하도록 그리하라.

9,627 번째 하나님 말씀

2004년 2월 17일 12시 05분

1 사랑하는 나의 아들아!
2 "네, 아버님! 말씀하옵소서."
3 내가 너를 통하여 160권의 법전을 세
상에 내려보내는 것이 무엇이라 말하
였느냐?
4 "네, 아버님!
5 더 이상 가서는 구원할 수 없으며, 아
버님께서 세상에 내보낸 인간의 그 아
름다운 씨앗마저 다 뽑아 버리니, 그
불꽃이 꺼지는 그와 같은 형국이라 그
리하였사옵니다.
6 그리하여 바로잡지 아니하면, 이 법전
이 내려가지 아니하면 아니 된다 하신
말씀을 저는 그리 알고 있사옵나이
다."
7 사랑하는 나의 아들아, 지금의 종교
집단과 지도자들이 정녕 잘못 가는 그
것이 그 한계가 넘었음을 너는 알아야
될 것이니라.
8 지금 나의 백성들의 인성 교육이 다
무너졌으며, 인간미를 찾아볼 수 없는
지금의 이 험악한 시대를 만든 것이
무엇인 줄 알겠느냐?
9 종교 지도자요, 그들이 수천 년 동안
오는 속에서 그 교육이 잘못되었으며
잘못 가르쳤음을 너희들은 알아야 될
것이니라.
10 수천 년 동안 지금 잘못 가르친 종교
지도자들의 그 교육의 문제점이 이제
너희들이 시작하는 단계라는 것을 알
아야 될 것이니라.
11 모든 믿음의 길을 가는 백성들이 말하
기를 마지막 시대요, 사탄의 시대요,
도둑이 들끓는 시대라 그리 말하며,
12 이방인이든 또한 나의 아들을 따르는
백성 너희들이든, 세상에 윗사람이 아
랫사람을 다스릴 수 없는 이와 같은
험악한 세상이요,
13 너희들이 부모를 저버리며 부모가 자
식을 버리는 이와 같은 세상이 되었음
이니, 이것이 너희들의 말세요, 종말

이 아님을 알라.
14 종교 집단이요, 지도자들이 2천 년 동
안 가르치고 이끌어 온 그 잘못된 것
이 무너지고 부서지기 시작하였으며,
내가 내려 준 그 인간 본연의 자세를
찾을 수 없도록 저희들이 만들었음이
니,
15 오늘의 험악한 세상이 바로 시작임을
너희들은 알아야 될 것이니라.
16 오늘이 마지막 시대요, 도둑이 들끓는
종말의 시대라 말하는 오늘이 바로 2
천 년 동안 너희들이 나의 피조물 만
백성을 잘못 가르쳤으며 종교 지도자
들이 교육을 잘못한 그 문제점이 지금
시작됨이니,
17 2천 년 동안 쌓이고 쌓인 것이 앞으로
터지기 시작한다면 너희들은 감히 감
내할 수 없는 그와 같은 무서운 형국
이 벌어짐이니라.
18 지금의 너희들이 2천 년 동안 잘못 가
르친 종교 지도자의 그 문제 때문에
오늘의 시작의 단계에서 너희들이 세
상에 인간을 두려워하며 사람을 무서
워하며 믿을 자 없으며 다 도둑이 들
끓는 세상이라 그리 말하며,
19 부모가 자식을 버리며, 자식이 부모를
버리는 이와 같은 험악한 세상이요,
20 너희들이 재물이요, 금화를 위해 사람
의 생명을 담보로 팔고 사는 그와 같
은 험악한 세상,
21 이것이 2천 년 동안 너희들이 잘못 가
르친 그 교육의 문제점이요, 그 대가
가 시작이라는 것을 알라.
22 지금의 너희가 극치이며 마지막이라
면 내가 너희들에게 이와 같이 어렵고
힘든 길을 가지 아니하며 스스로 달래
고 깨우쳐 갈 수도 있을 것이니라.
23 그러나 너희들은 지금이 시작이니라.
24 그러니 시작이 이와 같이 험악하고 무
서운 너희들의 오늘의 형국이니, 이를
어찌 바로잡고 역사한단 말이더냐?
25 인간의 교육으로써 너희들이 잡을 방
법이 없으며, 더욱이 2천 년 동안 흘
러온 오늘의 종교 집단이요, 지도자
너희들의 종교 교육의 방법으로써는
절대 이를 잡고 다스릴 수가 없음이니
라.
26 그리하여 너희들의 근본을 다스리며
근본으로부터 다시 시작하는 나의 법
전을 세상에 내려보내지 아니하면 아
니 되기에, 오늘 이와 같은 역사를 이
룸이니라.
27 너희들이 오늘의 말세가 종말이 아니
라, 지금의 너희들이 종말이요, 말세
로 달려가기 위해 지금 시작하는 것이
니,
28 2천 년 동안 잘못 살아온 그 역사의
마지막 종말의 시대는 얼마나 무섭고
험악한 세상인가를 너희들은 상상할
수 없을 것이니라.
29 그리하여 너희들이 피비린내 나는 죽
고 사는 그것을 막기 위하여 내가 나
의 아들을 통하여 지금 법전을 내려보
냄이니,
30 나의 아들을 따르는 제자 너희들은 알
라.
31 지금이 바로 2천 년 동안 종교 지도자
요, 집단들이 잘못 끌어왔고 잘못 교
육시켰으며 잘못 가르친 그 대가의 시
작이라는 것을 명심하도록 그리하라.

32 시작이 이렇게 무섭고 험악하니, 너희
들이 그 종말이요, 그것은 얼마나 험
악하고 무서울 것인가를 알게 될 것이
니라.

9,628 번째 하나님 말씀

2004년 2월 17일 12시 23분

1 사랑하는 나의 아들아!
2 "네, 아버님! 말씀하옵소서."
3 일반 백성이 삶에 안락한 생활을 추구
하는 것보다, 지금의 종교 집단이요,
지도자들이요, 그들이 과연 어떠하던
가?
4 나의 사랑하는 백성들이 그 안락한 삶
을 추구하는 것보다, 종교 집단이 더
안락한 생활이요, 더 호화로운 생활이
요, 육의 편안함을 영위하는 데 그 모
두를 바치고 가고 있다면, 과연 이것
이 지도자요, 바로 선 세상이라 할 수
있겠느냐?
5 내가 나의 법전에 기록하여, 너희들이
거꾸로 서서 세상을 봐야만 바로 볼
수 있다 한 그 가르침을 알겠느냐?
6 종교 집단이요, 지도자 그들이 정녕
어렵고 힘든 길이요, 그리고 좁은 길
을 역사하는 것이 저희들이 나에게 오
르는 길이거늘,
7 인간의 안락한 생활을 나의 사랑하는
백성들이요, 저희들이 말하는 이방인
보다도 그를 더 추구하고 사는 그와
같은 형국이 되었으며, 그리고 그 모
두를 거기에 바치고 있음이니라.
8 결국은 종교 지도자들이 나태함과 사
치와 향락과 모든 너희들의 풍속을 이
세상에 뿌리내리는 역사를 했으며, 그
들로 하여금 이와 같이 험악한 세상이
되었음을 너희들은 알라.
9 자식이 부모를 공경하며 부모가 자식
을 사랑하는 그와 같은 마음, 동양의
나의 작은 나라에 몇천 년 전에 얼마
나 아름답고 귀한 그와 같은 관계였는
지 알겠느냐?
10 그들이 살아가는 것이 하늘의 뜻이요,
하늘의 진리요, 나의 뜻이었으며 사랑
이었음이니라.
11 그러니 그것을 다 무너트리고 그것을
다 쓸어버린 것이 바로 무엇인 줄 알
겠느냐?
12 나 여호와를 경배하며 하늘에 오르는
길이요, 그 모두를 가르친다는, 오늘
의 저희들의 안락한 생활을 추구하는
종교 집단 지도자요, 변질된 자들이
이 세상에 와 동양의 나의 이 작은 나
라의 아름다움까지도 무너트린 것이
너희들임을 알라.
13 너희들이 지금 이 믿음의 길을 가기
전에, 너희들이 더 아름답고 순수한
나의 사랑이 이 동양의 작은 나라 속
에는 뿌리 깊게 자리를 잡고 있었으며
깊게 뿌리내려져 있음을 알라.
14 그러니 이 동양의 작은 나라에 나의
아들을 통하여 모두를 역사하며, 이
민족이 나에게 선택된 민족이라 한 그
뜻을 너희들은 알겠는가?
15 너희들이 2천 년이요, 그 세월 속에서
이 동양의 작은 나라의 믿음이요, 너
희들의 신앙이라는 뿌리가 내린 것이
과연 얼마나 되었느냐?
16 그 뿌리가 내릴 때만 해도 이 동양의

작은 나라의 나의 백성은 부모가 자
식을 위하는 사랑이 지극하였으며,
17 또 자식이 부모를 공경하는 마음이 제
살을 베어 바치며 피를 뽑아 바치는
그와 같은 아름다운 사랑이었음이니,
18 그것이 바로 나의 믿음이요, 너희들이
상상할 수 없는, 지금 만백성을 가르
치며 동양의 작은 나라를 변화시킨다
는 종교요, 믿음이요, 신앙보다도 더
위대하고 고귀한 신앙이 이미 뿌리를
내리고 있었던 백성임을 너희들은 알
아야 될 것이니라.
19 자식을 위하여 추운 겨울에 정화수를
떠 놓고 비는 그 정성이요, 그 마음이
사랑이 아니고 무엇이더냐?
20 그리고 제 살을 베어 부모에게 바치
는 그것이 바로 사랑이요, 희생이 아
니고 무엇이더냐?
21 그러니 너희들이 이 동양의 나라에 백
년도 안 되는 믿음이요, 신앙의 뿌리
를 전하기 그 전에, 이 동양의 백성에
게는 그 아름다운 나의 사랑이요, 신
앙이요, 진정한 믿음이 세상에 먼저
와 있었음을 너희들은 알아야 될 것이
니라.
22 이 동양의 작은 나라의 백성들이 살아
가기 시작한 그 원조의 뿌리가 바로
그때 나의 믿음이요, 사랑이요, 신앙
이 이 세상에 내려와 있으며, 동양의
작은 나라 나의 백성들은 그를 실천하
고 살아온 민족이라는 것을 너희들은
알아야 될 것이니,
23 감히 너희들이 그 민족 앞에 하늘의
뜻이요, 믿음이요, 신앙을 전한다 하
여 나의 아름다운 사랑을 실천하는 그
모든 뿌리를 썩게 만들었다는 것을 알
라.
24 이제 나의 아들을 따르는 사랑하는 제
자 너희들은 알라.
25 몇천 년 동안의 너희들의 그 믿음이
요 신앙이 동양의 작은 나라에 들어
온 것이 백 년의 역사도 아니 된다 하
였으니,
26 너희들은 그 이전에 나의 사랑이요,
나의 믿음이요, 모든 신앙이 이 세상
에 뿌리를 내리고 있었음을 알라.
27 그 동양의 작은 나라, 너희들이 믿고
살아왔던 그 사랑이 세상의 만백성에
게 전해졌더라면 오늘은 천국이 되었
음이니,
28 내가 동양의 작은 나라에 나의 아들을
내려보내 이 언어로써 이 풍습으로써
이 생활방식으로써 세상의 만백성을
깨우치려 하는 것이 무엇인 줄 알겠
느냐?
29 동양의 너희들에게 그 믿음을 가르치
며 여기 와서 전한 자들보다 더욱 위
대하고 숭고한 그 신앙이요, 내 사랑
이요, 믿음이 여기 있었기 때문에,
30 내가 원조를 찾아 나의 아들을 이 세
상에 동양의 작은 나라에 내려보냈으
며,
31 이 언어요, 그 모두가 원조라는 것을
너희들은 알고 깨우치라.
32 이와 같은 나의 가르침을 나의 아들을
따르는 제자 너희들은 알아야 될 것이
며, 그 자부심을 가져야 될 것이며, 너
희들이 선택된 백성이라는 것에 조금
도 의심치 말라.
33 아름다운 미풍양속이 이 세상을 지배

할 때가 나의 사랑이요, 그것이 신앙
이요, 믿음이요, 위대한 것이니라.
34 그걸 다 썩게 만들었고 뽑아내 버렸으
며 그를 망가트린 것이 바로 오늘의
너희들의 믿음이요, 신앙의 길을 가는
백성들이며, 그들이 이 세상을 덮고
있는 웃지 못할 형국이 되었음을 알라
그리 전하라.
35 향락의 풍속을 갖다 뿌리내린 것이 그
들이니,
36 그 순수한 신앙을 가지고 있던 나의
백성들을, 동양의 선택된 이 작은 민
족을 이리 썩게 만들었음이니라.
37 그리하여 내가 원래대로 돌려보내는
것이 동양의 백성들이 부모를 공경하
며 부모가 자식을 사랑하는 그 마음의
형태로 돌리고자 하는 것이니,
38 근본이 여기이기 때문에 여기서부터
시작함을 너희들은 알라.
39 너희들은 나, 보이지 않는 아버지를
믿는 것이 아니요,
40 너희들이 육으로 볼 수 있고 만질 수
있고 길러 준 부모에게 사랑을 다하는
것이 나를 사랑하며 나에게 바치는 것
이라 한 내가 써 붙인 그 글귀를 알지
않느냐?
41 그와 같은 역사를 행하고 실천한 것이
바로 너희들 동양의 작은 나라 민족의
조상이 역사한 것이니,
42 그게 바로 나의 신앙이요, 나의 믿음
이 이 동양의 나라에 일찍이 먼저 내
려와 있었음을 너희들은 알라.
43 너희들의 2천 년의 역사가 흐르며 그
썩은 신앙이 이 세상의 동양의 작은
나라를 백 년도 안 되는 동안 오염시
키기 전에,
44 그때는 아름다운 너희들의 신앙이요,
나의 뜻이 이 세상을 덮고 있었음이니,
45 그와 같은 방법이요, 그리하여 원조인
나라에 나의 아들을 내려보내 원조인
나라의 언어로써 만백성을 다스리고
통일하고자 하는 그 뜻이 있으며, 공
통어가 된다는 뜻이 여기 있음을 너희
들은 알라.
46 나의 백성의 양심을 파괴시켰으며 양
심을 퇴색하게 만들었으며, 절대적으
로 너희들이 돌이킬 수 없이 퇴색하게
만든 것이 오늘의 너희들이요,
47 오염될 대로 오염되어 다시 씻을 수
없고 바로 설 수 없는 그와 같은 형국
으로 되어 버린 것이 오늘의 너희들의
믿음이요,
48 그리고 나의 신앙을 전하는 자들이 이
동양의 작은 나라에 와서 다 뭉개고
썩고 무너지게 했음이니,
49 너희들이 이 민족의 정신이요, 동양의
백성이 가지고 있는 부모가 자식을
사랑하며 자식이 부모를 공경하는 그
마음이 그대로 전해졌을 때 나의 법전
이 세상에 내려왔더라면,
50 너희들이야말로 나 여호와의 뜻이 무
엇인가를 알아들었으며 솜에 물이 젖
어들듯이 내 뜻이 전해졌을 것이나,
51 동양의 작은 나라에 그 잘못된 믿음이
와서 다 썩고 다 뽑아 버렸기에, 지금
심을 곳이 없으며 그를 가꿀 곳이 없
으며 그를 기르고 양성할 곳이 없는
이와 같은 험악한 세상이 되었음이니,
52 이제는 내가 이 동양의 나라의 그 언
어로써 공통어가 되며, 이와 같은 관

습이요, 습관으로써 모든 세상을 다스
리고 역사한다는 것이 무엇인가를 너
의 제자들은 깨달았을 것이니라.
53 이제 진정한 참진리를 찾아보도록 하
며 그 길만을 위해 달려가도록 그리하
라.

9,629 번째 하나님 말씀

2004년 2월 18일 07시 22분

1 사랑하는 나의 아들아!
2 **"네, 아버님! 말씀하옵소서."**
3 너를 따르는 제자들이요, 나의 법전을
읽고 깨우친 만백성 너희들 가슴에 과
연 사랑이라는 것으로써 그득히 채울
수 없는가, 그들에게 물어보라.
4 너희들이 그릇에 물을 그득히 담아 넘
쳐흐르도록 너희들 자신이 사랑으로
써 그리 넘쳐흐르는 그와 같은 나의
아들딸이요, 선택된 백성으로서 거듭
날 수는 없는 것인가?
5 내가 너희들에게 무어라 말하느냐?
6 '원수를 사랑하라.' 하였음이니, 너희
들이 이 세상에 살아가면서 미운 자,
고운 자, 그 모두를 다 사랑하는 마음
으로써 그득히 채울 수는 없는가?
7 원수를 사랑하는 것이 나 여호와의 뜻
이요, 하늘에 오르는 길의 기초라 하
였거늘,
8 너희들이 밉고 고운 자, 모두를 사랑
하는 그와 같은 마음으로 가질 수는
없겠는가?
9 너희들이 모두를 다 사랑하는 그와 같
은 마음으로 변화될 때, 이 세상의 동
식물을 자식과 같이 사랑하며, 그리고
모든 너희들의 이웃의 형제요, 그를
미워하는 자, 고운 자 없이 그저 모두
를 다 너희들이 사랑하는 마음으로 가
질 때,
10 너희들은 사랑으로써 그득히 가슴에
채워 그 사랑이 넘침이니, 그것이 바
로 무엇인 줄 알겠느냐?
11 너희들이 그 성령을 받아들일 수 있으
며 성령이 임할 수 있는 길이라는 것
을 알라.
12 원수를 사랑하라 하였거늘, 원수보다
더한 자가 어디 있더냐?
13 그러니 너희들은 그 어떠한 자도 미운
자도 고운 자도 있어서는 아니 될 것
이며,
14 모두를 다 똑같이 사랑하는 그와 같은
마음으로, 너희들이 사랑으로 넘치는
너의 제자들이요, 나의 백성이 되라
그리 전하라.
15 그것만이 너희들이 모든 악습을 버릴
수 있는 것이며, 너희들이 버릴 수 없
는 너희들의 잘못된 마음이요, 습관이
요, 행동을 지울 수 있고 버릴 수 있는
것이라 그리 가르치라.
16 이제는 나의 아들을 따르는 제자 너희
들은 모두를 다 사랑으로써 다스리며,
그 사랑이 넘쳐흐르는 그와 같은 아름
다운 모습으로 변하라.
17 이것이 너희들이 이제는 해야 할 단계
이니라.
18 모든 백성들이 갈 수 없는 것, 역사할
수 없는 것을 할 수 있으며 갈 수 있다
는 너희들의 그 깨달음이요, 마음 자
세가 이 세상의 모든 백성들과 차별화
되어 너희들이 더 높이 와 있음이니,

19 이제는 너희들 자신이 모두가 사랑이
넘치는 그와 같은 자세로써 살아가라
그리 전하라.
20 사랑이 넘치는 것이 천사이니라.
21 사랑으로써 모두를 다스리며 사랑이
넘쳐흐르는 자가 천사이니,
22 이제는 너희들이 인간 세상에서 천사
가 되어야 될 것이니, 그리 명심하고
명심하도록 그리하라.
23 너희들이 살아가면서 이 세상에서 천
사라 소리를 들으라 하지 아니하였더
냐?
24 이 세상에서 천사라는 소리를 듣는
자, 그에게 천사의 날개를 달아 줌이
니,
25 이제는 너희들이 육의 세상에서 인간
의 천사라는 말을 들을 수 있도록 하
라.
26 그것은 오로지 사랑이 충만하며 사랑
이 넘치는 삶을 살아야 될 것이니, 모
두를 사랑하라, 사랑하는 나의 아들딸
들아!

9,630 번째 하나님 말씀

2004년 2월 18일 07시 27분

1 사랑하는 나의 아들아!
2 "네, 아버님! 말씀하옵소서."
3 나의 피조물 만백성들이 믿음의 길을
가고 있는 그 백성, 너희들은 믿음을
가고 있는 그 길은 하나로써, 모두가
한 길로 하나로써 역사하는 것이요,
한 세대가 역사하는 것이라 그리 생각
하지 말며 그 틀을 벗어나야 됨을 그
리 전하라.
4 너희들이 믿음의 가는 길에 그 세 가
지 단계의 믿음으로써 모두가 역사하
는 것을 알지 못하며 그를 믿지 못하
면 너희들은 정녕 나 여호와의 뜻에
의해 역사하는 그 문이 열릴 수 없음
을 알아야 될 것이니라.
5 구약 시대는 기초의 믿음이요, 신약
시대는 중간의 믿음이요, 제3의 시대
는 너희들이 마지막 시대의 거둬들이
는 시대이니,
6 이 모두가 3단계로써 믿음이 구분되
어 있음을 너희들은 알아야 될 것이
며, 이를 먼저 믿지 아니하면 아니 될
것이니라.
7 그러니 모든 구원을 받았다 말하는 나
의 백성들이요, 지금의 신앙의 길을
가고 있는 백성 너희들이 신약 시대로
써 모두가 역사하며 그것으로써 모두
가 너희들이 결정지으며 그것으로써
너희들이 구원을 받고 못 받는다 그리
생각하는 백성 너희들이 생각부터 바
꿔야 될 것이며,
8 내가 역사하는 그 모든 믿음의 세계
는 3단계로써 구분되어 있다 함을 알
라.
9 3단계로써 구분되어 있으니, 이는 기
초의 믿음이요, 중간의 믿음이요, 너
희들의 마지막 시대가 열어지는 마지
막 거둬들이는 시대요, 이와 같이 3단
계의 믿음으로써 구분되는 그 단계를
알아야 될 것이니라.
10 그걸 모르는 너희들이 정녕 나의 뜻을
알 수가 없음이니라.
11 너희들이 하나의 아름다운 건축물을
지음이니, 기초를 다지며, 그를 쌓아

올리며, 마지막 그 모두를 마무리 짓
는 그와 같은 형국으로써 모두가 이루
어지지 않더냐?
12 그러니 너희들은 기초의 구약 시대
위에 그 뼈대를 세우며 기둥을 세우
며 억새를 엮어 붙이는 그것만이 너
희들이 구원의 길이요, 완전한 집이
역사하는 것이요, 너희들이 들어가 살
수 있는 집을 완성했다 하느니라.
13 그러나 그 위를 덮으며 비바람에도
모두를 방어할 수 있는 모두를 만들며
마지막 마무리 단계를 하여 완전한
집이 됨이니,
14 이와 같이 기초와 중간의 기둥과 너
희들이 마지막 마무리하는 그와 같은
3단계로써 모든 믿음이요, 너희들이
세상의 모두가 역사한다는 것을 그들
이 깨우치도록 그리하라.
15 그걸 믿지 아니하며 그걸 깨닫지 못하
는 백성 너희들은 절대로 나의 뜻을
볼 수가 없음이니,
16 앞과 뒤를 자르며 너희들이 가운데만
가지고 그것이 구원의 길이라 몸부림
친다면, 앞과 뒤를 보지 아니하고 어
찌하여 너희들이 전체의 모습을 볼
수 있단 말이더냐?
17 그리하여 신약 시대가 영원한 시대라
는 것, 구원을 받는 시대라는 것, 여기
에서 너희들이 모두가 결정 난다는 그
와 같은 생각을 하지 말라.
18 한 계단 한 계단 너희들이 더 나가서
모든 매듭을 짓는 시대가 있으며 매
듭을 짓는 그 역사하는 세상이 있으
며, 그 매듭을 짓는 뜻이요, 가르침이
또한 세상에 전해짐이요,
19 나 여호와의 뜻이 세상에 내려와 너희
들의 귀를 열며 눈을 여는 그와 같은
역사가 이루어진다는 것을, 그를 먼저
믿고 너희들이 인정하지 아니하면 아
무것도 알 수가 없음이니라.
20 이제 너희들이 구원을 받았다며 중간
시대에서 울고불고하는 불쌍한 나의
백성 너희들은 알라.
21 마지막 시대의 한 계단 앞으로 너희
들이 나가야 될 것이니라.
22 그것이 지금 나의 법전을 읽고 깨우
친, 그 나의 아들을 따르는 제자들이
요, 나의 뜻을 알고 있는 나의 선택된
아들딸들이 아니더냐?
23 그들이 벌써 그 중간의 단계를 뛰어넘
어 마지막 단계의 모두를 역사하고
있거늘,
24 너희들이 그를 보지 못하고 그 뒤에
서 그것이 너희들의 마지막 시대라
부르짖으며,
25 앞에 가는 것은 아무것도 아니요, 사
탄이요, 사악한 자가 역사하는 것이라
너희들이 그리 비방하고 공격함이니,
26 너희 스스로 갈 수 있으며 구원을 받
을 수 있으며 나에게 올 수 있는 길을
너희들이 모두 다 무너트리며 버리는
그 사악한 행위를 하고 있음을 알라
그리 전하라.

9,631 번째 하나님 말씀

2004년 2월 18일 07시 35분

1 사랑하는 나의 아들아!
2 **"네, 아버님! 말씀하옵소서."**
3 너의 제자들과 그리고 만백성 너희들

은 성서에 기록되어 있는 한 대목을
기억해야 될 것이니라.
4 내가 나의 아들 예수를 통하여 너희들
에게 기록하여 전하지 아니하였더냐?
5 나의 아들 예수가 말하기를, 예수가
다시 올 때면 이 세상에서 믿음은 보
지 못한다고 탄식하고 가르치지 아니
하였더냐?
6 나의 아들 예수가 이 세상에 올 때 그
믿음의 길을 가고 있는 자를 보지 못
한다고 탄식한 그 두려움과 무서움을
너희들은 알아야 될 것이니라.
7 이를 가지고 너희들은 나의 아들 예
수가 재림하여 온다 그리 믿으며, 예
수가 다시 내려온다 그리 가르치나,
8 너희들은 예수가 가르치려고 오는 것
이 아니요, 예수의 뜻을 역사하고자
하는 것, 나 여호와의 뜻이 세상에 내
려옴이니,
9 나의 뜻이 세상에 다시 내려올 때, 지
금까지 믿음의 길을 갔던 모든 백성
너희들은 진정한 믿음의 길을 가는
백성이 하나도 없게 될 것이라는, 예
수가 오늘의 시대를 미리 예언하여 탄
식한 그 가르침이 얼마나 두렵고 무
서운 이야기인가를 알고 있는가?
10 이는 너희가 내 뜻을 이루지 아니하며
따르고 지키지 아니함이니, 그때가 되
면 이 세상에 진정한 믿음의 길을 가
는 백성이 하나도 없음이니,
11 그들을 바로잡기 위해 새로운 역사가
이루어지며 새로운 보혜사로서 세상
에 새로운 성령이 내려와 너희들을 깨
우치고 인도한다는 그와 같은 뜻임이
니,
12 그 뜻은 나의 아들 예수가 십자가에
못 박혀 죽어 가는 고통보다도 더 두
렵고 무서운 말을 너희들에게 남김을
알라.
13 나의 아들 예수가 다시 세상에 올 때
믿음을 보지 못한다 탄식한 그 가르
침, 너희들은 이를 명심하고 또 명심
하지 아니하면 아니 될 것이니라.
14 나의 아들이 이 세상에 다시 올 때 진
정한 믿음의 백성을 볼 수 없다 하였
다면, 너희들이 진정한 믿음의 길을
간다고 지금 말할 수 있는 것이더냐?
15 나의 아들 예수가 이 세상에 지금 온
다 하면 바로 무엇이더냐?
16 너희들은 진정한 믿음의 길을 가는
백성이 하나도 없으며 내 뜻을 거역하
고 가는 백성이 세상에 존재한다 하는
것이 아니더냐?
17 그러면서 너희들은 나의 아들 예수가
재림하며 다시 오기를 몸부림치고 바
라고 있음이니, 곧 너희들은 무엇이더
냐?
18 지금 너희들이 나의 아들 예수가 오기
를 바란다면,
19 너희들은 나의 아들 예수가 세상에 왔
을 때는 제대로 똑바로 믿음의 길을
가는 백성이 하나도 없어 보지 못한다
탄식하였음이니,
20 바로 너희들이 가고 있는 믿음이요,
너희들이 가고 있는 신앙이 정녕 잘못
된 것이며,
21 지금의 너희들은 나의 아들 예수가 전
하고자 하는 뜻이요, 나 여호와의 뜻
을 거역하는 그와 같은 믿음으로 가고
있다는 것을 어찌 모른단 말이더냐?

22 너희들이 진정한 믿음의 길을 가지 못
하고 있다는 것을 시인하며 너희들이
말로써 하는 그와 같은 뜻이 아니더냐?
23 이를 어찌 너희들이 모른단 말이더냐?
24 나의 아들 예수가 세상에 다시 오는
것이 아니요, 그를 통하여 전하고자
하던 내 뜻을 다른 보혜사를 통하여
세상에 내려보내게 됨이니,
25 그때 예수가 가르치고자 하던 그 뜻이
요, 그 하나님의 말씀이요, 어버이의
그 뜻이 세상에 내려올 때,
26 그때는 너희들이 정녕 진정한 믿음의
길을 가는 자를 하나도 볼 수 없는 시
대가 되어 있을 것이라 탄식하였음이
니,
27 예수는 미리 전하고 가르친 것이 그
뜻대로 역사하지 아니하고 모두가 뒤
바뀌며 그 뜻과는 반대되는 그와 같
은 세상이 될 것을 미리 알고 갔음이
니,
28 그가 바로 죽음보다도 더 고통스러운
것이 이 말 한마디를 남기는 것이었음
을 너희들은 알고 있는가?
29 그러니 지금 너희들이 나의 아들 예수
가 재림하여 다시 오기를 바란다면,
나의 아들 예수가 너희들 말대로 재
림한다면,
30 나의 아들 예수가 성서에 기록하여 전
했듯이, 지금 진정한 믿음으로 가는
백성은 하나도 없음이니,
31 너희들이 가는 믿음이 얼마나 틀렸으
며 잘못 가고 있으며, 창조주 나 여호
와의 뜻을 거역하며 반대의 길을 가고
있는 줄을 알겠느냐?
32 사랑하는 나의 아들딸들아, 너희들은
이 한 줄의 의미를 깊이 깨우쳐 공부
하지 아니하면 아니 되느니라.
33 그저 너희들은 관심 없이 읽고 그저
듣고만 가느니라.
34 오로지 구원이요, 하늘에 오르는 길이
요, 여기에 너희들 모두가 다 미쳐 있
음이니,
35 무슨 말을 가르치는지 무슨 말을 역사
하는지 듣지도 못하며 그를 보지도 못
하는 어리석은 나의 백성 너희들로 타
락되었기 때문이니라.
36 너희들이 구원을 바라지 아니하며, 하
늘에 오르는 한 자리가 남아 있는 것
을 남을 위하여 양보하는 그와 같은
마음을 가지고 본다면, 그리고 사랑하
는 마음으로 충만되어 너희들이 성서
를 본다면,
37 얼마나 두렵고 무서운 내용들이며 그
의미가 무엇인가를 알게 될 것이니라.
38 너희들은 예수가 다시 올 때, 이 세상
에 믿음을 보지 못한다 탄식한 그와
같은 것은 너희들이 두렵고 무서운 줄
모르고, 나의 아들 예수가 세상에 다
시 오기만을 기다림이니라.
39 다시 와서 너희들을 구원할 자 구원하
며, 죽은 자까지도 무덤에서 구원하
며, 너희들을 구원한다 그리 깨닫고
있음이니,
40 나의 아들이 올 때까지 그 모든 믿음
은 다 너희들이 엉터리며 사악한 자들
의 행위며 사탄이요, 이단이 가는 그
와 같은 믿음이 형성된다는 걸 알라.
41 지금 나의 아들을 통하여 내가 나의
성령을 내려보냄이니, 이게 예수의 뜻
을 역사한다는 것, 그리고 다시 오는

자가 예수의 뜻을 따라 역사하며 모두
를 이룬다는 것, 그리고 예수의 고통
이요, 예수의 그 역사하고자 하는 것
을 증명한다는, 너희들의 성서에 기록
된 내용을 보라.
42 지금 나의 아들을 통하여 내가 내리는
성령이 바로 예수를 통하여 역사하고
전하고자 한 것이니,
43 나의 성령이 세상에 내려갈 때 너희들
은 제대로 가고 제대로 믿음의 길을
가는 백성이 하나도 없다 탄식한 것처
럼 오늘의 너희들의 믿음이 다 잘못되
었음이니라.
44 나 여호와의 길을 따르는 것이 아니
요, 사탄이요, 마귀의 그 대를 이어 그
가 역사하도록 너희들의 모두가 타락
되었으며,
45 나의 사랑하는 백성들을 하늘에 오르
는 길로 인도하는 것이 아니요, 타락
된 지옥의 길로 인도하는 그와 같은
역사가 이루어졌다는 것,
46 그러니 너희들의 믿음이 모두가 잘못
되었다 함을 너희들은 알라.
47 여기서 너희들이 나의 아들을 통하여
내리는 지금 나의 새로운 성경이요,
나의 법전이 예수가 재림하는 그와 같
은 역사가 지금 이루어지는 것이 아니
라 해도,
48 너희들이 예수가 다시 오는 날까지 믿
음의 길을 가는 백성들은 다 잘못된
자요, 진정한 믿음으로 가는 자가 없
으니,
49 언제 예수가 오든 너희들이 하나도 구
원받을 자가 없음이니라.
50 그러니 나의 아들 예수가 지금서부터
너희들 말대로 2천년, 3천년이요, 세
월이 흘러서 다시 온다 해도,
51 그때까지 살아간 모든 백성들은 구원
을 받을 자가 없으며, 믿음을 바로 보
는 자가 없으며, 진정한 나 여호와의
뜻에 의해 역사하는 자가 없다는 뜻이
아니더냐?
52 그러한 백성들이 구원을 받았다 말하
며 하늘에 올라올 수 있다 하며, 저희
들은 구원의 자격을 가진 자라 말하며
구원을 받았다, 그리고 너희들이 구원
의 길이라 울부짖고 가는 것이 얼마나
어리석고 가련하며 미련한 백성이더
냐?
53 한 구절의 적어 놓은 나 여호와의 뜻
도 모르는 자들이 어찌하여 성서를 알
며 하늘의 비밀을 알아 너희들이 구원
을 받는다는 그 오만방자한 말을 할
수 있는가?
54 이 무섭고 두려운 구절을 다시 한 번
읽어 보도록 그리하지 아니하면 아니
될 것이니라.

9,632 번째 하나님 말씀

2004년 2월 18일 07시 39분

1 사랑하는 나의 아들아!
2 "네, 아버님! 말씀하옵소서."
3 너를 따르는 그 제자들이요, 너희들이
인간 세상에 말하듯이 눈에 넣어도 아
프지 아니한 나에게 선택된 그 백성
들에게 전하라.
4 나 여호와가 나의 법전을 갖고 만백성
을 구하고자 너희들을 깨우치고자 모
두를 다하며, 나의 법전을 만드는 데

너희들이 모두를 다 바침이니라.
5 그리고 너희들이 누구도 믿지 않는 나
의 아들을 따르며, 너희들이 나의 아
들을 통하여 내리는 나의 가르침을 들
으며, 그리하여 만백성에게 법전을 만
들어 전하겠다 노력하는 너희들을 나
여호와가 오랫동안 버려두지 아니할
것이며, 오랫동안 내가 너희들이 하는
일을 보지 아니하지 아니할 것이니라.
6 오랫동안 내가 너희들을 어찌 버려두
며 내가 너희들을 그 고통 속에서 그
대로 놔둔단 말이던가?
7 결코 너희들은 나로부터 모두 역사하
는 그 은혜요, 그 모든 충만된 것을 보
게 될 것이니라.
8 결코 나 여호와는 오랫동안 더 이상
기다리지 아니하며 더 참지 아니하며,
내가 더 너희들이 변하는 것을 기다리
지 아니할 때가 되었음을 알라.
9 결코 오래 버려두지 아니하는 너희들
이니, 고통과 시련을 너희들이 두려워
하지 말며, 오늘의 마음보다 더 너희
들이 굳건한 마음으로 전진하고 전진
하도록 그리하라.
10 너희들이 바라고 원하는 그 뜻을 나
여호와가 모르겠는가?
11 너희들이 셀 수 없는 그 머리카락의
숫자까지도 모두를 다 안다 하였거늘,
12 어찌하여 나 여호와가 너희들이 바라
고 원하는 그 뜻을 모른다 너희들이
생각하느냐?
13 너희들이 바로 나의 뜻을 전하며 너희
들이 사랑이 충만하여 넘치는 그와 같
은 백성으로 되는 것, 그때가 되면 내
가 너희들에게 어찌하여 모든 것을 내
려 주지 않겠느냐?
14 이제는 너희들이 마음의 변화를 시작
하였으며 너희들이 사랑으로 넘치는
것도 머지않았음이니, 나 여호와가 너
희들을 오래 버려두지 아니함을 알라
전하라.
15 이제 나의 아들을 따르는 너희들에게
필요한 것이 무엇이며 너희들이 역사
하는 것이 무엇이며 너희들이 가고자
하는 것이 무엇인가를 나 여호와가 알
고 있음을 알라 전하라.
16 그러기에 너희들은 결국 승자요, 패자
가 없다 한 뜻을 알겠느냐?
17 나 여호와가 결코 너희들을 오래 버려
두지 아니하며 오래 모르는 체하지 아
니하며, 너희들의 고통과 시련을 오랫
동안 들여다보지 아니하는 그와 같은
사랑이 없는 아버지가 아님을 알라.
18 너희들을 들여다볼 것이며, 너희들이
원하는 것이 무엇인가를 알아 그를 내
가 너희들에게 상으로써 내릴 날이 머
지않았음을 알라 전하라.
19 이 또한 내가 너희들에게 내리는 가장
큰 은혜요, 축복이요, 영광이니, 주저
하지 말며 용기를 잃지 말라 그리 전
하라.

9,633 번째 하나님 말씀

2004년 2월 18일 07시 45분

1 사랑하는 나의 아들아!
2 "네, 아버님! 말씀하옵소서."
3 너희는 재물의 축복이요, 권세의 영광
을 위하여 모든 은혜와 축복을 받고
자, 또한 너희들이 어렵고 힘든 네 문

제를 해결해 달라 하는 것, 그리고 그
를 위하여 너희들이 울고불고 지금 기
도하며 광란의 짓을 하지 아니한가?
4 오늘의 삶에 만족하며 남을 위하여 기
도드리는 자가 아닌 것이 오늘의 너희
들이 아니더냐?
5 모든 종교 집단이 그러한 집단이 되어
지금 이 세상을 지배하고 있음이니라.
6 너희들이 남을 위하여 기도하는 자,
남을 위하여 경배하는 자, 나 여호와
의 기쁨을 위하여 기도하는 그와 같은
백성들이 없는 것이 오늘의 종교 집단
너희들이 가고 있는 형국이니,
7 과연 너희들이 사랑을 알며 남을 위하
여 사는 삶을 사는가?
8 너희가 나와 관계없는 그와 같은 행위
만을 지금 하고 있다는 것을 알라.
9 수천 년 동안 흘러오는 그 믿음 속에
서 저희들은 남을 위한 기도요, 나 여
호와의 기쁨을 위한 기도요, 이웃을
위한 기도를 하고 경배하는 그와 같은
자가 없는 것이 오늘의 종교 집단이
되어 버렸음이니,
10 그러니 나의 아들이 무어라 말하였느
냐?
11 나의 아들이 다시 세상에 내려갈 때,
나 여호와의 성령으로 그가 다시 너희
들을 구원하기 위하여 내려갈 때,
12 너희들은 아무도 진정한 믿음으로 가
는 백성이 하나도 없다 하였음이니,
13 너희들이 남을 위해서 기도하며, 이웃
을 위해 기도하는 그와 같은 백성들이
없으며, 나 여호와의 기쁨을 위하여
살아가는 백성이 없다 하는 것을 알아
야 될 것이며,
14 이를 너희들이 고개 흔들어 거부할 자
격이 없는 것이니라.
15 너희들이 기도하는 것이 무엇이더냐?
16 '주여! 남의 것을 빼앗아 제 앞에 주옵
소서, 제 앞에 쌓아 주옵소서.' 하며
너희들은 남의 것을 빼앗아 너희들 앞
에 달라 하는 것이니,
17 그것이 얼마나 불쌍하고 어리석은 백
성들이 드리는 기도며 너희들의 마음
자세이던가?
18 너희들이 나를 위하여 나에게 무엇을
달라 기도하는 것, 그것은 너희들이
바로 강도요, 또는 너희들이 살인하는
자요, 도둑질하는 자요, 간음하는 자
와 같은 자만이 드릴 수 있는 기도라
는 것을 알라.
19 인간으로서는 그와 같은 기도를 드릴
수 없는 것이요, 짐승 같은 자들만이
나에게 이루어 달라, 무엇을 달라 기
도하는 것이니라.
20 이 세상의 모든 것은 하나의 오차가
없이 정확히 움직이지 않더냐?
21 그러니 모든 것은 그 한계가 있으며
정해져 있음이니라.
22 너희들이 그와 같이 남에게 갈 수 있
는 것이 이 세상에 내려오는 것이 없
으며,
23 이 세상에 존재하는 것은 주인이 없는
게 없으며 또는 취할 자가 정해지지
않은 것이 없음이니라.
24 모두가 다 정해져 있으며 그 주인이
있는 것이거늘,
25 너희들이 나에게 무엇을 더 달라, 무
엇을 이루어 달라 기도하는 것은 남이
가져야 할 것, 남이 관리할 것을 빼앗

아서 너희들에게 달라 하는 그와 같은
사악한 자들의 행위를 하고 있음을 너
희들은 알라.
26 선생이 열 개라는 과일을 가지고 너희
들에게 나눠 주고자 함이니, 각자 열
명에게 하나씩 주면 되는 것을,
27 그 선생에게 저에게는 더 주고 더 좋
은 것을 주고 더 큰 것을 달라 하는 것
은 남의 것을 빼앗아 달라, 남의 것을
강도질해서 달라, 도둑질해서 달라 하
는 자만이 기도할 수 있는 것이며,
28 그와 같은 마음을 가진 자만이 선생에
게 열 사람이 하나씩 가져야 될 것을
더 달라 기도하는 그와 같은 자와 똑
같음이니라.
29 너희들의 오늘의 기도요, 삶이 무엇이
더냐?
30 남의 것을 빼앗아 저에게 달라 하는
그와 같은 것이요,
31 그러니 나 여호와가 각자 줄 임자가
있으며 하나의 오차도 없이 이루어진
것을, 너희들이 더 달라, 더 이루어 달
라 하니, 그것은 이루어질 수 없는 것
이며 결코 변화될 수 없는 것이니라.
32 너희들이 이루어질 수 없는 것을 가지
고 매달리고 울고불고 아우성치는 백
성들이니, 아무것도 이루어지지 않고
너희들에게 더 줄 수도 없는 것이니라.
33 이것이 오늘의 종교 집단이요, 너희들
이 믿음의 길을 가는 대표적인 그 믿
음이니, 바로 너희들이 나와 관계없는
백성이라는 그 의미를 전하도록 하라.

9,634 번째 하나님 말씀

2004년 2월 18일 07시 53분

1 사랑하는 나의 아들아!
2 "네, 아버님! 말씀하옵소서."
3 오늘의 종교 집단이요, 지도자라는
자, 그 백성들이 오늘까지 수천 년 동
안 온 그 믿음의 길이 무엇이더냐?
4 오로지 천국에 가는 것, 그리고 너희
들이 구원받았다는 것밖에는 아무것
도 모르는 어리석고 불쌍한 백성들이
니라.
5 그러니 저희들이 가고 있는 믿음의 길
이라는 것이 저희들이 천국을 가는 길
이라 하며, 그리하여 그 길만을 좇아
가고 달려가는 어리석은 백성들로서
지금 되어 있지 않더냐?
6 그러니 내가 그들에게 전하고자 함이
니라.
7 너희들이 상대를 이길 수 있는 것은
상대를 먼저 알아야만 이길 수 있다는
말이 있듯이,
8 너희들이 천국에 오르고자 하면 지옥
에 대한 공부요, 연구를 하지 아니하
면 아니 됨을 알라.
9 너희들이 죽어서 가는 그 지옥이 한
번 들어가면 영원히 나오지 못하는 그
지옥이요,
10 그러니 너희들이 그 지옥에 대한 것은
미리 생각만 해도 두렵고 겁이 나기
에, 지옥에 대해서 알려 하지 않으며
거기에 대해서 너희들이 깨우침을 얻
으려 하지 아니하는 것이니,
11 그러니 너희들이 천국의 반대의 길에
있는 그것을 알지 못하고는 하늘에 오

르는 길을 오를 수 없음이니 그를 알
라.
12 너희들이 하늘에 오르는 길이라 하여
그리 매달리고 그리 달려가는 그 믿음
이요, 그 신앙, 그것만으로 가서는 절
대로 아니 되는 것이요,
13 지금서부터 너희들은 지옥이라는 그
두렵고 무서운 것, 생각하기도 싫은
것을 연구하고 깨닫지 아니하면, 너희
들이 천국에 오는 길을 정녕 알 수 없
다 함을 알아야 될 것이니라.
14 너희들이 지옥이라는 것이 두려우며
무섭기에 너희들과 관계없는 것처럼
머릿속에서 지워 버리나,
15 너희들은 천국에 오르는 것보다도 너
희들이 지옥에 가는 것을 더 깨닫고,
그 길을 어찌하여야 가지 아니하는가
를 연구하는 것이 너희들이 더 급선무
임을 알아야 될 것이니라.
16 너희들은 반드시 천국이 아니라 지옥
으로 가게 되어 있는 것이며, 누구나
너희들이 선행보다 악행을 많이 가지
고 세상을 삶이니,
17 너희들이 심판대에 서서 가장 쉽게 갈
수 있는 길이 너희들이 그리 바라고
원하는 천국의 길이 아니요, 지옥의
길이니,
18 너희들이 쉽게 갈 수 있는 그것에 대
하여 연구하고 공부하고 깨우치는 백
성이 되지 아니하면 아니 됨을 알라.
19 그러니 너희들이 지금 얼마나 어리석
고 불쌍한 백성들이란 말이더냐?
20 너희들이 천국에 오르는 것을 그리
울고불고 기다리고, 너희들은 하늘에
오를 수 있는 그 모든 은혜를 받으며
구원을 받은 자라 하나,
21 그것은 너희들과 관계없으며 너희들
이 오지 못하는 길이니라.
22 오지 못하는 것, 올 수 없으며 만백성
이 갈 수 없는 걸 가지고 너희들이 연
구하고 노력하고 아무리 몸부림친들
무엇하는가, 그 모두가 다 백해무익한
것이거늘.
23 너희들에게 오늘의 육의 삶이 얼마나
소중한 것인가를 내가 말하였느니라.
24 너희들의 육의 삶에 의하여 모두가 천
국이요, 지옥으로 결정짓는다 하였음
이니,
25 너희들은 지금서부터 모두의 살아가
는 그 마음을 너희들이 갈 수 없는 천
국을 연구하며 그 길을 가기 위해 몸
부림치지 말고,
26 너희들은 당연히 응당 가야 될 것이
며, 그리 흘러가게 되어 있는 지옥에
대해 연구하며, 그 두려움과 무서움을
알도록 하라.
27 그리하여 어찌하면 너희들이 지옥을
가지 아니하고 구원을 받을 수 있는
것인가, 그것부터 연구하고 생각하는
백성들이 되도록 그리하라.
28 그리 생각하고 깨우쳐, 지옥이 어떠한
곳인가를 알게 되며, 어떠한 백성들이
가게 되는가를 알게 된다면,
29 너희들이 지옥에 대한 연구를 하나하
나 한다면 반대의 하늘에 오르는 길을
볼 수 있는 것이거늘,
30 너희들이 천국에 오르는 길을 위해서
는 지옥에 대한 것을 더 연구하며 너
희들이 가지 않으려 하고 더 노력하며
그 깨달음을 얻도록 하는 것이 중요함

이라 그리 전하라.
31 너희들은 지금의 삶으로써는 반드시
지옥으로 갈 자요, 거기는 너희들이
당연히 가는 곳이거늘, 당연히 네 자
리가 있는 곳을 안 갈 수 있도록 노력
하라.
32 네 자리가 있지 아니하며 네가 갈 수
없는 천국에 대하여 연구하고 노력하
고 거기에만 모두를 맞춰 너희들이 몸
부림치다가,
33 너희가 지옥으로 가는 것을 연구하여
지옥에 가지 아니할 대안을 세우지 아
니하였다가는, 너희들은 그 험악하고
무서운 그 절망적인 순간을 만나게 될
것이니,
34 그게 바로 너희들이 들어가지 아니하
려고 지옥문 앞에서 몸부림치고 울고
불고하며 가는 것이 바로 네 모습이라
는 걸 잊지 말라.

9,635 번째 하나님 말씀

2004년 2월 18일 08시 01분

1 사랑하는 나의 아들아!
2 "네, 아버님! 말씀하옵소서."
3 지금의 모든 종교 집단과 지도자, 그
구원을 받았다 말하는 신도들은 천국
간다는 것밖에 모른다 하지 아니하였
느냐?
4 그러니 앞으로 나가지를 못하고 제자
리를 맴돌고 있는 그 어리석은 백성이
라는 것을 알아야 될 것이니라.
5 오로지 저희들이 천국 가는 것밖에 모
르고 믿음의 길을 감이니, 저희들 앞
에 무엇이 막혀 있으며 무엇이 지금
저희들에게 장벽을 치고 있는지 그 자
체를 알지 못하며,
6 그저 '천국, 천국'만을 부르짖고 있기
에, 저희들이 다람쥐 쳇바퀴 돌듯이
제자리를 돌고 있는 어리석은 믿음이
요, 신앙생활에 젖어 있는 자들이니라.
7 그러니 그들을 보는 모습이 어떠한
줄 알겠느냐, 사랑하는 나의 아들아!
8 그들은 우물 안에 갇혀 있는 개구리와
똑같은 신세가 되었으며, 그와 같은
행위를 하고 있음이니라.
9 깊고 깊은 그 우물 속에 있음이니, 그
개구리가 봄이 오는 계절을 알겠느냐,
여름이 오는 것을 알겠느냐, 가을이
오는 것을 알겠느냐, 그리고 겨울의
변화를 알겠느냐?
10 아무것도 모르고 사는 그 우물 안의
미물과 같은 것이 오늘의 믿음이요,
종교 집단 너희들이 가고 있는 길이라
는 것을 알아야 될 것이니라.
11 지금 나 여호와는 나의 아들을 통하여
결실의 시대를 열어 가고 있으며, 거
둬들이는 시대요, 심판의 시대를 열어
가고 달려가고 있건만,
12 2천 년 동안에 믿음의 길을 온 그 백
성들의 뿌리는 지금도 무엇을 하고 있
느냐?
13 봄인 줄 알고 지금 씨앗을 뿌리는 역
사만을 고집하고 있는 것이 그들이니
라.
14 너희가 남을 위해 전도하는 때가 아니
요, 너희들이 남에게 복음을 전하고
지금 전도한다는 그와 같은 때가 아님
을 알라.
15 너희들이 진정한 길이 아니요, 진정한

복음이 아닌 것을 가지고 그와 같이
하는 행위에서 지금 허덕일 때가 아님
을 알라 그리 전하라.
16 지금은 추수 때가 되었음이니라.
17 그러니 추수 때에 사는 백성 너희들이
남에게 씨앗을 뿌리는 복음을 전하고
그 역사를 할 때가 아니니라,
18 너희 자신이 진정한 참진리요, 저부터
지금 깨우치는, 그리고 저부터 나 여
호와의 뜻이 무엇인가를 바라다보는
그와 같은 깨달음을 얻어야 될 것이며,
19 이 거둬들이는 시대에 내가 나의 아들
을 통하여 내리는 나의 그 성령을 너
희들이 받아들여 정독하고 깨우쳐,
20 너희들이 어찌 가야 되는 것인가를 깨
닫고 너희들이 먼저 변화되지 아니하
면 아니 됨을 알라.
21 너희들이 지금 그 모두를 전하며 씨앗
을 뿌리며 복음이요, 전도요, 하는 그
와 같은 기초적인 씨앗을 뿌리는 역사
를 할 때가 아니라는 것을 알아야 될
것이니라.
22 지금 내가 너희들에게 말함이니, 오늘
의 믿음의 길을 오는 백성 너희들은
지금 정녕 전도요, 복음 사업이요, 그
와 같은 기초적인 씨를 뿌릴 자격도
갖추어지지 아니한 자들이며 자격이
없는 자들이니라.
23 자격이 없는 자 너희들이 그리하지 말
며,
24 이제 내가 나의 아들을 통하여 내리는
나의 새로운 성경인 법전을 읽어 너희
들이 우선 스스로 깨우침을 얻도록 그
리하라.
25 너희들 자신이 그것이 급선무며, 너희
들이 할 수 있는 것은 그것뿐이니,
26 너희들이 나의 법전을 가슴에 안고 정
독하여 깨우치는 역사를 이루는 것밖
에는 할 게 없는 이 시점에서, 그 자격
밖에는 없는 너희들이 어찌하여 아직
도 기초적인 씨앗을 뿌리는 그 역사를
하는 것이라 그리 말하느냐?
27 나는 너희들에게 말하느니라, 나로부
터 선택된 자요, 나로부터 명을 받은
자요, 나의 법전을 만드는 자요, 나의
법전을 만들어 만백성에게 전하는 자
들이요, 내가 나의 아들을 통하여 직
접 내리는 강론을 듣는 백성,
28 그들 외에는 그 누구도 전도 사업이
요, 복음을 전하는 그와 같은 씨앗을
뿌리는 역사를 할 수 있는 자들이 없
음을 알라.
29 나의 아들을 따르는 제자들은 지금 한
계단 두 계단 그 경지가 높이 와 있음
이니,
30 그들이 다른 백성들을 깨우치며 전도
하며 복음 사업을 할 수 있는 것이니
라.
31 그 자격은 그들밖에 없다는 그 무서운
사실을 알라.
32 지금까지 깨우치는 역사가 너희들이
잘못되었으며 너희 자신도 지금 제자
리에 서지 못하였음을 알라.
33 그러니 너희들이 먼저 해야 할 일은,
나의 법전을 보고 깨우쳐야 할 것이니
라.
34 그러니 모든 종교 집단에 속해 있는
백성 너희들이 자격이 없는 자가 복음
이요, 나의 뜻을 전한다 그리하지 말
며,

35 우선 결실의 시대라는 것을 너희들이
깨닫고, 결실의 시대에 너희들이 들어
올 수 있으며 선택받을 수 있는 자로
서 그 자리를 지키는 백성으로 먼저
거듭나라.
36 너희들이 하는 복음이요, 전도 사업이
요, 그리고 믿음의 나 여호와의 참진
리의 씨앗을 뿌리고 그를 가꾸는 것은
지금 나의 아들을 따르는 제자들이요,
나의 법전을 깨우친 그 백성들만 할
자격이 있으며,
37 그들만이 그 일을 할 수 있는 자들이
요, 그들이 그 일을 하고자 지금 준비
하여 세상으로 퍼져 나가고 있음이니,
38 너희들은 너희들 자신이 깨우치는 것
부터 먼저 하도록 그리하라, 어리석은
백성들아!
39 천국의 구원에 미쳐 너희들이 지금 무
엇인가를 모르며 계절의 변화를 모르
며 계절이 떠나는 것을 모름이니,
40 오늘의 너희들이 씨앗을 뿌리는 믿음
의 시대가 아니요, 너희들이 중간에
그 믿음의 시대도 아니요, 거둬들이고
결실을 맺는 그와 같은 시대에 너희들
이 와 있음을 알라 그리 전하라.

9,636 번째 하나님 말씀

2004년 2월 18일 08시 06분

1 사랑하는 나의 아들아!
2 "네, 아버님! 말씀하옵소서."
3 지금의 너는 모든 종교 집단이요, 지
도자들이 가고 있는 길이며 행하는 것
이 무엇이라 생각하고 어찌 보느냐?
4 "네, 아버님! 저는 그리 보고 있사옵
나이다.
5 아버님께서 말씀하시기를, '물이 고이
면 썩는다.' 그리 말씀하셨듯이, 그 모
두는 지금 제자리에 고여서 썩어 있는
그와 같은 형국이옵나이다.
6 지금의 모든 종교 집단이요, 그 믿음
의 길을 가는 백성들이 앞으로 전진하
고 전진하고자 하나, 그 앞에 장막이
쳐져 있으며 그 장막이 막혀져 있는
것에 부딪쳐 나가지를 못하고 있는
그와 같은 형국이옵나이다.
7 모든 종교 집단이요, 지도자들이 바로
장막을 쳐 놓고 그 장막 앞에 모든 백
성들을 그리 이끌어 와, 그들을 앞으
로 나가지 못하도록 하는 그와 같은
형국으로써 그림이 보이옵나이다.
8 그러니 지금도 깨우친 백성들이 그 장
막을 뚫고 앞으로 나가는 그 백성도
너무나 그 장막이 강하고 두꺼워 뚫
고 나가지 못하는 그와 같은 답답하고
볼 수 없는 형국으로 되어 있는 것으
로 그리 보이옵나이다."
9 그러니 과연 어떠한 길이 그 역사를
하며, 그와 같은 결과는 무엇을 얻는
다 생각하느냐, 나의 아들아?
10 "네, 아버님!
11 그를 뚫으려 해도 뚫지 못하며 넘으려
해도 넘을 수 없는 그 백성들이 선택
할 길은 두 가지밖에 없다 그리 생각
되옵나이다.
12 그들이 그 자리에서 계속 나가고자 몸
부림쳐 지치고 지쳐 저 스스로 거기
에 죽어져 가는 그와 같은 삶을 살든
지,
13 그렇지 않으면 지금까지 저희들이 험

악하게 살아온, 그 죄의 온상에 살아
온 그 길을 되돌아가는 것, 그것밖에
는 결국 없다 생각하옵나이다."
14 그러니 과연 그들이 그 장벽을 뚫고자
앞을 나가고자 몸부림치다 지쳐 죽어
가는 길과, 그리고 저희들이 죄의 온
상으로 살아온 그 길로 되돌아가는 그
것밖에 없음이니,
15 과연 그것은 어떠한 형국으로써 이루
어지며 어떠한 변화가 있단 말이더냐?
16 "네, 아버님!
17 그들은 양자택일을 할 수밖에 없사옵
나이다.
18 그러니 그 뒤로 돌아가는 것은 바로
곧 지옥이요, 그리고 저희들이 영원히
다시 나올 수 없는 그 대가를 치르는
길로 전락되는 것, 그것밖에 없다 생
각되옵나이다.
19 오늘의 종교 집단들이 너무나도 두껍
고 높은 장벽을 쳐 놓았기에, 그걸 깨
달아서 다음의 세대요, 앞을 내다보며
앞을 보고자 몸부림치는 그 백성들은
물러설 수도 없으며 다시 되돌아갈
수 없는 그 마음 때문에,
20 죽기 아니면 살기로 그 장벽을 넘으려
몸부림치다 그 자리에서 앞으로 나가
지 못하며 보지 못하고 죽어 가는 형
국이 되니, 그도 또한 지옥이요,
21 그리하여 그 장벽이 두껍고 무서우니
나가지 못하고 뒤돌아서 제가 온 길을
도로 돌아서 가야 될 것이니, 그것 또
한 지옥의 길이라 저는 그리 생각되
옵나이다, 아버님!"
22 나가지도 못하고 뒤로 돌아가는 것은
또 지옥이요, 뒤로 돌아가는 길밖에
없는 그 가련하고 불쌍한 백성들을 너
희들이 어찌해야 되겠는가?
23 "네, 아버님! 저와 저의 제자들이 이
법전을 가지고 깨우쳐 그 문을 부수며
그 장막을 부수며 그들이 어떠한 길
로써 그 장벽을 부술 수 있는가 그 지
혜와, 그 장비를 손에 쥐여 주는 그와
같은 역사를 이루는 것이 저희들이 해
야 할 길이옵나이다.
24 오로지 그를 깨고 부술 수 있는 것은
아버님께서 새로 내리시는 이 성경이
요, 이 법전을 보고 천사와 같이 아름
다운 마음으로 변하는 것이요,
25 그것만이 그 장벽을 부술 수 있으며
그를 뚫을 수 있으며 그를 넘을 수 있
는 그와 같은 역사가 이루어지며, 그
것밖에 없다는 것을 저는 지금 다시
한 번 느끼고 있사옵나이다."
26 사랑하는 나의 아들아! 그들은 그 자
리에서 죽어 가지 아니하면 왔던 그
험난한 길로 되돌아가는 길밖에 없으
니, 되돌아가는 자도 지옥이요, 그 죽
음의 길임을 너희들이 아니,
27 이제는 너희들이 그 역사하는 것을 잠
시도 주저하지 말며 게으름을 가져서
도 아니 되며 용기를 저버려서도 아니
될 것이니라, 사랑하는 나의 아들딸들
아!
28 너희들이 자신과 용기를 잃지 말며
'우리는 천사가 될 수 있다.', 그리고
너희들은 그와 같이 될 수 있다, 나 여
호와의 뜻에 의해 살 수 있다, 그를 항
상 가슴에 안고 살도록 그리하라.
29 그리하면 너희들도 모르는 사이에 스
스로 이루어지며 역사하고 있다는 것

을 알게 될 것이니라.

9,637 번째 하나님 말씀

2004년 2월 18일 08시 12분

1 사랑하는 나의 아들아!
2 "네, 아버님! 말씀하옵소서."
3 오늘의 믿음의 길을 가는 그 백성 너
희들이 지금 구원을 받으며 매달리고
있는 신약 시대의 성서는 무어라 말하
였느냐?
4 중간 주자의 것이라 말하지 아니하였
느냐?
5 중간 주자의 역할을 하는 것이 신약이
요, 너희들이 해야 할 길이라 하였음
이니라.
6 그리하여 제3의 시대의 마지막 주자
가 지금 이 세상에 내려와 역사함이
니, 너희들이 중간 주자와 마지막 주
자의 차이가 무엇인 줄 알겠느냐?
7 "네, 아버님! 저는 그리 생각하고 있
사옵나이다.
8 신약 시대요, 저희들이 이 중간의 시
대에는 어떻게 행하는 것이 아버님의
뜻이며, 어찌어찌 가는 것이 아버님께
구원의 길이요, 아버님께 영광을 돌리
는 길인가, 그것을 깨우쳐 주는 것으
로써 모두가 다 끝나는 것이라 그리
생각되옵나이다.
9 어찌해야만 아버님의 뜻에 의해 사는
것이며, 그 길을 갈 수 있는 것이며,
10 어떠한 행동이 정녕 구원의 길이며,
또한 저희들이 어떠한 행동이 잘못된
길이며, 그리하여 그 대가를 치르는
것인가,
11 그와 같은 것을 깨닫도록 가르쳐 주
는 것이 중간의 시대라 그리 생각되옵
나이다.
12 그리하며 제3의 시대요, 지금에 역사
하는 것은 바로 아버님께서 저희들에
게 직접 명하는 시대라 그리 생각되옵
나이다.
13 도둑질해서는 아니 된다, 거짓 해서는
아니 된다, 그러니 너희들이 남에게
언짢은 행동을 해서도 아니 된다, 사
랑으로써 베풀고 살아야 된다,
14 그와 같은 구약과 신약에 전해져 있
는 것을 제3의 시대는 그대로 행하는
것이며, 그대로 행하지 아니하면 아무
런 의미가 없는 것이며,
15 마지막 주자는 그를 행하고 실천하지
아니하면 아무런 가치가 없으며 의미
가 없으니,
16 그리하여 지금은 아버님께서 직접 지
키도록 명하는 시대이니, 명하심을 그
대로 따르는 것, 그리고 그대로 임하
는 것, 그와 같은 역사의 시대라 저는
그리 생각되오며,
17 아버님! 또한 저희들은 그 길을 따라
가고자 하는 것이 저희들의 뜻이옵나
이다."
18 사랑하는 나의 아들아! 지금의 마지
막 시대에 선택된 너희들은 나의 뜻에
의한 행위를 행하는 것이며, 행동으로
써 보이는 시대임을 잊어서는 아니 될
것이니라.
19 구약과 신약의 시대는 너희들이 어찌
하는 것이며 어찌 깨우치며 어떠한 길
로 가야 되는 것이며, 어찌 너희 마음
을 다스려야 되는 것인가를, 모두를

너희들에게 가르쳐 주고 깨우쳐 주는
시대요,
20 지금은 나 여호와가 너희들에게 명하
는 것을 그대로 '예', '아니요'가 아니
라 그저 '예'라는 대답으로써 모두를
행하고 역사하는 것이 마지막 주자가
달려가는 그 시대임을 알라.
21 그리했을 때 우승의 명예의 영광을 얻
을 수 있는 것임을 알라, 사랑하는 나
의 아들딸들아!
22 너희들이 오로지 중간 주자는 네가 달
려가 앞에 있는 주자에게 넘겨주면 된
다는 그와 같은 생각을 가지고 모두를
다 질주하나, 그리고 제가 좀 뒤처진
다 해도 앞에 있는 마지막 주자가 또
한 그 역사를 이룰 수 있다는 그와 같
은 기대를 할 수 있는 것이니라.
23 마지막 주자는 다음에 줄 자가 없으며
모든 결과는 저희들에게 달렸음이니,
온몸으로 최선을 다하여 그저 앞만 보
고 달려가는 것이니,
24 행동만을 하는 것이요, 행동 지침에
따라 움직이는 것이 마지막 시대의 너
희들과 중간 주자와의 차이점이라는
것을 그리 전하라.

9,638 번째 하나님 말씀

2004년 2월 18일 08시 16분

1 사랑하는 나의 아들아!
2 "네, 아버님! 말씀하옵소서."
3 너희 자신의 마음을 비우며 너희 자신
을 스스로 다스려 가는 그와 같은 행
동은 너희들이 생각과 마음을 갖는 것
만으로써 변화될 수 없으며 절대로 역
사할 수 없다는 것을 알라.
4 너희 자신을 비우고 너희 자신을 다스
리는 그 모두는 너희들의 생각과 마음
으로써는 안 됨이니,
5 그를 역사하고 너희들이 거둬들이기
위해서는 행함이 중요하지 않더냐?
6 그 행함보다 더 중요한 것이 없으며
행함이 없이는 모두를 다 이룰 수 없
음이니라.
7 그러니 마음을 연들 무엇하는가?
8 너희들이 다스리는 그와 같은 것을 생
각만 하고, 마음의 문을 여는 행동을
하지 아니하며 너희들을 다스려 깨우
침을 행하는 행동을 하지 아니한다면
아무런 의미가 없음이니라.
9 그러니 나 여호와가 너희들에게 그리
명한 것이니라, 모두가 다 너희들이
행동부터 중요시하는 그와 같은 삶을
살아가라 함이니라.
10 이제 나의 아들을 따르는 백성 너희들
은 모두가 다 행동부터 중요시하는 생
각으로써 너희들 자신의 마음을 바꾸
며 너희들 삶의 형태를 바꾸도록 그리
하라.
11 너희가 행동을 하는 것이 소중하며,
행동에 옮기는 그와 같은 삶으로 살아
갈 때, 너희들은 모두가 바뀌는 것이
니라.
12 행동 그 자체가 아름다운 쪽으로 바뀌
게 된다면, 너희들이 그리 바꾸지 못
했던 마음의 다스림이요, 너희들의 생
각 자체가 다 바뀌고 변하는 위대한
역사가 이루어진다는 것을 알아야 될
것이니라.
13 그리되면 너희들이 악습에서 손을 놓

고 변화될 수 있으며, 모두를 저버릴
수 있는 그와 같은 너희들이 느낄 수
있는 위대한 변화를 역사하게 될 것이
니라.
14 그와 같은 변화는 바로 무엇이더냐?
15 너희 자신이 육의 세상에서 살아가면
서 육의 세상의 삶의 이치를 알게 되
며, 너희들 육의 세상에 인간이 존재
하는 그 가치를 알게 되며,
16 너희들이 가야 할 길과 너희들이 역사
할 수 있는 그 모두를 바라보며 깨우
침을 얻게 됨이니라.
17 그와 같은 이치를 깨닫고 그를 받아들
여 너희 것으로 만들었을 때, 곧 그때
부터 너희들은 하늘의 뜻을 알게 되며
나를 볼 수 있으며 나의 음성을 들을
수 있는 그와 같은 위대한 은혜와 영
광과 축복이 너희들에게 내려짐을 알
라.
18 그때는 벌써 너희들이 사랑이 충만함
이요, 너희들이 선함을 하는 행동이
너희들에게서 넘쳐흐르게 되어 있음
이니라.
19 그러니 바로 너희들이 사랑이요, 선함
이 그 그릇에 넘치는 충만된 그와 같
은 아름다운 마음으로 되었을 때, 그
게 바로 성령이 임할 수 있는 장소요,
성령이 그득히 임하니,
20 내 뜻을 알며 내 음성을 들을 수 있으
며 나를 볼 수 있으며, 너희들이 갈구
하는 지옥과 천국의 길을 볼 수 있으
며,
21 너희들이 지옥에 가는 자가 어떠한 상
태로써 가는 것이며, 가지 아니하기
위해서는 어떠한 길로 역사해야 하는
것인지를 알며,
22 그때 너희들이 하늘에 오르는 길을 스
스로 오고 있다는 것을 알게 될 것이
니라, 사랑하는 나의 아들딸들아!

9,639 번째 하나님 말씀

2004년 2월 18일 08시 20분

1 사랑하는 나의 아들아!
2 "네, 아버님! 말씀하옵소서."
3 나의 백성 너희들은 너희 자신이 지
금의 삶이 어떠한 삶이며 너희들이
어떠한 길을 가고 있는가를,
4 너희들이 오늘 하루의 삶에 매달리는
시간보다도 수시로 그것을 점검하고
깨우쳐 너희 자신을 들여다보는 시간
이 얼마나 귀하고 소중한 것인가를
알며,
5 그와 같은 삶을 살지 아니하면 너희들
이 정녕 나에게 오르는 길을 볼 수 없
다 내가 나의 법전에 기록하여 전한
그 소중함을 알라.
6 너희 자신이 하루의 삶에 있어서, 너
희 스스로 하루의 살아가는 그 시간
속에서, 하늘의 뜻을 역사하며 하늘의
뜻에 따라 살아가는 그와 같은 마음을
가지고 사는 것은 과연 얼마나 그 시
간이 너희들을 지배하며 차지하는가
를, 한번 너희 자신을 들여다보는 그
와 같은 삶을 살도록 하지 아니하면
아니 되느니라.
7 너희가 지금 하늘의 뜻을 거역하는
행동은 과연 얼마나 되는가, 그리고
하늘의 뜻에 의해 역사하는 것은 얼
마나 되는가?

8 항상 너희들이 하루의 삶을 위해 몸부
림치는 것보다도, 이를 점검하는 시간
을 수시로 가져 깨우치는 그와 같은
삶을 살아가는 것이 얼마나 나의 백
성들 너희들에게 소중하고 귀한 것인
가를 알아야 함이니라.
9 너희는 정녕 나를 볼 수 없는 그와 같
은 백성으로 살아가겠는가,
10 아니면 너희들이 스스로 잘잘못을 들
여다보고 악과 선의 길에서 선을 선
택하며, 너희가 하늘의 뜻에 의해 역
사하는 것인가 아닌가를 깨우쳐 들여
다보는 그와 같은 삶으로 살아 너희들
이 나를 볼 수 있는 그와 같은 은혜를
얻겠는가?
11 너희들이 그리 스스로 변하고 역사하
지 아니하면 아니 되느니라.
12 그러나 지금 수천 년 동안 오는 종교
집단이요, 지도자들은 어찌하는가?
13 저 자신이 하늘의 뜻에 의해 사는 것
과 하늘의 뜻을 거역하는 것을 스스로
들여다봐 그를 바로 다스리고 가꾸고
잡아 나가는 것이 너희들이 나에게 오
르는 길이거늘,
14 모든 믿음의 길을 가는 백성들은 저희
들보다 위대한 자요, 위대한 힘이요,
능력을 가지고 있는 그 누군가에 의존
하여 구원을 받으며 나에게 오르며 모
두를 역사하고자 하는 그와 같은 생각
을 하고 있음이니라.
15 그러니 너희들은 알아야 될 것이니라,
너희들이 남에게 의존하여 구원을 받
으며 나에게 오른다는 생각은 하지도
말라.
16 너희들은 절대로 그와 같은 것으로써
이루어질 수 없음을 알라.
17 너희들이 자신을 찾아 자신을 다스리
며 자신을 평가하는 그와 같은 삶 속
에서, 피나는 노력으로써 악과 선 중
에서 선함을 선택하는 그 자신의 노력
이 없이는 아무것도 이루어지지 아니
함이니라.
18 수천 년 동안 믿음의 길을 오는 백성
들이 저희들보다 위대한 자의 능력에
의하여, 보이지 않는 어떠한 힘에 의
하여, 그 모두를 의존하여 모두를 해
결하고 풀어 가며 저희들 것으로 만들
고자 하는 그와 같은 안일하고 편안한
생각에서 허덕이기에,
19 너희들이 나를 볼 수 없으며 참진리를
볼 수 없으며 하늘의 뜻을 볼 수 없는
어리석은 백성으로 타락된 길을 가고
있다는 것을 그들에게 심어 주도록 그
리하라.

9,640 번째 하나님 말씀

2004년 2월 18일 08시 33분

1 사랑하는 나의 아들아!
2 "네, 아버님! 말씀하옵소서."
3 모두를 사랑하며, 저의 제자를 사랑하
며, 그 신도를 사랑하며, 너 또한 너의
제자들을 사랑한다면,
4 너희들이 나의 성령을 전하며 만백성
을 구하는 그 지도자로서 역사하는 백
성이라면,
5 너희들은 네 뜻에 의해 네 울타리에
모두를 잡아 두려 하지 말아야 될 것
이며, 거기에 잡아 두는 그와 같은 역
사를 해서는 아니 됨이니라.

6 모든 나의 백성들을 울타리 속에 가둬
놓으려 하는 그와 같은 것이 너희들의
오늘의 믿음이요, 수천 년 동안 흘러
온 종교 집단이 역사한 것이기 때문에,
7 너희들이 밖의 세상을 보지 못하여 변
하지 못했으며 거듭나지 못한 그와 같
은 역사가 이루어졌음이니,
8 이제 나의 아들 너 또한 너를 따르는
그 제자들이 나가 선생으로서 역사함
이니, 그들에게 저희들의 뜻에 모두를
다 잡아 두려 하지 말며,
9 저희들의 마음이요, 생각의 울타리를
쳐 놓고 그 울타리 속에서 벗어나지
못하도록 하는 그와 같은 행위를 하지
말도록 그리하라.
10 모든 문을 열어 주며 울타리를 제거해
야 될 것이 이제 나의 아들을 따르는
제자 너희들이 선생으로서 가야 할 자
세요, 기본임을 알라 그리 전하라.
11 다만 너희들이 그들에게 모범적인 행
동을 보여 주는 것이 중요함을 알라.
12 그것이 진정한 지도자의 길이요, 지도
자가 갈 수 있는 길이라는 것을 잊지
말라.
13 모든 종교 집단이요, 지도자는 제 울
타리요, 제 마음의 울타리에 모두를
잡아 두며, 제가 관리하며 제 눈에서
벗어나지 아니하면 아니 되는 것처럼
그와 같이 오늘의 저희 신도요, 그 믿
음의 길을 가는 백성들을 관리하고 다
스리느니라.
14 그러나 나의 아들을 따르는 너희들은
모두를 개방하며 열어 놓으라.
15 그리고 행동으로써만 너희들이 보여
주며, 모범적인 행동으로써 아름답게
살아가는 것, 그것이 정녕 그들에게
너희들이 가르치고 해야 할 일이거늘,
16 제 울타리 속에 모두를 모아 놓고 제
가 바라보며 마음대로 소유하며 제가
마음대로 종과 같이 부릴 수 있다는
그와 같은 생각을 갖는 것은 종교 집
단의 지도자가 아니니, 그리하여 오늘
의 믿음이 잘못되었다 함을 알라.
17 그리하여 항상 변화되는 삶을 살아갈
수 있도록 인도하는 것, 그리고 변화
될 수 있는 길을 열어 주는 것, 그것이
너희들이 가야 할 길이니라.
18 그와 같이 변화될 수 있는 길을 열어
주며 변화될 수 있는 것을 가르쳐 주
었을 때, 나의 사랑하는 백성들이 또
한 변화될 수 있음이니라.
19 그리하여 너희들의 모범된 삶을 그들
이 보고 그들이 나가 또한 모범된 삶
을 살아 만백성을 구하는 그와 같은
역사가 이루어짐을 알라, 사랑하는 나
의 아들딸들아!

9,641 번째 하나님 말씀

2004년 2월 18일 12시 02분

1 "너는 나 외에는 다른 신들을 네게 있
게 말지니라.
2 너를 위하여 새긴 우상을 만들지 말
고, 또 위로 하늘에 있는 것이나 아래
로 땅에 있는 것이나 땅 아래 물속에
있는 것의 아무 형상이든지 만들지 말
며, 그것들에게 절하지 말며 그것들을
섬기지 말라.
3 너는 너의 하나님 여호와의 이름을 망
령되이 일컫지 말라.

4 안식일을 기억하여 거룩히 지키라.
5 네 부모를 공경하라.
6 살인하지 말지니라.
7 간음하지 말지니라.
8 도적질하지 말지니라.
9 네 이웃에 대하여 거짓 증거하지 말지
니라.
10 네 이웃의 집을 탐내지 말지니라.
11 나 여호와가 존재함을 믿는 그 자체가
구원의 길에 들어서는 기본이요 근본
이며, 나의 법전을 가슴에 안고 정독
하는 자, 반석 위에 서서 하늘에 오르
는 찬란한 빛을 보게 되는 영광을 얻
게 됨이니라."
12 사랑하는 나의 아들아!
13 "네, 아버님! 말씀하옵소서."
14 너희들 말에 '10년이면 강산도 변한
다.' 그리하지 않더냐?
15 너희들이 변하지 아니할 것 같은 그와
같은 강산도 10년이라는 세월이 지나
면 변한다 하였음이니,
16 나 여호와가 나의 법전, 새로운 성경
을 나의 아들을 통하여 세상에 내려보
냄이니, 내가 그 역사의 기간이 얼마
라 하였더냐?
17 천 년에 걸쳐서 그 모든 역사를 이룬
다 하지 아니하였더냐?
18 그러니 너희들이 조급히 생각하지 말
며 서두르지 말라.
19 너희들은 파도가 밀려와 그 물이 왔다
가는 것 같으나, 그들은 조용히 백사
장에 모래를 깔아 놓고 또 내려감이니
라.
20 그리하여 파도가 밀려와 또 모래를 깔
고 내려가 하얀 백사장이 이루어지듯
이,
21 그와 같이 보일 듯 말듯 서서히 너희
들이 나의 법전을 가지고 만백성을 깨
우쳐 가는 그와 같은 역사의 순리대로
가야 함을 알아야 될 것이니라.
22 내가 일찍이 너희들에게 무어라 말하
였느냐?
23 물은 위에서 반드시 서서히 흘러내리
니, 그 흐르는 물이 모두 땅을 적시며
모든 동식물의 생명력이요, 그 생명을
불어넣어 준다 하지 않더냐?
24 그와 같은 순리대로 서서히 순리에 따
라 흘러감이니라.
25 그러니 지금 천 년에 걸쳐 나 여호와
가 역사하는 것을 너희들이 몇십 년
남지 않은 그 삶의 세계에서 모두를
다 역사할 것같이 그리 조급히 생각하
지 말라.
26 그저 너희들은 모래가 쌓이는 것처럼,
파도에 밀려와 그 모래가 터를 잡는
것처럼,
27 밀려온 파도가 모래를 싣고 와 처음에
놓고 가는 그 터를 닦음으로 인하여
그 위에 모래가 쌓이고 또 모래가 쌓
여 너희들이 즐길 수 있는 그 넓고 하
얀 백사장이 이루어지는 것이니라.
28 그러니 그와 같은 방법으로써 모두가
이루어짐을 너희들은 알라.
29 그와 같이 백사장이 생기지 아니하며
역사가 이루어지지 아니한다면, 너희
들은 바다에 해일이 일어 뒤집어지는
그와 같은 형국으로써 모두가 이루어
지니,
30 나의 법전을 전하는 것이요, 만백성에
게 깨우치는 것은 바다의 해일이 이는

것처럼 그와 같이 무서운 변화로써 이
룰 수 있는 것은 절대 아님이니 그리
알라.
31 서서히 가라.
32 천 년에 걸쳐서 내가 역사한다는 그
뜻을 안다면, 오늘의 너희들이 조급히
생각하지 말며 불안히 생각하지 말라.
33 서서히 모두를 역사하도록 그리하라,
사랑하는 나의 아들딸들아!
34 그것만이 너희들이 갈 수 있는 길이
요, 너희들이 오늘의 모두를 견딜 수
있는 길이요, 모두를 다 역사할 수 있
는 길이니라.
35 내가 너희들에게 무어라 말하였느냐?
36 믿음의 길을 가는 그 백성들이, 지금
저희들이 구원을 받았다는 백성들이,
저희들이 말로써는 모두를 다하나 행
함이 없다 하지 아니하였느냐?
37 그러니 너희들은 그 행함으로 가라.
38 내가 너희들에게 가르쳐 무어라 전하
였느냐?
39 인간 세상에서 부서지고 무너지는 그
와 같은 재물이요, 하나도 너희들이
소유하고 가져갈 수도 없는 그 재물에
연연하지 말며 거기에 모두를 바치지
말라 그리하였느니라.
40 오늘의 현실에 만족하는 마음으로, 편
안한 마음으로 너희들이 살며, 그 편
안한 마음으로 세상을 볼 때 아름다움
이 그 속에서 싹이 튼다 하지 아니하
였더냐?
41 그러니 너희들이 조급한 마음이요, 불
안한 마음이요, 너희들이 다 버리고
가는, 부서지고 깨지는 그 재물을 너
희들이 갖고자 하는 마음을 갖는다면,
42 너희들도 행동은 하지 아니하며 말로
써만 구원을 받는다는 백성들과 그 종
교 집단들과 무엇이 다르더냐?
43 내가 너희들에게 지혜를 주며 생각할
수 있음을 준다 하지 않았느냐?
44 그것이 내가 너희들에게 내리는 은혜
요, 너희들의 축복이라 하였음이니라.
45 너희들이 남루한 옷을 입으면 어떠하
며, 너희들이 낮은 음식을 먹으면 어
떠한가?
46 너희들이 그저 다리 뻗고 잠잘 수 있
으면 만족한 것이지, 그 이상 그 무엇
을 너희들이 생각한단 말이더냐?
47 여기서 너희들은 듣고 깨달아야 될 것
이니라.
48 너희들의 천 년에 걸쳐서 내가 모두를
역사한다 했으니, 너희들이 천 년에
비하여 사는 세월이 얼마나 되겠는가,
너희들의 수학법으로 계산을 해 보라,
선택된 나의 아들딸들아!
49 그러니 너희들이 지상에 와서 사는 것
은 무엇인 줄 알겠느냐?
50 너희들은 지금 영원히 그 천 년이 넘
는, 그리고 끝이 없는 세월의 삶을 위
하여 오늘의 너희들의 그 얼마 남지
않은 삶의 모두를 다 버리라 하며 던
지라 하는 것이 나 여호와의 뜻이니라.
51 너희들이 2·30년의 삶을 욕심을 버리
며 시기하지 아니하며 질투하지 않는
아름답고 고운 마음으로, 사랑이 넘치
는 그와 같은 마음으로 살다 와 영원
히 너희들이 죽지 않는 그 세상의 역
사를 이룬다면 어떠하겠느냐?
52 내가 너희들에게 말하듯이, '10년이면
강산이 변한다.' 했거늘, 너희들은 10

년을 갖다가 천 년에 비유하여 한번
따져 보라.
53 얼마나 많은 것이 변화가 되며, 너희
들이 또한 살아남을 수 있는 그 생명
이 30년이요, 50년이요, 그것을 천 년
에 비유해 보라.
54 얼마나 멀고 얼마나 긴 시간인가?
55 너희들이 생각할 때 까마득한 세월이
요, 까마득하게 남은 세월이라 그리
말할 것이며, 너희들이 정녕 그와 같
은 것을 볼 수 없으며 역사할 수 없을
것이라 그리 생각할 것이니라.
56 그러니 그보다 더 길고 긴 영원히 변
하지 않고, 영원히 끝이 없이 존재하
는 세상에서 너희들이 나에게 오를
수 있음이니,
57 너희들이 오늘의 2·30년의 삶을 아름
답고 곱게 바쳐 영원히 사는 세상에
거듭나는 은혜요, 축복과 영광을 얻는
다면,
58 과연 너희들이 어떠한 길을 선택해야
되겠는가, 이걸 스스로 너희들이 알아
서 하라.
59 그러니 나의 아들을 따르는 제자 너희
들은 지금 두려워하지 말며 겁먹지 말
며, 어떠한 형태든 두려워하여 떨지
말라.
60 내가 너희들을 모르는 체 결코 버려
두지 아니할 것이라는 걸 어찌 모르
는가?
61 그 믿음에 달렸음을 알라, 사랑하는
나의 아들딸들아!

9,642 번째 하나님 말씀

2004년 2월 18일 12시 05분

1 사랑하는 나의 아들아!
2 "네, 아버님! 말씀하옵소서."
3 너희들이 모두를 사랑하며 그 사랑이
넘쳐흐르는 그와 같은 충만한 백성으
로 거듭나고자 한다면,
4 모든 너희들의 이웃이요, 너희들의 형
제요, 너희들과 접하는 모든 백성들의
단점을 보지 말며 그들의 장점을 보도
록 그리하라.
5 그리하여 너희들이 그들의 단점을 보
거든, 그 단점을 가지고 탓하지 말며
나무라지 말며 그와 같이 살라.
6 그리고 너희들이 그 장점을 보거든 그
장점을 보고 칭찬하며 격려해 주는 데
인색하지 말라.
7 장점을 칭찬해 주고 깨우쳐 주었을 때
그는 더 전진할 수 있으며 변화될 수
있다는 것을 너희들은 알아야 될 것이
니라.
8 너희들이 남의 단점을 보거든 그를 지
워 버리며, 너희들이 남의 장점을 보
거든 배워 너희 것으로 만드는 그와
같은 것을 잊어서는 아니 되며,
9 너희들이 그로 하여금 장점을 보고 배
워 너희 것으로 만들었거든, 그에게
칭찬하며 감사함을 아끼지 말고 주저
하지 말라 그리 전하라.
10 너희들이 칭찬할 줄 아는 백성이 곧
나의 백성이요, 너희들이 칭찬하는 속
에서 하나가 될 수 있다는 것을 알아
야 될 것이니라.
11 너희들이 남의 단점을 보며 장점을 보

지 못하는 자는 결코 하나가 될 수 없으며,
12 너희들이 남의 장점을 보고 배워 칭찬하는 것을 아끼고 칭찬함에 인색한 자는 결국 하나가 될 수 없다는 것을 명심하고 또 명심하도록 그리 전하라.
13 너희들이 하나가 되는 그와 같은 마음을 갖지 아니하면 하늘의 뜻을 알 수 없음이니라.
14 이제 너희들은 여기서 또 한 계단 더 나가야 될 것이니, 너희들은 여기서 나의 뜻을 깨우쳐 들으라.
15 너희들은 각자가 하나하나라 생각하지 말라.
16 모두가 다 한 가정이요, 하나로 생각하라.
17 너희들이 보는 이 세상에 피부색이 다르며 인종이 다르며 언어가 다르며 모두가 다 다르다 하니,
18 그러니 너희들은 각자 사람마다 다르니, 그 수를 헤아릴 수 없을 것이니라.
19 수십억 인구가 살아가는 것이 다르며 생각이 다르며 모두가 다르며, 각자 자기의 가정이 있으며 자기의 생활이 있다 그리 생각하나,
20 창조주 나 여호와가 그 모두를 존재하도록 세상에 만들었으니, 그 모두가 나의 아들딸이니, 내가 보는 것은 나의 하늘의 한 가정에서 이루어지는 것이며, 한 가족에서 이루어짐을 알라.
21 이제 나의 아들을 따르는 제자 너희들은 가정이 너희 가정을 의미하는 것이 아니요,
22 성서에 가르치고 깨우치며, 나의 법전에 너희 가정을 소홀히 하지 말라는 것, 그것이 너희들이 다섯, 여섯 사람의 너희 직계 가족을 사랑하고 그들을 따르라는 것이 아니라,
23 모든 백성을 한 가정의 구성원으로 보도록 하며, 너희 가족 또한 그중의 한 사람이라 그리 생각하는 깨달음을 얻고 세상을 넓게 보며 세상을 그리 생각하고 살아가도록 그리하라, 사랑하는 나의 아들딸들아!
24 나의 성서에, 나의 법전에 가르치는 너희들의 가정이라는 것을 작은 너희들이 가정의 예를 들어 내가 깨우쳐 주나, 나 여호와가 보는 것은 한 가정이니,
25 너희들이 한 가정의 일원으로서 그 가정을 지키고 다스리는 네 집이 네 가정이 아니라,
26 이 세상에 내가 만든 지상의 이 가정을 너희들이 다스리고 깨우쳐 가야 되는 그와 같은 자라는 것을, 그 의미를 알도록 그리하라.

9,643 번째 하나님 말씀

2004년 2월 18일 12시 11분

1 사랑하는 나의 아들아!
2 "네, 아버님! 말씀하옵소서."
3 예수가 세상에 내려와 전하기를, '누구든지 사람 앞에서 나를 시인하면 나는 하늘에 계신 내 아버지 앞에서 그를 시인할 것이요, 누구든지 사람 앞에서 나를 부인한다면 나는 하늘에 계신 내 아버지 앞에서 그를 부인 할 것이라' 그리 전한 의미가 무엇이더냐?
4 "네, 아버님! 그와 같은 뜻이요, 그 전

하는 아버님의 뜻이 왜곡되어 있으며
진실된 그 뜻으로 전해지지 아니하며,
모든 종교 집단이요, 지도자들이 그를
바로 이해하지 못하며 그를 깨닫지 못
하고 있사옵나이다.
5 예수님께서 말씀하신 그것은 아버님
의 뜻에 따라 행하는 자요, 행하지 않
는 자를 구분하는 그와 같은 의미요,
6 예수님께서 세상에 내려와 하나님의
아들임을 인정하고 인정하지 아니하
는 것이 아니라는 것을 그들은 모르고
있사옵나이다.
7 이 대목에서 아버님께서 전하고자 하
시는 것은, 아버님께서 내리신 그 뜻
을 믿고 따르는 자, 그를 인정할 것이
며, 그 뜻을 따르지 아니하고 믿지 않
는 자, 그를 행하여 살아가지 아니하
는 자는 모른다고 부인한다는 그 뜻
을,
8 예수님께서 아버님의 아들임을 믿고
안 믿는 것으로써 그들은 그 부인을
받고 부인을 받지 않는 그와 같은 어
리석은 착각 속에서 지금 믿음의 길
을 가기에 정녕 저희들이 잘못 가는
것이며,
9 인간의 교리가 거기서 싹이 터 오늘의
이와 같이 험악한 세상이 되었다 그리
생각하옵나이다.
10 아버님! 이와 같은 깨달음을 어찌 바
로잡아야 하겠사옵나이까?"
11 사랑하는 나의 아들아, 이 대목의 가
르치고 전하는 뜻이 무엇인가를 그들
이 알아야 될 것이며, 네가 지금 나의
법전에 내 뜻을 기록하여 전하는 그
의미가 바로 나의 뜻임이니, 그를 그
들이 깨우치면 되는 것임을 그들에게
전하라.
12 "네, 아버님! 모든 종교 지도자 그 신
도들이 구원의 길이요, 믿음의 길이
요, 참신앙의 길이라 하여 그들이 가
고 있는 것이, 예수님께서 아버님의
아들이라는 것을 인정하고 그를 굳게
믿으며 그것만을 인정하는 것으로써
구원을 받는다 그리 생각하며,
13 그를 따르며 그를 찾으며 십자가에 죽
은 후에 부활하신 것을 믿는 것이 신
앙이요, 그것을 믿는 것이 구원의 길
이요,
14 그리하여 저희들이 하늘에 오를 수 있
으며 아버님의 품에 안길 수 있다 생
각하며 그들이 지금 가고 있는 것이
오늘의 종교 집단이요, 가르침인 줄
알고 있사오며,
15 이것이 너무나 잘못되어 있으니, 이것
을 바로잡는 그 길에 저희들이 모두를
다 바쳐 역사하고자 굳은 결의를 드리
옵나이다, 아버님!
16 지금의 그들이 가는 길에 십자가에 죽
은 후 부활한 그것을 믿는 것이 신앙
이요, 믿음이요,
17 그리고 예수님께서 아버님의 아들이
라는 것을 믿고 그를 인정하는 것으로
써 구원을 받고 못 받는다 그리 어리
석게 생각하고 있는 그 백성들,
18 정녕 아버님의 뜻을 행하고 지키는
것, 그것이 중요한 것을 아직 모르며
그들이 믿음의 방향이 틀려 있어 그를
바로잡고자 하심을 저는 알고 있사옵
나이다."
19 사랑하는 나의 아들아, 그러하니라.

20 그를 바로잡지 아니하면 그들이 결코
알 수 없으며 볼 수 없음을 너희들은
알아야 될 것이니라.
21 "아버님의 뜻을 알고 그 뜻대로 행하
고 사는 그와 같은 백성이 하늘에 오
를 수 있는 것이며, 그를 따르지 아니
하고 그를 행하지 않는 것은 결코 오
를 수 없다는 것,
22 그리고 그와 같이 행하고 산 자는 아
버님께서 아신다 하여 받아들일 것이
며,
23 아버님 뜻대로 살지 아니하고 지금의
그와 같은 믿음이요, 신앙으로 가는
그 백성들은 아버님께서 모른다 하신
다는 그 답을 그들은 모르고 있사오며
그 의미를 모르고 있는 것이라 그리
생각되옵나이다."
24 그들에게 가르쳐 주라.
25 그들은 모두의 그 답을 모르고 있음이
니라.
26 내가 저희들을 모른다 대답하는 그 답
을 그들은 모르고 있음이니라.
27 그저 나의 아들 예수가 나의 아들이
요, 그리고 부활한 그와 같은 것을 믿
는 것으로써 그것이 저희들이 구원의
길이요, 하늘에 오르는 길이라 생각하
나, 그는 아니니라.
28 나의 뜻대로 내가 역사하고자 하는 것
을 그대로 행하고 지키는 것, 그것이
그들이 구원이요, 하늘에 오르는 역사
가 이루어진다는 것을 그들에게 다시
깨우쳐 주고 다시 가르쳐서 나 여호와
의 참진리의 뜻을 전하도록 그리하라.
29 이 세상의 모든 종교 집단이요, 지도
자, 그 많은 백성들이 이를 알고 있지
못함이니라.

9,644 번째 하나님 말씀

2004년 2월 18일 12시 15분

1 사랑하는 나의 아들아!
2 "네, 아버님! 말씀하옵소서."
3 예수가 성서에 기록하여 전하기를,
'예수가 나의 부름을 받고 세상에 온
것은 화평을 주러 온 줄로 생각하지
말라,' 그리하지 아니하였더냐?
4 '너희들에게 화평을 주러 온 것이 아
니요, 검을 주러 세상에 내려왔다,' 그
리 가르쳤음이니, 너희들은 그 가르침
의 뜻을 어찌 알고 어찌 가는가?
5 너희들의 잘못된 것을 자르고 베어 버
리는 그와 같은 지혜를 가르쳐 주기
위하여 나의 아들 예수가 세상에 내려
왔다는 것을 너희들에게 깨우쳐 줌이
니라.
6 그러나 너희들은 무조건 예수를 믿으
며 그를 찾고 부활을 인정하는 것, 그
것이 구원의 길에 들어서는 것이요,
하늘에 오르는 것이라 그리 가고 있음
이니, 이것이 너희들이 잘못되었음을
알아야 될 것이니라.
7 나의 아들 예수가 검을 주러 왔다는
것은 무엇이더냐?
8 나의 사랑하는 백성 너희들이 악과 선
이 싸워서 악을 쳐 버리며 선을 쌓을
수 있도록 다스리고 가꾸는 것,
9 그와 같이 하여 너희들이 변하는 삶을
살도록 하기 위하여, 너희들이 악과
선을 구분하여 악의 가지를 칠 수 있
는 검을 주러 왔음이니, 이것이 바로

너희들에게 지혜를 주기 위함이요,
10 너희들이 구원을 받고 안 받고 하는
것을 역사하며 그를 심판하기 위해 온
것이 아니라는 그 뜻을 너희들은 알아
야 될 것이니라.
11 나의 아들이 세상에 내려가 너희들에
게 검을 줌이니, 이것은 바로 지혜의
검이니라.
12 너희들이 지혜로움을 가지고, 너희들
이 버리지 못하던 것을 스스로 다스
리고 단죄하는 그와 같은 삶을 살 수
있도록 너희들에게 지혜의 검을 주러
온 것이라는 그 의미를 깊이 알아야
될 것이니,
13 그리하여 너희들이 스스로 역사하며
너희들이 변화되지 아니하면 절대 나
에게 구원을 받을 수 없음이니라.
14 나의 아들 예수가 너희들이 스스로 자
르고 벨 수 있는 그 지혜의 검을 너희
들의 손에 쥐여 준 것이 무엇이더냐?
15 바로 너희들이 악과 선을 스스로 다스
려 바로 서지 아니하면 그 누구도 너
희들을 대신하여 역사할 수 없으며,
안내할 수 없으며, 이끌어 줄 수 없으
며,
16 너희들의 문제는 너희 스스로 해결해
야 되기 때문에 너희들의 손에 악을
칠 수 있는 검을 주러 온 것이요,
17 너희들을 구원하여 너희들이 화평하
고 편안한 마음으로 하늘에 오를 수
있도록 너희를 대신하여 속죄의 양으
로서 온 것이 아니라는 그 무서운 뜻
을 너희들이 알아야 될 것이니라.
18 내가 나의 아들을 통하여 일일이 너희
들에게 깨우치지 못함이니, 160권 중
에 너희들이 그와 같은 의미를 받아들
이고 이해했을 때, 차후에 경지가 높
아졌을 때, 또한 나의 뜻을 다시 내릴
것이니 그리 알라.

9,645 번째 하나님 말씀

2004년 2월 18일 12시 20분

1 사랑하는 나의 아들아!
2 "네, 아버님! 말씀하옵소서."
3 나의 아들 예수가 성서에 기록하여 전
하여 내려온 그 뜻에 이와 같은 대목
이 있음이니라.
4 '사람이 그 아비와, 딸이 어미와, 며느
리가 시어머니와 불화하게 하려 함이
라' 그리 성서에 기록하여 전하였음
이니,
5 지금의 그 믿음의 길을 가는 백성 너
희들이 무엇이더냐?
6 너희들이 그 인간이 아비와, 딸이 어
미와, 며느리가 시어머니와 그 모두가
불화하게 하기 위하여 예수가 세상에
내려왔다 그리 전하였으니,
7 너희들은 그것을 한 가정의 의미로써
묶어 둠이니라.
8 그리하여 너희들이 사람인 너희 아비
요, 부모를 소중하게 생각하지 아니하
며, 너희들이 형제지간에, 또 어미와
딸과, 며느리와 시어머니와 그 가정에
불화가 이는 것,
9 너희들이 같은 믿음을 갖지 아니하며
같은 종교를 갖지 아니하면 그것은
당연한 것이며 그것은 있을 수 있는
것이라 하여,
10 너희들이 너희들과 똑같은 믿음으로

가는 그 가족이 아닌 자를 상대하지
아니하며 인간으로 생각지도 아니하
고 가는 그 교만과 오만을 떨고 있음
이니,
11 그것이 너희들이 얼마나 어리석고 우
매한 짓을 하는 것인가?
12 나 여호와가 개인이 가장 소중하며,
가정이 화목하며, 부모에게 공경하라
십계명에 기록하여 너희들에게 그리
구구절절이 전하고 가르쳤거늘,
13 내가 어찌 아비와 딸과 자식과 그 모
두가 다 화평이 아니요, 불화를 하러
왔다 그리 말하는가?
14 이 모두는 너희들이 스스로 깨우쳐 하
늘의 뜻을 보며 하늘의 이치를 모르는
자들이니, 하늘의 가르침의 의미를 알
아야 될 것이니라.
15 너희들은 누구도 너희 자신을 대신할
수 없음을 알려 주는 그와 같은 대목
이니라.
16 그리고 너희들은 이와 같은 나의 가르
침이 무엇인 줄 알겠느냐?
17 여기서 사람의 가족의 의미를 자기
집안에 두는 것이 아님을 너희들은 알
아야 될 것이니라.
18 내가 여기서 말하는 것은, 너희들이
한 사람이 살아가는 그 가정을 중심
으로 하는 그와 같은 것이 아니요,
19 이 세상의 모든 백성 너희들은 나에
게 똑같은 아들딸이니, 바로 너희들
의 아비요, 어미요, 이와 같은 것은 능
력 있는 자, 지도력이 있는 자, 그와
같은 백성들을 의미하는 것임을 너희
들은 알아야 될 것이니라.
20 그러니 한 가정의 불화요, 이와 같은
것은 너희들이 너희 가정의 관계 속
에서 일어나는 일이 아니라는 것을 알
라.
21 너희들이 이와 같은 깨우침을 알아야
될 것이며, 이와 같은 생각으로 앞에
가는 자가 하늘의 뜻이요, 나의 뜻을
알게 될 것이니라.
22 이 세상이 나의 가정이니, 이 가정 속
에서 너희들이 이루어지는 것, 바로
너희들이 제 종교가 맞고 맞지 않다
며 시기하고 질투하며 사탄이요, 이단
이라 하는 것을 말함이니,
23 나는 너희들이 다 한 가정의 아들딸
이며 한 가정의 식구이니라.
24 세상의 모든 너희들이 오늘과 같이
물고 뜯으며 남의 것을 받아들이지 아
니하며 남의 것을 따르지 아니하는 그
와 같은 너희들의 세상이요, 하늘의
가정의 뜻을 내가 이야기하는 것이니,
25 인간의 가정에서 자식이 부모를 함부
로 하며 아비를 함부로 하며 어미를
함부로 하며 소홀히 하며 받들지 아
니하여도 된다는 그와 같은 것이 아니
요,
26 같은 길이 아닌 자는 무시해도 된다는
너희들의 오늘의 그 사악한 행동을
하게 하기 위하여, 인간 가정의 그 식
구를 말하며 그것을 기준으로 하여
내가 내린 뜻이 아니요,
27 이 세상의 모든 백성을 한 가정으로,
하늘의 가정에서 보고 가르치고 깨우
치는 의미라는 것을 너희들은 이제 깨
우쳐야 될 것이니 그리 알라.

9,646 번째 하나님 말씀

2004년 2월 18일 12시 24분

1 사랑하는 나의 아들아!
2 "네, 아버님! 말씀하옵소서."
3 성서에 기록되었으며 나의 아들 예수
를 통하여 모두 기록된 것이 얼마나
왜곡되고 잘못되었는지 너는 들어 알
것이니라.
4 너희들이 성서에 기록되어 이와 같이
전한 대목이 있느니라.
5 '아비나 어미를 나보다 더 사랑하는
자는 나에게 합당치 아니하고, 아들이
나 딸을 나보다 더 사랑하는 자도 내
게 또한 합당치 아니하고, 또 자기 십
자가를 지고 나를 좇지 않는 자도 내
게 합당치 아니하다.' 그리 가르친 대
목이 있음이니라.
6 그러니 너희들이 또한 이 대목을 어찌
보는가?
7 아비나 어미를 나보다 더 사랑하지 말
라는 그 뜻으로 너희들이 받아들여 이
것을 한 가정에서 역사하여 한 가정의
테두리에 두어 그를 가르치고 그리 전
함이니, 너희 가정에 비유하여 너희들
이 가르치느니라.
8 이것이 얼마나 왜곡되고 잘못된 것인
지 알겠느냐?
9 나의 성서에 이 가정을 비유한 것은
하늘의 가정에 비유하여 내가 전했음
이니,
10 이 세상에 너희들이 모든 권력을 쥐고
있는 자가 아비와 같은 자요,
11 너희들이 또한 재물을 모아 재물을 사
랑하는 자, 그 모두가 자식을 사랑하
는 자요, 그와 같은 형국의 의미로써
내가 얘기함이니라.
12 너희들이 권력이 있는 자를 받드는 것
이 너희 아비를 받드는 것과 같은 그
비유의 뜻이며,
13 재물이 있는 자, 재물을 보유하고 있
는 자를 너희들이 따르며 아부하는 것
이 또한 합당치 못한 것이며, 너희가
자식을 더 사랑하는 것이라는 그와 같
은 의미를 여기에 전하고 있는 뜻임을
너희들은 알고 있어야 될 것이니라.
14 나 여호와는 너희들의 가정에 비유한
것이 아니요, 내 하늘의 가정에 비유
하였음이니,
15 권력 있고 지배하는 자를 너희들이
따르며 나보다 더 사랑하며 그 길을
가고자 하며 그와 더불어 가고자 하는
것이 너희들이 부모를 따르는 합당치
않은 자요,
16 재물이요, 그 모두를 따르는 자가 너
희 자식을 더 사랑하고 더 소중하게
생각하는 자라는 그와 같은 비유의
뜻으로써 내가 세상에 전한 의미임을
너희들은 알아야 될 것이니라.
17 그러니 내가 너희들에게 재물을 사랑
하지 말라 함이며, 권력을 따라 행하
지 말라 전함이니라.
18 너희들이 이제 알라, 부모는 권력이
요, 아들딸은 재물이라는 이 뜻을 깊
이 깨우쳐 깨닫도록 그리하라.
19 내가 십계명에 '네 부모를 공경하라.'
하며 그것이 하늘에 오르는 길이라 전
하였거늘,
20 내가 어찌하여 네 부모요, 네 어미를
나보다 더 사랑하는 것이 합당치 못하

며 죄라 하였겠느냐?
21 네 어미와 아비를 사랑하는 것, 그것
이 곧 무엇이더냐?
22 너희들이 나를 기쁘게 하는 것이요,
나를 사랑할 수 있는 기초요, 근본이
라 하였음이니,
23 여기서 내가 말하는 아비요, 어미는
너희들이 이 세상의 권력 있는 자를
말하며, 힘 있는 자를 말하며, 남 앞에
지도할 수 있는 자, 지도하기를 좋아
하는 자, 지도를 하고 있는 자를 말함
이니, 그와 같은 것을 탐하지 말라는
것이며,
24 너희들의 아들딸을 더 사랑하지 말라
는 것은, 너희들이 재물이요, 그와 같
은 것을 더 사랑하며 그와 같은 걸 소
유하기 위해 모두를 바치는 그와 같
은 마음을 가진 자를 비유하여 가르친
것이거늘,
25 너희들이 왜곡하고 잘못 가르쳐, 이걸
좁히고 좁혀 한 가정에 비유하여 가
르치는 것으로써 변질된 것이니, 이게
성서가 비유로 된 것이니라.
26 십계명에 '네 부모를 공경하라.' 하였
으니, 그것이 우선이라 한 뜻을 안다
면, 너희들이 이것이 잘못된 것을 알
것이니 그리 알라.
27 나 여호와가 네 부모를 사랑하고 공경
하는 것이 나 여호와의 큰 사랑의 백
분의 일이요, 한 자리를 차지함이니,
28 그는 곧 나를 사랑하는 것이니, 그게
나의 기쁨이라 한 나의 뜻이 참진리
요, 내가 너희들에게 깨우치고 전하고
자 하는 뜻이라는 것을 너의 제자들
은 알아야 될 것이며, 나의 법전을 읽
은 백성 너희들은 깊이 깨우치라.

9,647 번째 하나님 말씀

2004년 2월 18일 12시 27분

1 사랑하는 나의 아들아!
2 "네, 아버님! 말씀하옵소서."
3 너희가 참진리인 나의 법전이요, 나의
십계명을 지키고 살지 아니한다면, 너
희들은 참진리를 알 수 없으며 그 성
서의 뜻을 알 수 없으며, 너희들이 하
늘에 오르는 길을 가는 백성이 아니요,
4 너희 자신의 환상이요, 착각 속에서
살아가며 인간 세상에 너희들이 만든
인간의 그 교리를 갖고 사는 백성이요,
5 구원을 받았다, 은혜를 받았다며 지금
광분하는 짓을 하고 있는 어리석은 백
성이라 그리하였음이니라.
6 나 여호와의 뜻을 모르며 나를 모르
니, 내가 너희들을 모른다 한다는 것
은 당연한 이치가 여기 있음을 알라.
7 너희들이 나의 법전이요 나의 계명이
요, 참진리대로 살지 아니함이니, 심
판대에 왔을 때 내가 너희들에게 모른
다 하는 것은 당연한 것이 아니더냐?
8 너희들의 마음의 문이 열려 있는 자,
그리고 마음을 비운 자, 그와 같은 백
성이 나의 십계명을 보며 나의 법전을
읽을 때, 너희들은 무섭고 두려워 몸
이 떨려 그 책장을 넘기기에 겁을 먹
을 정도로 그와 같은 무서움을 깨달을
것이며 그와 같은 느낌을 알 수 있을
것이니라.
9 그러니 저 자신을 버리지 못한 백성,
저를 던지지 못한 사람이 아무리 이를

읽고 깨우쳐도 볼 수 없음이니, 곧 너
희들이 참진리요, 하늘에 오르는 뜻을
볼 수 없는 것임이니 그리 알라.
10 너희들이 마음을 열고 너희 자신을 던
지고 버린 다음에 나의 법전을 차분히
열어 보라.
11 그러면 너희들이 무엇인가를 알게 될
것이며, 두려움과 무서움이요, 하늘의
뜻이 무엇인가를 알게 될 것이니라.
12 너희들을 던져 버리고 사는 삶의 길을
가지 않는 자, 구원받았다 말하는 그
들, 그 모두가 저 자신을 속이는 것이
며, 저 자신이 저에게 거짓말하는 행
위를 하며, 저희들이 그 허상의 믿음
속에서 지금 캄캄한 밤을 헤매고 있는
백성들이요,
13 길의 안내자가 없으며 불빛이 보이지
않는 도저히 나올 수 없는 그 웅덩이
에서 허덕이고 진흙탕 속에 범벅이 되
어 있는 어리석고 불쌍한 백성의 형국
이라는 것을 너희들은 알아야 될 것이
니라.

9,648 번째 하나님 말씀

2004년 2월 18일 12시 34분

1 사랑하는 나의 아들아!
2 **"네, 아버님! 말씀하옵소서."**
3 모든 종교 집단이요, 지도자 너희들은
모든 신도요, 너희들에게 와 설교를
듣고 깨우치고자 하는 그 백성들, 2년
이상 공부한 자들을 제대로 가르치고
깨우쳤다면, 세상에 내보내야 되는 것
이니라.
4 그러나 너희들은 그 백성으로부터 재
물을 갈취하며 고혈을 빨기 위하여 너
희들이 언제까지고 그들을 움켜쥐는
그와 같은 방법이요, 그와 같은 울타
리요, 장벽 안에 가두는 데만 모두를
다했음이니라.
5 그러니 지금까지 믿음의 길을 오는 그
신앙에서 너희들이 2년, 3년을 가르
쳐서 그들을 세상에 내보내 선생으로
서 바로 서도록 하는 것이 아니요,
6 그들이 나갈 수 없도록 벗어날 수 없
도록 너희들이 옹벽이요, 담을 쳐 놓
고 그들을 우물 안에 가둬 놓는 그와
같은 형국으로 되었음이니, 그들이 어
찌 변하는 것을 알며 하늘의 뜻을 안
단 말이더냐?
7 이제 지금이라도 너희들이 그 신도라
는 자, 2년이요, 3년이라는 그 긴 세월
을 지나고 깨우친 자, 그 모두를 다 졸
업시켜 세상에 내보내어 만백성을 구
하도록 해야 될 것이며,
8 지금이라도 너희들이 그 모두를 풀어
놓아야만 너희들에게 그 기회가 있음
을 알라.
9 너희들이 그와 같이 했더라면 오늘의
이 험악한 세상은 되지 아니하였을 것
이니라.
10 그러나 너희들의 장벽 속에 가두며
우물 안 개구리처럼 그들이 봄 여름
가을 겨울이요, 동양의 작은 나의 나
라의 그 아름다운 사계절을 알지도
못하도록 하는 자라 하지 아니하였더
냐?
11 그러니 이제라도 너희들이 그들을 졸
업시켜 그 모두를 다 내보내는 그와
같은 것으로써 했을 때,

12 너희들이 그나마 구원의 길이요, 거듭
날 수 있는 기회가 너희들에게 주어진
다는 것을 절대 잊지 말라.
13 그들이 세상에 나가지 아니하며 너희
들이 그들을 세상에 내보내지 아니함
이니,
14 너희들이 믿음의 길을 가며 나의 뜻
을 전하는 백성은 빛과 소금이 되어
모든 백성들에게 역사하는 존재라 그
리 말하지 아니하였느냐?
15 그러니 너희들이 그들을 잡고 평생
죽을 때까지 움켜쥐고 고혈을 빨며
재물을 갈취하기 위해 그들을 묶어
놓고 잡아 놓고 있음이니,
16 그들이 어찌하여 세상에 나가 빛과
소금이 될 수 있는 그 역사를 이룰 수
있단 말이더냐?
17 너희들은 모든 깨우친 백성은 빛과
소금이 되는 삶을 살아야 된다 하면
서, 그들을 평생 너희들의 교회에서
설교하는 것을 듣기만 하며, 그저 재
물만 바치며, 죽을 때까지 거기에 존
재하도록 함이니,
18 과연 어찌하여 그들이 빛과 소금이
된단 말이더냐?
19 그러니 제대로 가르치지 못하며 제대
로 인도하지 못한 것이 너희들이 아니
더냐?
20 저 혼자만이 빛과 소금이 될 수 있단
말이더냐, 저 혼자 빛과 소금이 되어
만백성에게 무엇을 전하겠는가?
21 그러니 너희들이 정녕 참진리를 깨우
쳤다면, 나 여호와의 참뜻을 안다면
그들을 가르쳐 세상에 내보냈을 것이
니라.
22 그러니 너희들이 그들로 하여금 재물
을 거둬들이며 그들을 도구로 쓰고자
하는 그 욕심 때문에 내보내지 못하
며, 선생으로서 밖으로 밀어붙이지 못
하니,
23 너희들이 바로 가르칠 수가 없으며 바
로 깨우칠 수가 없음이니라.
24 어찌하면 그들을 가둬 놓으며 어찌하
면 그들을 붙잡아 놓을 수 있는가 그
쇠사슬을 만드는 것만 너희들이 연구
했으며 족쇄를 채우는 것만 연구했으
니,
25 참진리요, 하늘에 오르는 뜻이 아니
요, 나의 뜻을 역행하는 그와 같은 길
만 간 자들이라는 것을 알라.
26 그러니 지금 빛과 소금이 되어야 한다
부르짖는 자, 그와 같은 길을 차단하
고 막는 모든 종교 집단 지도자, 너희
들이 잘못 가고 잘못 가르치고 잘못
따라가고 있음을 알겠느냐?
27 그리하여 내가 더 이상 너희들을 기
다릴 수 없으며,
28 지금이라도 세상에 나가 빛과 소금이
되도록 너희들이 무엇인가를 가르쳐
세상에 내보내면 될 것이거늘,
29 너희들은 제 목숨은 내놓아도 절대
그와 같이 하지는 않을 것이니,
30 이제 내가 나의 법전을 세상에 내려
보내며, 그를 따르는 나의 백성들로
하여금 문을 닫고자 함이며, 그를 보
고 너희들 스스로 문을 닫는 슬픔을
겪게 할 것이니 그리 알라.
31 나의 아들을 따르는 제자들 너희는 모
두가 다 오늘의 살아가는 그 의미가
어디 있으며, 너희들이 존재하는 것이

어디 있는가를 깊이 깨달아 행하도록
그리해야 될 것이니라.
32 이제 모든 이 세상의 백성들에게 너희
들은 나가서 전해야 되며 깨우쳐야 될
것이니,
33 2년이요, 3년이라는 그 세월 동안에
나의 아들 너는 그들을 잘 가르치고
깨우쳐 그들이 바로 설 수 있다 할 때,
세상에 내보내 만백성을 구할 수 있도
록 그리하라.
34 지금의 종교 집단이요, 지도자처럼 재
물이요, 금화를 거둬들이기 위하여 언
제까지나 제 먹이로써 이용하는 종교
지도자요, 그 집단들의 사악한 행위를
더 이상 내가 볼 수 없으니,
35 그들을 다스리는 것은 너희들밖에 이
룰 수 없음이니,
36 너희들은 너희 제자들을 2·3년 동안
에 잘 다스리고 깨우쳐서, 그들이 빛
과 소금이 되도록, 지도자로서 세상에
나아가 역사할 수 있도록 그리 내보내
라, 사랑하는 나의 아들아!
37 그러니 지금의 너희들이 공부하며 나
의 뜻을 듣는 것이 얼마나 소중하고
귀한 것인가를 알라 그리 전하라.

9,649 번째 하나님 말씀

2004년 2월 18일 12시 38분

1 사랑하는 나의 아들아!
2 "네, 아버님! 말씀하옵소서."
3 나의 사랑하는 백성 너희들은 알아야
될 것이니라.
4 너희들이 세상의 그 형태가 어찌 보
이는지, 그것이 바로 무엇인 줄 알겠
느냐?
5 너희들의 마음의 형태요, 너희들의 마
음의 모형이라는 것을 알라.
6 너희들의 마음의 모형이 어떠하냐에
따라서 세상의 그 모든 사물이 그 모
형으로 보임이니라.
7 둥글게 보이면 너희들이 둥근 마음이
요, 각지게 보이는 것은 너희들이 각
진 마음이요, 잣대처럼 보이는 것은
네 마음이 잣대와 같은 마음이기 때
문에 그리 보임이니라.
8 그러니 아름답게 볼 수 있도록 너희
들의 마음을 다스리는 것이 우선 근본
이요, 기본임을 알라.
9 그러니 너희들이 사악하게 보는 것은
너희 마음이 사악함이요,
10 남을 시기하는 것은 네 마음이 시기
하는 마음으로 가득 차 있음이며,
11 남을 음해하고 모함하는 자, 남을 욕
하는 자, 그 모두는 너희 마음이 그와
같이 형성되어 있음을 너희들은 알라.
12 남의 아름다운 모습이 보이고, 남을
칭찬하고 사랑하는 말이 네 입에서 나
온다면, 너희는 이미 너희 마음의 모
형이 그와 같이 아름답고 사랑하는 마
음이요, 칭찬하는 마음으로 갖춰져 있
음을 알아야 될 것이니라.
13 이제 나의 아들을 따르는 제자들이요,
나의 법전을 읽고 깨우친 만백성 너희
들은 들으라.
14 너희들이 한 마디의 말을 할 때, 하나
의 행동을 할 때, 그를 백 번 천 번 생
각해서 하라 함이 무엇인 줄 알겠느냐?
15 너희들이 하는 말이 너희 마음의 모형
이요, 너희들이 행동하는 것이 너희

마음의 모형이니,
16 너희 스스로 아름다운 모습으로써, 사
랑하는 모습으로써 이 세상에서 너희
들의 모형을 만들고 너희 마음을 만들
고 너희 마음을 다스리기 위해서는,
너희들이 백 번 천 번 생각해 보고 인
내하는 마음으로써 변화되어야 될 것
이니라.
17 너희들이 다스리고 또 다스리고, 참고
또 참고, 고치고 또 고치는 그 속에서
너희들이 아름다운 사랑이요, 남을 칭
찬하는 마음이요, 남을 존경할 줄 아
는 마음이요, 남의 말을 들을 수 있는
마음이요,
18 그와 같은 너희들의 마음의 모형이 다
듬어진다는 것을 잊지 말도록 하라,
사랑하는 나의 아들딸들아!

9,650 번째 하나님 말씀

2004년 2월 18일 12시 43분

1 사랑하는 나의 아들아!
2 "네 아버님! 말씀하옵소서."
3 지금의 모든 종교 집단과 지도자, 그
리고 광분하는 그 신도 그들에게 너는
전해야 될 것이니라.
4 과연 그들이 가고 있는 믿음의 그 형
태를 사랑하는 나의 아들 너는 어찌
보는가?
5 "네, 아버님! 저 자신이 감히 가슴이
떨려 오며 두려워 이 말씀을 드릴 수
없사옵나이다.
6 아버님께서 물으시는 그 답에 대답하
여 제가 느끼는 대로 말씀을 드릴 때,
그것이 사실이요, 틀림없는 일이라면
어찌하겠사옵나이까, 아버님!"
7 사랑하는 나의 아들아, 네가 지금 보
고 있는 모든 종교 집단이요, 그들을
기록하여 전하도록 그리하라.
8 "네, 아버님! 제가 보는 지금의 모든
종교 집단의 지도자들은 그렇사옵나
이다.
9 자기들이 아버님의 뜻을 따라 아버님
의 뜻에 의해 역사하며, 그 길이 구원
의 길이요, 하늘에 오르는 길이라 그
리하나,
10 정녕 아버님을 인정하지 않는 지도자
들이 이 세상을 지배하고 있으며, 아
버님을 인정하지 않는 자들이 그 깨우
침을 받았다 말하며 그리 가고 있는
형국이니, 이 무서움과 두려움을 어찌
하겠사옵나이까?
11 지금의 종교 지도자 그들이 아버님을
저희들의 발아래 두려 하는 자요, 저
희들의 신발 아래 깔고 뭉개려는 그와
같은 행위를 함이니,
12 그러면서도 두려운 줄을 모르며 무서
운 짓을 하는 것이라 저는 그리 보여
기록하옵나이다, 아버님!
13 가장 낮은 자가 종교 지도자요, 만백
성의 종이라 하였사옵나이다.
14 그러나 그들이 지금 교회를 짓고 저희
들이 회개한다 하며 가는 그 역사함이
어떠한 것인가를 아버님께서 잘 아시
겠사옵나이다.
15 그러나 제가 보는 그들은 너무나도 화
려하며 너무나도 호화로운 그들의 생
활 속에서 그들이 얼마나 변질되고 잘
못된 것인가를 가슴이 아플 정도로 무
섭고 두려운 마음으로 보옵나이다.

16 그들이 감히 아버님을 저희들의 발아
래 두려 하며 저희 신발창 밑에 깔고
뭉개며 비비는 그와 같은 사악한 행
위를 하고 있는 것이라 저는 그리 생
각되옵나이다, 아버님!"
17 그러니라, 나의 아들아!
18 그들은 나를 절대적인 하나님으로 생
각하고 절대적으로 나 창조주를 믿고
생각하는 자들이 아니니라.
19 그들은 이 무서운 사실을 알아야 될
것이며, 저희들이 거듭나는 그 무서운
변화가 없이는 절대 아니 될 것이니라.
20 모든 종교 집단이요, 지도자 그들은
나를 찾으며 나의 이름에 의해 경배하
며 모두를 이룬다 하나, 그들은 나를
지워 버린 자들임을 너희는 알아야
될 것이니라.
21 그러니 저희가 아무리 화려한 성전을
지어 나에게 바친다 하며, 궁궐 같은
것을 지어 나에게 바치며, 아무리 값
진 것으로 치장하여 너희들의 성전이
요, 교회를 지어 나에게 바친다 하여
도,
22 이는 너희들이 나를 인정하지 아니하
는 행위에서 이루어지는 것이니, 이게
사탄이요, 사악한 자의 뜻을 위해, 그
들을 충족시키기 위해 이루는 것임을
알라.
23 나의 뜻에 의해 행하지 아니한다면 그
것이 무엇이더냐?
24 사탄의 권세를 위하여, 사탄의 권세를
누리기 위하여, 그리하여 사탄의 자식
이 되어 사탄이 누리는 그 권세를 저
희들이 누리고 역사하기 위하여 모두
를 만들고 지금 행하고 있는 것이 그
들이라 함이니라.
25 나 여호와가 말하여 다시 한 번 너희
들을 깨우쳐 너희 가슴에 심어 주고
자 함이니,
26 지금의 모든 종교 집단의 지도자 그
들은 나를 믿지 아니하며 나를 인정하
지 않는 자들임을 알라.
27 모든 그 권세요, 그 모두를 위하여 아
름다운 성전이요, 아름다운 궁전이요,
교회를 지어서 나에게 바친다 하며
저희들이 수단과 방법을 가리지 않고
있으니,
28 그것이 사탄에게 권력을 주는 것이요,
사탄에게 힘을 주는 것이요, 나와는
관계없는 자요,
29 사탄의 권세를 저희들이 누리려는 사
악한 자들이 오늘의 이 세상을 지배
하고 있으니,
30 그 모두를 다 내가 뽑아 유황불에 던
지고자 함이니 그리 알라.

9,651 번째 하나님 말씀

2004년 2월 18일 12시 49분

1 사랑하는 나의 아들아!
2 "네, 아버님! 말씀하옵소서."
3 내가 성서에 기록하여 전하기를, '솔
로몬의 얻은 모든 영광이요, 그 은혜
모두가 다 피었다 시드는 꽃 한 송이
만큼의 은혜에도 못 미치는 것이며 그
영광에 견줄 수 없는 것이라' 내가 그
리 말하지 아니하였던가?
4 그러니 그 영광만도 못한 것이 너희들
이라 하였음이니라.
5 하나의 꽃이 피는 것이 얼마나 위대

한 것이며 얼마나 대단한 것이더냐?
6 그러니 솔로몬의 영광은 그 생명이
피었다 시든 꽃 하나를 역사하는 것
만도 못하다 내가 너희들에게 이르지
아니하였더냐?
7 그러니 더군다나 너희들이 생명을 나
로부터 받아 나가 이 세상에 태어남
이니, 너희들은 내가 내린 길고도 긴
너희들의 육의 세상의 삶을 살다가
나에게 부름을 받을 때, 너희들이 나
로부터 받아 간 그 명을 마치고 나에
게 돌아오는 것이니,
8 과연 너희들이 피었다 시드는 그 꽃
의 생명에 비한다면 너희들이 얼마나
큰 은혜요, 나에게 소중하고 귀한 아
들딸인가를 한번 생각해 보았느냐?
9 너희들은 그저 아궁이에 던져지는 꽃
보다 그 소중함이 몇천 배 몇만 배 더
함이니, 견줄 수 없는 너희들이라는
것을 과연 생각해 보지 않았더냐?
10 내가 성서에 기록하여 피었다 시들면
아궁이에 던져지는 그 꽃도 내가 입히
고 먹이며 그들을 그리 잘 관리하고
다스리거늘,
11 너희들이 수십 년 동안 살아가는, 그
리고 내가 내린 명의 그 길고도 긴 인
생의 삶을 사는 너희들을,
12 어찌하여 내가 하루 피었다 바로 시
들어 아궁이에 던져지는 그 꽃보다도
내가 너희들을 거둬들이지 아니하며,
내가 너희들을 사랑하지 아니하며, 내
가 너희들에게 모든 은혜를 내리지 아
니하였다 그리 말하는가?
13 그 모두는 너희들이 욕심을 버리지 못
한 자이기 때문이니라.
14 그 모두가 너희들이 믿음이 약하며 너
희들이 욕심을 버리지 못하며 마음을
비우지 못하였으며,
15 너희들의 믿음이 진정한 믿음이 아니
요, 말로는 나를 경배하며 모두를 바
쳐 따른다 하나, 너희들은 믿음의 기
초도 안 된 자들이기 때문이니라.
16 진실한 믿음의 길을 가는 백성이 없음
을 너희들은 증거하는 것이며, 나 여
호와의 뜻에 의해 살아가고자 하는 백
성이 없음을 알라.
17 이제 나의 아들을 따르는 제자요, 나
의 법전을 읽고 깨우친 만백성 너희들
의 귀함과 소중함이 무엇인 줄 알겠느
냐?
18 너희들은 나의 아들을 통하여 내리는
강론이요, 나의 뜻을 지키고 행하고자
몸부림치니,
19 그것이 바로 너희들이 소중한 자들이
라는 것을 알아야 될 것이니, 그는 곧
나를 믿는 것이 아니더냐?
20 그리하여 너희들이 소중한 자라 함을
다시 한 번 깊이 새겨 두도록 그리하
라.
21 종교 지도자 자신이 믿음의 길을 확고
한 믿음으로 가지 못하고 있음이니,
22 확고한 믿음이 없이 그 정답을 모르고
가르치는 종교 지도자요, 그 밑에서
배우며 가는 자, 깨우치는 신도들, 그
들의 믿음의 길이 과연 어떠하겠는가?
23 과연 그것이 정도의 길이요, 하늘에
오르는 길이라 하겠느냐?
24 정답을 모르고 오답을 가지고 가르치
는 것을 듣고 정답을 찾을 수 있는 것
이 없음을 알라.

25 나 여호와가 너희들에게 그리하였느
니라.
26 '염려하지 말라, 너희들은 무엇을 먹
을까 무엇을 마실까 무엇을 입을까 걱
정하지 말라.' 하였거늘,
27 너희들은 한 자도 빼지도 더하지도 말
라 하는 그 성서는 위대한 것이라 그
리 말하면서,
28 과연 무엇을 먹을까 무엇을 입을까 무
엇을 마실까 걱정하여 그 미래를 준비
하고 쌓아 두는 그와 같은 행위를 하
는 종교 집단이요, 지도자는 없는가?
29 한 자도 고치지 말고, 한 획도 빼고 더
하지 말며 고치지 말라는 자들이, 과
연 나의 성서에 기록한 내용대로 행하
고 사는가?
30 너희들이 한 자도 고치지 말며 더 넣
지도 말며 한 획도 고치지 말라, 이는
두렵고 무서운 것이라 한다면, 너희들
이 그 내용대로 지키고 살아가야 하는
것이 아니더냐?
31 그러니 지금의 종교 집단이요, 지도
자, 가르치는 그 선생이라는 자들이,
나로부터 명을 받았다 하는 자들이 제
이름으로 제 자식의 이름으로 재산을
해 놓지 아니하며,
32 저희들이 교세가 확장될 때 저희들이
살아가는 모습이 천태만상으로 바뀌
는 그와 같은 사악한 행위는 하지 않
는가?
33 그러니 모두가 지옥으로 이끌어 가는
사탄의 자식으로서 너희들을 이끌어
가는 자이니, 그들을 단죄하라.
34 그리고 나의 법전을 높이 들어 읽고
깨우쳐 하늘에 오르는 길이 여기 있음
을 만백성에게 부르짖는 자, 너희들이
생각할 수 없는 은혜와 영광과 축복이
있을 것이니라.

9,652 번째 하나님 말씀

2004년 2월 18일 12시 52분

1 사랑하는 나의 아들아!
2 "네, 아버님! 말씀하옵소서."
3 내가 성서에 기록하여 전하기를, 너희
들은 내일을 위하여 염려하지 말며 오
늘의 삶을 충실히 살아가라 그리하였
음이니라.
4 '내일은 내일 염려할 것이며, 한 날의
괴로움은 그날로 족할 것이라' 그리
내가 전하였거늘,
5 과연 지금의 믿음의 길을 가는 백성,
그리고 구원을 받았다며 울고불고 맹
종 맹신하며 광란의 짓을 하는 자, 너
희들이 바로 이와 같은 것을 얼마나
지키고 살아가는가 너희들 자신을 돌
아다보라.
6 나 여호와는 '비판을 받지 않으려면
너희들이 남을 비판하지 말라.' 그리
하였음이니,
7 과연 지금 수천 년 동안 믿음의 길을
오는 그 백성 너희들이 비판하지 아니
하며, 비판하는 행위를 하지 아니하
며, 남의 허물을 탓하며 남의 허물을
욕하며 비웃지 않는가?
8 그리고 남의 허물을 즐겨 말하는 자가
지금 믿음의 길을 가는 백성 중에 한
사람도 없단 말이더냐?
9 그리고 종교 집단이요, 너희들은 비판
하기를 즐겨 하며, 남을 음해하는 것

이요, 시기 질투하는 것이 너희들의
종교 집단 안에서 이루어지는 것보다
더 험하고 심한 것이 없음을 알아야
될 것이니라.
10 한 획도 빼지 말며 한 자도 빼고 더하
지 말라 가르쳐서 가는 자들이 과연
그리 지키고 행하느냐?
11 이를 나는 너희들에게 다시 한 번 물
어보고자 함이니라.
12 성서에 기록하여 '너희들이 비판하면
그 비판으로 너희들이 비판을 받을 것
이요, 너희가 헤아리면 그 헤아림으로
너희가 헤아림을 받을 것이라' 내가
전하였으니,
13 과연 너희가 구원을 받는다는 백성으
로서 한 점의 부끄러움 없이 내가 원
한 그 뜻을 그대로 행하고 지키고 살
아가는 백성이 있는가, 종교 지도자는
과연 그대로 지켜 가는가?
14 성서대로 행하고 살아가는 자가 과연
얼마나 있는가?
15 내가 보기에는 너희들이 아무도 그와
같은 자가 없음이니라.
16 그저 재물을 거둬들이는 지도층에 있
는 자요, 그저 바치면 구원을 받는다
하는 것, 너희들이 짜고 죄를 짓고 짜
고 지옥 불로 가는 모습만 보이니,
17 너희들이 구원이라는 것은 전혀 볼 수
도 없으며, 구원이라 말하기 전에 추
한 모습의 너희들을 볼 수 없으며, 추
한 모습의 너희들이 하는 행위를 내가
어디에도 찾아볼 수 없으며,
18 그 누구와도 견줄 수 없이 그와 같이
타락된 자들이 오늘의 믿음의 길을 가
는 종교 집단이요, 지도자요, 그 신도
너희들이라는 것을 알라.

9,653 번째 하나님 말씀

2004년 2월 18일 20시 54분

1 사랑하는 나의 아들아!
2 "네, 아버님! 말씀하옵소서."
3 지금의 나의 법전이요, 새로운 성경이
세상에 내려가 만백성을 구하고자 하
는 이 역사가 뭐라 하였느냐?
4 제3의 시대요, 마지막 시대요, 결실의
시대라 내가 그리하지 아니하였더냐?
5 그리고 내가 너의 제자들에게 전하여
일렀느니라.
6 나의 아들 예수가 세상에 내려오니,
그 예수가 다시 세상에 재림해 왔을
때, 그가 명하고 가르치고 전하고자
했던 것을 따르는 백성이 하나도 없
으며 지키는 백성이 없음이니 그를
탄식한다 그리 말하지 아니하였더냐?
7 그러니 지금 내가 제3의 시대요, 마지
막 시대에 나의 성령을 태워 세상에
내려보내는 그 뜻이 무엇인 줄 알겠느
냐?
8 모두를 다 내가 마지막 시대에 정리하
고 다스리고자 하며 결실의 시대가 역
사함을 너희들은 알아야 될 것이니라.
9 그러니 지금 새로운 성령의 나의 뜻이
세상에 전해짐이니, 이게 바로 예수가
다시 재림하여 너희들을 구원하고 구
원하지 않는다는 그와 같은 심판의 시
대가 열리는 것과 무엇이 다르던가?
10 나의 아들 예수가 세상에 내려가 너희
들에게 역사하는 것과 무엇이 다르던
가?

11 창조주 나 여호와가 직접 나의 성령을
세상에 내려보내 나의 법전의 뚜껑을
열 때 내가 너희들과 같이한다 하였음
이니,
12 이는 내가 직접 통제하고 다스리는 것
임을 너희들은 알겠는가?
13 이는 마지막 시대이기 때문에 그 누구
도 통제할 수 없으며 누구도 다스릴
수 없음이니라.
14 하늘의 문을 열고 닫는 것은 나 여호
와의 고유의 권한이라 하였듯이, 마지
막 시대는 나 여호와가 직접 너희들을
다스리고 있음이니,
15 이게 바로 내가 법전이 심판의 기본이
요, 근본이라 함이 여기 있음이니라.
16 그리하여 내가 심판의 시대를 역사하
고 있음이니, 나의 성령이요, 내 뜻이
지금 여기에 내려와 있음이니,
17 지금까지 모든 종교 집단이요, 지도자
들이 내 뜻을 거역했으며 내 뜻을 위
해 살아온 자가 아니라 하였음이니라.
18 그리하여 내가 나의 아들을 통하여 너
희들에게 가슴을 울리는 그 무서운 뜻
을 전했느니라.
19 지금까지 믿음을 모르는 모든 백성들
이 나의 법전을 가슴에 안고 정독하여
하늘에 오르는 길이 무엇이며 내가 원
하는 것이 무엇인가를 스스로 깨우쳐,
너희 자신 하나 구원을 받는 그것을
보라 하였음이니라.
20 남을 구원한다 하며 너희들이 복음을
전한다 하는 그와 같은 행위를 중단하
라 하였음이니라.
21 그것이 내 뜻이 아니요, 내가 역사하
는 것이 아니요, 너희들이 내 뜻을 거
역하는 그와 같은 행위를 함이니,
22 너희들이 복음을 전하며 내 뜻을 전도
하는 것은 너희들이 나의 백성들을 무
너지게 하며 바로 서고자 하는 자까지
도 무너트리는 그와 같은 행위를 함이
니,
23 너희들이 그 모두를 중단하며, 너희
스스로 바로 서며 구원의 길이 무엇인
가 그것을 보라 한 뜻임을 알라.
24 이제 너희들이 수천 년 동안 흘러왔던
그 모두를 내가 여기서 접으며, 나의
아들이요, 나의 아들을 따르는 제자들
이요, 나의 법전을 읽고 깨우치는 그
백성들로 하여금 내가 다시 복음을 전
하며 내 뜻을 전하는 역사를 하되,
25 너희들처럼 말로써 전하는 것이 아니
요, 너희들이 나의 성서를 가지고 그
뜻을 알지도 못하며 비유의 뜻을 알
지 못하는 지도자가, 알지 못하는 선
생이 가르치는 그와 같은 형국으로써
가르치는 것이 아니라,
26 나의 성령을 모든 백성이 듣고 보면
다 알 수 있도록 내가 간단히 풀어 책
으로 만들었음이니, 이 책이 복음서
요, 이 책이 나의 성령을 전함이니라.
27 그리고 복음을 전하는 것이요, 전도
요, 그 사업이 나의 법전으로써 이루
어짐이니,
28 어디를 가든 너희들이 똑같은 말을 하
게 되어 있으며 어디를 가든 너희들이
똑같이 행동하게 되어 있는 것이 나의
법전의 위대함이니라.
29 내 법전에 기록되어 있는 것은 그런
비유의 뜻이 아니요, 그 모두를 풀어
기록하였음이니,

30 글을 아는 자는 이를 보면 제가 어찌
걸어가야 될 것이며, 제가 어찌 앉아
야 될 것이며, 제가 어찌 뛰어야 될 것
인가 알도록 그 모두를 상세히 내가
기록하여 전함이니,
31 동서남북 어디를 가든 이를 보고 읽
고 깨우친 백성들은 하나가 될 것이
며, 하나가 되도록 그리되어 있음을
너희들은 알라.
32 이것이 위대한 것이니라.
33 그리고 너희들이 나의 법전의 위대함
이 무엇인 줄 알겠느냐?
34 지금까지 역사한 종교 집단이요, 지도
자 너희들의 그 물리적인 힘이요, 그
조직의 방대함이요, 그걸 다 하루아침
에 낙엽이 떨어지듯 무너트릴 수 있
는 것이 바로 나의 법전의 위력이요,
위대함이라는 것을 너희들은 알라.
35 너희들은 승자가 될 것이며, 나의 법
전은 세상을 덮어 동서남북 어디를 가
든 너희들은 한 형제라며 너희 손을
잡을 것이며 너희들은 그때 하나가 됨
이니라.
36 나의 법전을 가슴에 안고 읽는 자는
너희들이 시기하지 않으며 질투하지
않으며 종파가 없음이니, 바로 너희들
이 하나가 됨이니,
37 이게 바로 위대한 역사를 시작하며 내
가 이루고자 하는 뜻이니, 머지않아
너희들은 내가 이루고자 하는 위대함
을 알게 될 것이니 그리 알라.

9,654 번째 하나님 말씀

2004년 2월 19일 06시 31분

1 사랑하는 나의 아들아!
2 "네, 아버님! 말씀하옵소서."
3 나의 법전을 접하며 나의 아들을 따라
가는 그 백성은 영원히 시들지 않는,
제 몸에서 떨어지지 않는 꽃이요, 그
리고 어떠한 형국에도 지지 않는 꽃과
같은 삶을 사는 자요,
4 나의 법전을 접하지 아니하며 나의 법
전을 공부하지 아니하며 이를 나의 새
로운 성경으로 받아들이지 않는 그 백
성은 꺾인 꽃이 시드는 것과 같은 형
국이라는 것을 알아야 될 것이니라.
5 아름다운 꽃이 꺾여서 그 꽃이 시들어
떨어지는 그와 같은 삶을 너희들이 살
것인가, 그렇지 아니하면 그 몸통에서
떨어지지 아니하는, 영원히 지지 않는
아름다운 꽃으로서 너희들이 남을 것
인가?
6 이것이 바로 너희들이 나에게 오르고
못 오르는 그 차이임을 알아야 될 것
이니라.
7 나의 법전을 읽고 깨우치며 나의 아들
을 통하여 내리는 강론을 듣고 깨우친
만백성 너희들은 정녕 떨어지지 않는
꽃이요, 꺾이지 않는 꽃이며, 영원히
제자리를 지켜 아름답게 피는 꽃이니,
8 이는 계절에 따라서 시들고 안 시드는
그와 같은 꽃이 아니니라.
9 너희들이 계절에 관계없으며 춥고 더
움에 관계없으며 시간과 때가 필요 없
음이니라.
10 항상 아름답게 피어 있는 꽃이요, 항

상 지지 않는 꽃이요, 그것이 나에게
오르는 길이요, 영원히 존재하는 세상
의 삶이니,
11 너희들은 그와 같은 삶의 길을 선택하
며 그와 같은 꽃이 될 것인가, 그렇지
아니하면 꺾여서 시들어 그저 버려지
는 그와 같은 꽃이 될 것인가?
12 이것이 나의 아들을 따르는 제자 너희
들이 오늘 생각하고 깨우쳐 가야 할
길이라는 것을 잊어서는 아니 될 것이
니라.
13 나는 너희들에게 그 모두를 주었음이
니라.
14 시들지 않는 꽃이요, 떨어지지 않는
꽃이요, 꺾이지 않는 꽃이요, 그리고
계절을 타지 않는 그와 같이 영원불변
한 꽃으로서 존재할 수 있는 그 모두
를 지금 나의 아들을 통하여 내리며,
그리고 나의 아들을 통하여 강론으로
써 너희들에게 직접 깨우쳐 주며,
15 또한 내가 너희들에게 기적과 이적의
역사로써 그 모두를 다스려 나가는 그
와 같은 역사를 이룰 것이라 그리 전
하였느니라.
16 그리고 나의 법전이 세상을 덮어 만백
성을 구하는 그와 같은 역사를 이룰
것이니,
17 그게 바로 지지 않는 영원한 꽃이라
는 것을 너희들이 증명할 수 있도록,
그리고 너희들이 모두를 체험할 수 있
도록 그와 같이 역사한다 하였음이니
라.
18 이제 나의 아들을 따르는 제자들이요,
나의 법전을 읽고 깨우친 만백성 너희
들은 두마음을 가져서는 아니 될 것
이니라.
19 너희들은 오로지 진정한 믿음이요, 오
로지 나 여호와가 존재하며 이 세상의
모두는 나 여호와의 계획하에 내 뜻에
의해 이루어진다는 그와 같은 깨달음
이요, 믿음을 갖고 생각할 수 있는 백
성이 되어야 될 것이니라.
20 정녕 너희들이 모두는 내가 역사하며,
너희들이 말하는 머리카락 하나까지
세고 있는 나 여호와라면, 너희들이
과연 어떠한 삶을 살아가야 하겠는가?
21 너희들이 말은 그리하여도 그 두려움
과 무서움을 아는가?
22 그와 같이 무섭고 두려운 것을 너희들
은 과연 얼마나 생각하고 사는가?
23 이와 같은 너희들의 마음 자세를 다스
려 봐야 될 것이니라.
24 그리고 나의 아들을 따르는 백성 너희
들이 무엇이 두렵고 무엇이 무서우
며, 너희들이 어찌하여 남에게 지고
남보다도 못한 마음이요, 흔들리는 마
음을 가지고 갈 수 있다 생각하는가?
25 나의 아들을 따르는 제자 너희들이 불
안한 마음이요, 초조한 마음이요, 의
혹하는 마음을 갖는 그 모두가 너희
들이 믿음이 아니요, 두마음이라는 것
을 알아야 될 것이니라.
26 모든 백성들이 저희들이 소원하고 기
도하는 것이 우상을 섬기는 것이라 하
였으며 다른 신을 섬기는 것이라 말하
였으니,
27 모두는 제가 소원하고 갈구하면서, 그
리하여 저희들은 다른 신을 모시며 우
상을 섬긴다 한 그 뜻을 알겠느냐?
28 너희들이 불안한 마음이요, 초조한 마

음이요, 의혹하는 마음을 갖는 자, 그
모두가 너희들이 다른 신을 섬기는 자
요, 우상을 섬기는 자와 같음을 알라.
29 나를 믿지 못하는 자, 나를 경배하지
못하는 자, 굳건한 믿음이 약한 자, 그
리고 흔들리는 자, 의혹하는 자, 그 모
두가 또한 다른 신이요, 우상을 섬기
는 자와 같다는 것을 너희들은 잊어서
는 아니 됨이니라.

9,655 번째 하나님 말씀

2004년 2월 19일 06시 37분

1 사랑하는 나의 아들아!
2 "네, 아버님! 말씀하옵소서."
3 나의 법전을 정독하며 나로부터 선택
된 백성이요, 너를 따르는 제자, 그 모
두는 너희들이 삶의 방향과 너희들의
살아가는 그 모두가 일반 백성들이요,
그리고 모든 백성들과 차별화되어 있
음을 알아야 될 것이니라.
4 세상의 모든 백성들은 살아가는 것이
저희들이 선한 행동으로써, 아름다운
행동으로써 살아가는 것으로써 그들
은 임무를 다하며 저 자신의 소임을
다하는 것이니라.
5 그러니 그들은 제가 악한 삶을 사느
냐, 선한 삶을 사느냐에 따라서 그 대
가를 치르며, 거기에 따라 상과 벌을
받으면 그것으로써 끝남이니라.
6 그러나 나의 아들을 따르는 제자들이
요, 선택된 나의 아들딸 너희들은 그
리해서는 아니 됨이니라.
7 너희들은 선한 말과 선한 행동으로써
너희 자신이 구원받고 구원받지 못하
는 그와 같은 삶이 아님이니라.
8 나의 아들을 따르는 제자요, 나의 법
전을 읽고 깨우친 만백성 너희들은 선
한 말과 선한 행동으로써 살아가는 것
이 남을 구하는 그와 같은 위대한 역
사를 이루는 것이니, 이것이 너희들
이 일반 백성들과 다른 것임을 알아
야 될 것이니라.
9 그러니 너희들이 악한 말과 악한 행
동을 보임으로써 많은 사람을 지옥으
로 이끌어 가는 그와 같은 형국이 됨
을 알라.
10 나의 아들을 통하여 내가 뭐라 전하였
느냐?
11 나의 아들 예수가 세상에 내려올 때,
그들이 깨우친 자, 바로 가는 자가 하
나도 없음이니, 다시 역사하며 다시
새로운 시대를 열어 간다 그리 말하지
아니하였더냐?
12 그리하여 나의 아들이 너희들에게 가
르치고 전하기를, 지금까지 모든 믿음
의 길을 오는 백성이 스스로 저를 구
원하는 길, 제가 하늘에 오르는 길을
보기 위하여 모두 다 거듭나야 한다
하였음이니라.
13 그리고 나의 복음이요, 나의 뜻을 전
하며 만백성을 구하고 구하지 아니하
는 것은, 지금 나의 법전을 읽고 깨우
치는 선택된 나의 아들딸이요, 나의
아들을 따르는 제자 너희들로서 역사
한다 하였음이니,
14 이것이 너희들이 차별화됨을 알아야
될 것이니라.
15 모든 백성들은 저희들이 깨우쳐 하늘
에 오르는 길을 보지 않아 그 죄를 받

는 지옥으로 가는 것이 저희들에게
달렸으나, 너희들은 그렇지 아니함을
알라.
16 너희들이야말로 선하고 아름다운 사
랑을 베푸는 그 행동은 만백성을 구하
는 역사를 이루는 것이니,
17 이는 복음을 전하는 자요, 나의 뜻을
전파하는 자로 명받은 자들이요, 그
일을 할 수 있는 너희들이기 때문이니
라.
18 그러니 만백성을 구하는 역사를 받으
며 새로운 시대에 모두를 전하고 역사
하는 너희들이 사랑을 베풀지 않으며
악한 말과 악한 행동을 하는 것은 바
로 만백성을 지옥으로 이끌어 가는
그와 같은 역사를 한다는 것, 이를 너
희들은 깨우쳐 행해야 함을 잊어서는
아니 될 것이니라.

9,656 번째 하나님 말씀

2004년 2월 19일 06시 41분

1 사랑하는 나의 아들아!
2 "네, 아버님! 말씀하옵소서."
3 나 여호와가 새로운 시대를 열어 감이
니, 나의 뜻을 전하며 나의 복음을 전
하며 만백성을 구하는 길에 선택된 너
희들이 무엇인 줄 알겠느냐?
4 일반 백성들은 저희들의 삶을 살아가
는 것이니라, 그리고 흐름에 따라서
살아갈 수 있음이니라.
5 그리하여 그들은 더러는 무너질 수 있
으며 또한 더러는 전진할 수도 있으며
변할 수 있는 그와 같은 삶의 얽히고
설킨 속에서 깨우치며 살아갈 수 있음
이니라.
6 그러나 나로부터 선택된 나의 아들딸
이요, 나의 아들을 따르는 제자 너희
들은 절대 그와 같은 길이 있어서는
아니 됨이니라.
7 너희들은 고통스럽고 어려운 길이 거
듭나는 길이라는 것을 알고 있기에,
너희들은 그 길을 두려워하지 말며,
그 길을 감에 의혹하지 말며, 주저하
는 마음을 가져서는 아니 됨이니라.
8 그러니 나의 아들을 따르는 제자요,
선택된 나의 백성 너희들은 항상 긴장
을 풀어서는 아니 됨을 알아야 될 것
이니라.
9 너희들이 긴장이라는 것을 잠시라도
풀었을 때, 너희들이 긴장하는 맘을
놓았을 때, 너희들은 다시 무너지는
그와 같은 형국으로 가게 됨이니라.
10 그러니 나로부터 선택된 백성 너희들
은 오로지 전진뿐이요, 물러남이 있어
서는 아니 될 것이니라.
11 스물네 시간이요, 너희들이 정해 놓은
그 시간을 하루에 사는 것, 그 모두가
너희들이 긴장 속에서 살아야 되며,
잠시도 긴장을 풀어서는 아니 됨이니
라.
12 일반 모든 백성들은 살아가면서 긴장
을 풀어 느슨함이 있으며 또 거기서
깨우쳐 갈 수 있음이니라.
13 그는 자기 자신에 대한 문제요, 자신
에 대한 벌과 상이 따르는 것이요, 자
신 하나만 변해 가면 되는 것이기 때
문에, 그들은 그리하면서 변해 갈 수
있으며, 또 그리 갈 수 있음이니라.
14 그러나 너희들은 긴장 속에서 너희들

이 풀어짐이 있어서는 절대 아니 됨이
니라.
15 너희들은 무너짐이 없이 오로지 어렵
고 힘들고 고통스러운 길을 마다하지
않고 가야 하며,
16 그리하여 너희들이 거듭나고 거듭나
지 못하는 것은 만백성이 너희들을 보
고 거듭나고 거듭나지 못하는 그와
같은 운명이 달려 있는 자들이니라.
17 그러니 긴장을 풀어서는 아니 됨이니
라.
18 너희들이 긴장을 놓는 순간에 세상의
모든 사탄들은 너희들을 유혹할 것이
며,
19 너희들은 말이 달라질 것이며, 행동이
달라질 것이며, 그 생각 자체가 순식
간에 무너지는 것이니라.
20 그러니 너희들에게 내가 뭐라 말하였
느냐?
21 남의 것을 하나 훔쳤을 때 너희들이
열 개를 갖다 놓아야만 된다 하였음이
니,
22 너희들이 긴장이 풀어져 흔들리는 말,
사악한 말, 사악한 생각을 함으로, 너
희들이 열배 백배를 그 순간에 변화
되지 아니하며 너희들이 깨달아 다시
태어나지 아니하면 아니 됨이니, 너희
들이 그 길을 어찌 갈 수 있단 말이더
냐?
23 너희들이 긴장을 풀지 아니하고 가는
그 삶으로 가야 될 것인가, 너희들이
긴장을 풀어 일반 백성들까지 무너졌
다 거듭나는 그 속에서 너희들이 쌓이
고 쌓인 그 답을 언제 이룬다 말이더
냐?
24 그러니 너희들은 긴장을 풀어서는 절
대로 안 됨이니, 그 긴장을 풀지 않는
것은 나 여호와가 항상 존재하고 있음
을 두려움을 아는 마음, 그것이 아니
면 아니 됨이니 그리 알라.

9,657 번째 하나님 말씀

2004년 2월 19일 06시 48분

1 사랑하는 나의 아들아!
2 "네, 아버님! 말씀하옵소서."
3 모든 종교 집단이요, 종교 지도자들이
요, 그리고 구원을 받았다는 그 백성
들의 바람이 무엇이던가?
4 저희들의 구원이 소원이며, 나의 나라
에 오는 것이 그들 모두의 갈망하는
소원이니라.
5 그러니 저희들이 하늘에 오르는 길은
재물을 많이 바치며 저희 손으로 지은
죄의 온상인 교회요, 성막이요, 성당
에 모두를 바침으로써 저희들은 축복
을 받으며,
6 그리고 저희들이 영광된 길이며 저희
들은 거듭날 수 있으며 구원을 받는
것이라 너희들이 오늘 그와 같이 가르
치고 가는 것이 아니더냐?
7 그리하여 너희들이 재물을 많이 바치
는 것, 죄를 짓고 울고불고하며 회개
라는 행동을 하는 것, 그것으로써 너
희들이 모두를 다 구원받을 것이라 하
여 그리 바침이니라.
8 오늘의 종교 지도자들이 그와 같이 너
희들에게 재물로써 구원받을 수 있다
그리 전하고, 그것으로써 하늘에 많이
쌓아 놓는 자는 그와 같은 축복을 받

는다 그리 가르치는 것이 수천 년 동
안 흘러온 오늘의 종교 집단이요, 지
도자요, 그 신도들이 가르치고 알고
깨우친 것이 아니더냐?
9 그러나 너희들은 재물로써 구원을 받
을 수 없는 것이라 하며, 지금 나의 아
들을 따르는 그 제자들이요, 그리고
나의 법전을 읽고 깨우친 만백성 너희
들은 결코 재물로써 거래할 수 없으
며, 거래하는 것으로써 구원을 받을
수 없다 하여, 그것을 더욱이 책으로
기록하여 만백성에게 전하고 또 전함
이니,
10 정녕 너희들을 핍박할 것이며 너희들
을 존재하지 못하게 하는 것은 당연
한 일이 아니던가?
11 그러니 너희들이 가는 길이 얼마나
어렵고 힘들던가?
12 나의 아들 예수를 따르는 그 제자들이
요, 그 백성들 또한 그와 같은 핍박을
견디지 못하여 등을 돌렸으며, 스스로
무너지는 그와 같은 오늘의 역사가 흘
러온 것이 아니더냐?
13 그러니 너희들 또한 그 핍박을 감당키
어려울 것이니라.
14 그러나 이 길을 넘고 가는 것이 너희
들이 가야 할 길임을 알아야 될 것이
니라.
15 이 세상의 모든 종교 집단이요, 종파
요, 그 백성들이 하나가 되어 너희들
을 핍박할 것이니라.
16 지금의 종교 집단을 내가 너희들에게
뭐라 하였느냐?
17 고리대금이라는 해서는 안 되는 사업
을 하며 몸을 파는 매음의 행위를 해
서라도 그 재물을 많이 바치면, 그를
칭찬하며 그를 격려하며 그의 죄를
다 용서받은 것이라 그리 말하며,
18 그 재물을 하늘에 쌓아 놓는 것만큼
축복을 받을 것이며 은혜를 받을 것이
라 그리 가르치는 것이 종교 집단이
요, 지도자들이 하는 행위라 나의 아
들을 통하여 그리 말하였으니,
19 이 말을 전하는 나 여호와의 마음이
과연 어떠하겠는가?
20 너희들은 모든 종교 집단이요, 지도자
들이 그렇지 아니하다 말할 것이니라.
21 너희들은 들어야 될 것이니라.
22 그보다 더 사악한 짓을 하고 살인을
해서라도 재물을 바치는 자, 이는 너
희들이 사랑으로써 용서하는 자이며,
이를 숨겨 주고 거두어 준다는 것이니,
23 재물로써 용서받으니 너희들이 어떠
한 죄도 죄가 아니라 말하며 너희 스
스로 그 죄에 동참하는 자가 되는 것
이 오늘의 종교 집단이요, 지도자라면
너희들은 믿겠는가?
24 그러니 너희들이 재물을 많이 쌓아 놓
는 것, 많이 바치는 것으로써 나에게
오를 수 있으며, 그리 갈구하고 소원
하는 축복의 은혜를 받을 수 있다는
그들에게,
25 너희들은 그와 같은 것은 절대로 되지
아니하며, 너희들이 천사와 같이 변화
되는 네 마음을 바침이 하늘의 기쁨이
요, 하늘에 보배를 쌓아 놓는 것이라,
그리고 창조주 나 여호와가 바라는 것
이요, 원하는 것이라 함이니,
26 이를 듣고 전하는 모든 종교 집단이
요, 지금까지 왔던 그 백성들이 반감

과 조소로써 너희들을 감당치 못하게
밀어붙일 것이며,
27 또한 나의 아들의 가슴에 독화살을 쏘
고자 하는 것이 그들일 것이니, 너희
들은 이를 알아야 될 것이니라.
28 그들은 감히 나 여호와를 비웃고 나를
핍박하는 자들이니라.
29 나의 참진리요, 하늘에 오르는 길, 그
모두를 다 묻어 버리는 자들이요, 그
리고 그 가혹한 행위가 너희들은 얼
마나 무서운 짓을 하고 있는가?
30 나의 피조물 만백성 중에 너희들보다
더 가혹한 자가 없음이니라.
31 곧 이는 무엇이더냐, 너희들이 죽음
의 고통이요, 지옥의 길이요, 그곳에
서 그 대가를 치르도록 만들고 안내
하는 자들이니,
32 이 세상에서 그 누구도 너희들보다 가
혹한 자가 없으니,
33 가혹하게 나의 백성이 그 고통을 당
하도록 몰고 가는 것이 너희들임을 알
아야 될 것이니라.

9,658 번째 하나님 말씀

2004년 2월 19일 06시 59분

1 사랑하는 나의 아들아!
2 "네, 아버님! 말씀하옵소서."
3 지혜로운 백성이요, 현명한 백성은 내
가 나의 아들을 통하여 내리는 이 160
권의 법전이요, 새로운 성경을 읽고
그를 볼 것이며, 그 내용을 알게 될 것
이며, 그 속에 들어 있는 나 여호와의
위대한 그 뜻을 알게 될 것이니라.
4 그리하여 그걸 아는 백성은 깨달음을
얻을 것이요, 그리고 그 깨달음을 얻
는 백성은 바로 구원의 길을 볼 것이
며,
5 그 구원의 길을 보는 백성은 하늘에
오르는 찬란한 빛을 볼 것이니,
6 그 빛을 따라 너희들이 나에게 와 구
원을 받는 그와 같은 역사가 이루어질
것이니라.
7 그러나 어리석고 미련한 백성들은 나
의 새로운 성경을 저희들이 찢어 버리
며 태워 버리며, 나의 아들의 가슴에
활을 쏠 것이며, 사탄이요, 이단이라
말할 것이니,
8 이것이 나의 법전 한 권을 놓고 너희
들이 보고 깨우치는 것이 이와 같이
엄청난 차이가 있음을 알아야 될 것
이니라.
9 한 권의 나의 법전을 놓고 너희들이
보고 느끼는 것이 지혜롭고 현명한 자
가 느끼는 것과 보는 것은 어떠한 것
이며, 그리고 어리석고 미련한 자가
보는 것은 어떠한 것인가를,
10 이와 같은 것을 지금 내가 나의 아들
을 통하여 전하였음이니, 너희들은 이
를 만백성에게 전하도록 하라.
11 너희들이 나의 법전이요, 나의 새로운
성경을 읽고 깨우치는 것은 지혜로운
자요, 현명한 자요, 그리고 구원의 길
이요,
12 그렇지 않은 자는 어리석고 미련한 자
요, 너희들이 정녕 구원의 길을 볼 수
없음이니,
13 이와 같이 이 세상에 살아가는 너희들
이 하나의 삶 속에서 하나의 사물을
보고 접하는 것이 사람마다 그와 같이

다름이니, 이는 곧 무엇이더냐?
14 너희들이 그 마음의 문을 열어 아름답
고 순수한 자요, 남의 것을 받아들이
는 겸손한 자요, 그리고 받아들이지
못하는 오만한 자요,
15 이것이 너희들이 얼마만큼 무서운 결
과를 초래하는 것인가를 알게 될 것이
니라.
16 영원히 존재하는 세상에서 너희들이
거듭나는 은혜를 입든, 영원히 사는
그 세상에서 너희들이 지옥에서 영원
히 나오지 못하는 그 속에서 죄의 대
가를 치르는 삶을 살든, 그것은 너희
들에게 달렸음을 알라.

9,659 번째 하나님 말씀

2004년 2월 19일 11시 41분

1 사랑하는 나의 아들아!
2 "네, 아버님! 말씀하옵소서."
3 인간 세속에서 너희들이 살아가는 삶
에 권좌의 주변에 있는 것, 권력자의
주변에 있는 것이 영광이요, 축복이라
너희들이 그리 생각하며, 그것은 은혜
를 받은 것이라 그리 생각하느니라.
4 그러니 너희들이 믿음의 길이요, 하늘
에 오르는 길의 역사함과 육의 세상
의 사는 삶을 어찌하여 비교하지도
못하는가?
5 너희들은 차라리 믿음이요, 하늘에 오
르는 그 구원의 길보다도, 육의 세상
에서 너희들이 권좌의 주변에서 부귀
와 영화를 누리는 것을 더 바라고 원
하는 것이 너희들의 속성이요, 너희들
의 마음이 아니더냐?
6 너희들은 백 년도 역사하지 못하는 그
삶 속에서 권좌의 주변에 있는 것, 그
것이 축복받은 자요, 은혜 받은 자라
그리하며,
7 그 주변에 너희들이 그 자리를 차고앉
아 있는 것, 그것이 영광이라 생각하
지 않는가?
8 그러나 너희들은 그것보다도 더 위대
한 것을 어찌 모른단 말이더냐?
9 창조주 나 여호와의 뜻에 따라 내 명
을 받아 행하는 나의 아들과 더불어
너희들이 새로운 시대에 영원히 존재
하는 세상을 열어 가는 것,
10 나 여호와의 뜻에 의하여 너희들이 나
의 부름을 받아 내 뜻에 의해 역사하
는 것이 얼마나 너희들이 귀하고 소중
한 것인가를 알겠는가?
11 너희들이 한 발짝 걸을 때마다, 한 번
의 생각을 할 때마다 너희들의 마음이
얼마나 경건한 자세로 살아가야 하는
것인가를 내가 나의 법전에 수없이 기
록하여 너희들에게 전하였건만,
12 아직도 너희들이 그와 같은 마음의 변
화를 이루지 못하며 그를 다스리지 못
하고 있으니,
13 얼마나 나의 아들을 따르는 제자들이
요, 너희들이 어리석고 불쌍한 백성인
줄 알겠느냐?
14 너희들은 백 년도 안 되는 삶의 그 권
좌 주변에 선택되는 것은 영광이요,
축복이라 생각하면서,
15 나로부터 선택되어 너희들이 창조주
나 여호와의 뜻에 의하여 만백성을 구
하는 역사의 대열에 임하는 것은 소
중하고 귀한 것을 모르며 값진 것을

모르고 있음이니,
16 이제 나의 아들을 따르는 제자 너희들
은 이와 같은 마음부터 심어야 될 것
이며,
17 나의 법전을 만드는 것, 그리고 나의
법전을 다듬어 역사하는 것, 그리고
나의 아들과 또 나의 성전에서 더불어
나의 성령을 들으며 내가 직접 명하는
것을 듣고 행하는 것이 너희들이니,
18 얼마나 축복되고 영광된 백성인가, 그
것부터 깨달아야 됨을 잊지 말라.
19 그와 같은 은혜요, 축복이라는 것을
너희 마음에 굳게 가졌을 때, 너희들
의 마음의 문이 열릴 것이며, 세상의
어려움과 힘듦이요, 세상의 부귀영화
가 다 부질없는 것을 너희들이 알게
될 것이니라.
20 바로 너희들이 오늘의 인간 세상에서
권력자요, 재물 있는 자와 더불어 가
는 것을 영광이요, 축복이라 생각하
며, 그로부터 너희들이 부름을 받는
것, 그것이 다시 없는 은혜라 생각하
느니라.
21 그러니 2천 년 전에 나의 아들 예수를
따랐던 그 제자들도 세상에 만왕이요,
세상에 왕이 왔다 함이니,
22 저희들은 모두를 다 통제하며 부귀와
영화 속에서 풍요로운 삶을 살며, 권
좌요, 권력 앞에 저희들이 지배자가
될 것이라 그리 생각했으니,
23 그러나 그와 같은 것이 없으며 나의
아들이 그저 사악한 지도자의 인간들
에 의하여 그 죽음 앞에 굴복하여 고
통스럽게 죽어 가는 그 속에서, 그들
이 그것을 보며 마음을 돌리고 떠났음
이니,
24 이는 곧 너희들이 구원이요, 나의 참
진리요, 나 여호와의 뜻을 역사하는
것이 얼마나 위대하고 소중한지 그 자
체를 깨우치지 못한 자들이니,
25 2천 년의 역사가 흐른 뒤에 지금의 너
희들이 그와 같은 전철을 밟는 어리석
은 백성으로 거듭나서는 아니 됨이니
라.
26 이는 마지막 시대요, 나 여호와가 이
루고자 하는 마지막의 역사하는 시대
에 선택된 너희들이기에, 너희들은 내
가 법전에 기록하여 전한 그 내용을
하나하나 명심하여 따르도록 하라.
27 내가 법전에 기록하여 전한 대로 그
대로 배우고 깨우쳐 그를 행하고 가
는 백성만이 정녕 나에게 올 수 있는
백성이라는 것을 절대 잊지 말라.
28 인간 세상에 계산을 두지 말며, 인간
세속에 사는 것에 얽매여서는 너희들
이 아무것도 볼 수 없다는 것을 알라.

9,660 번째 하나님 말씀

2004년 2월 19일 11시 49분

1 사랑하는 나의 아들아!
2 "네, 아버님! 말씀하옵소서."
3 이 동양의 작은 나라가 나로부터 선택
된 나라요, 나의 아들이 이 세상의 여
기에 있음이니, 그 민족의 풍습과 언
어로써 세상을 덮는다 함이니,
4 너희들은 이를 믿지 아니하며, 이를
믿으려 하지 아니하는 것이 동양의 작
은 나라의 백성 너희들이 생각하고 있
는 것이니라.

5 사랑하는 나의 아들아, 어찌하여 이
동양의 작은 나라가 선택되었으며 나
에게 선택된 민족인가를 과연 너도
깨우치지 못하고 있는가?
6 "네, 아버님! 저는 조금은 알고 있사
옵나이다.
7 아버님께서 말씀을 주시지 아니한 그
대목을 제가 감히 알 수 없으나,
8 제가 이 동양의 작은 나라의 역사와
세상의 나라들이 역사한 그를 볼 때,
저희 이 동양의 작은 나라에서 그 은
혜와 선택을 받을 수 있는 것을 단 한
가지는 제가 명확히 알 것 같사옵나이
다, 아버님!
9 모든 믿음의 길을 간다는 그 강대국
이요, 그와 같은 믿음 속에서 성황을
이룬 나라들이 사랑을 베풀며 사랑으
로써 모든 세상의 약소국을 다스리며
그와 같이 베풀어 왔다 하면,
10 당연히 그 강대국이요, 큰 나라들, 그
속에서 모든 이와 같은 역사를 이룰
것이라 저는 그리 생각되옵나이다.
11 믿음으로써 가는 강대국들이요, 저희
들이 모든 권좌에 자리할 때, 성서를
놓고 저희들이 서약하며 성서 앞에 언
약하는 그 백성들이,
12 그 손안에 있는 성서의 내용대로 그
지도자가 살지 아니하였다 저는 그리
생각하옵나이다.
13 성서에 서약하는 그 강대국의 지도자
들이 남의 나라에 군사력을 행사하여
군사력으로써 약한 나라들에 피해를
주었으며, 작은 나라들에 대해 경제적
으로 또 피해를 주었으며,
14 그리하여 강대국은 결코 아버님의 뜻
대로 산 나라가 아니요, 아버님 뜻대
로 역사한 민족이 아니라 그리 생각되
옵나이다.
15 그러니 침략을 받는 자보다는 저희들
의 이익을 위하여 침략하는 자가 죄가
있으며, 그들이 잘못된 것이라 저는
그리 생각하옵나이다.
16 그러나 이 동양의 작은 나라는 남의
나라를 침략하며 남의 나라를 공격한
역사가 없으며,
17 오로지 남의 나라의 침략 속에서 그
저 고통과 시련을 겪으며 그때마다 인
내로써 살아온 민족이라 저는 그리
생각되옵나이다.
18 그러니 아버님의 상이요, 은혜를 받은
강대국들이 방대한 힘으로 약소 민족
을 사랑하고 지도하고 베푼 것이 아
니요,
19 그들에게 경제적으로 군사적으로 물
리적으로 피해를 입히는 그와 같은 삶
을 살아온 것이 오늘의 강대국의 지
도자들이 역사한 것이기에,
20 동양의 작은 나라는 그와 같은 죄는
범하지 아니하였다 생각되옵나이다.
21 정녕 아버님의 은혜를 입어 강대국이
요, 힘 있는 나라로 성장했다면, 그들
은 아버님의 은혜를 베푸는 사랑으로
써 가야 될 것이거늘,
22 그들이 사람을 죽이고 살리는 그 전쟁
을 쉽게 생각했으며, 저희들이 책상
위에 앉아 결정짓는 것, 그것도 순간
적인 감정에 의한 것이 아니요, 치밀
한 계획 속에서 많은 젊은이와 백성의
생명을 앗아 가는 살인을 하는 그와
같은 사악한 행위를 한 것이요,

23 그러니 그와 같이 공격하지 아니하고
침략하지 아니한 나라는 생명을 무참
히 죽이는 그와 같은 죄는 짓지 않고,
아버님께 거역하는 행위는 하지 아니
하였다 생각하옵나이다.
24 동양의 작은 나라의 그 역사를 볼 때,
스스로 저희들끼리 물고 뜯는 그와 같
은 싸움은 있었으나, 남의 나라를 공
격하며 약자를 침범하는 그와 같은 것
은 없지 않았나 그리 생각하옵나이다.
25 이제는 아버님께서 그 강대국에 대해
그 죄의 대가의 심판을 내릴 것이며,
그러니 심판을 내려야 되는 그곳에서
아버님의 뜻이요, 아버님의 뜻을 역사
할 수 있는 그와 같은 기적은 이룰 수
없던 것이 아닌가 그리 생각되옵나이
다.
26 그러니 침략을 받으면서 그저 저희 스
스로의 힘으로 살아온 그 민족은 그
와 같이 함부로 사람의 생명을 앗아
가는 전쟁을 장기적으로 계획하지는
아니하였으며 준비하지 아니한 것으
로 저는 생각이 되옵나이다.
27 그리하여 침략을 받으면서 성장해 온
동양의 작은 나라에서 그와 같은 은혜
를 받은 것이 아닌가 생각하옵나이다.
28 경제적으로, 군사적으로, 물리적으로
강대국이 약소국을 무너트리는 그와
같은 형국이 아니요,
29 그저 묵묵히 받아들이고 살아온 그것
하나만 하더라도 이 동양의 작은 나
라에서 아버님의 말씀이요, 아버님의
은혜요, 아버님의 사랑이요, 그리고
또한 이와 같이 이 나라의 민족과 이
나라의 언어와 풍습으로써 만백성을
다스리는 그와 같은 역사를 이룰 수
있는 것이 아닌가 그리 생각되옵나이
다.
30 침략자가 아니요, 침략을 받는 그와
같은 역사 속에 흘러온 이 동양의 작
은 나라에 그리하여 아버님께서 크나
큰 은혜와 영광의 사랑을 내리는 것이
라 그리 생각되옵나이다."
31 사랑하는 나의 아들아, 수만 가지 중
에 그 또한 하나가 포함되어 있으며,
네가 잘 알고 있음이니라.
32 그보다 그 동양의 작은 나라의 백성
들이 부모를 공경하며, 부모가 자식을
사랑하며, 그와 같이 살아오며 하늘의
뜻을 행하고 실천한 민족일뿐만 아니
라,
33 또한 너희들이 쓰는 언어요, 그 문화
의 모두가 쉽게 접할 수 있으며 쉽게
전달할 수 있는 그와 같은 역사의 형
편으로 된 그 모두가 다 준비된 것이
라는 것을 너희들은 알아야 될 것이
니, 여기서 하나둘 나열할 수가 없음
이니라.
34 다만, 네가 그와 같은 깨달음 속에서
얻은 것, 그것도 많은 비중을 차지하
고 있음이니 그리 알라 그리 전하라.

부 록

【하나님께서 가르쳐 주신 운동】

천재지변이 일어날 때, 동물이나 미물들은 미리 알고 대피하지만, 인간은 알지 못하고 큰 화를 당합니다. 하나님께서 인간에게 가장 높은 지혜를 주시고 완벽하게 창조해 주셨기에 동물들보다 더 잘 알 수 있지만, 욕심으로 마음이 혼탁해져서 한 치 앞을 보지 못하는 것입니다.

마찬가지로, 인간은 누구나 스스로 필요한 운동을 해서 건강을 지킬 수 있도록 하나님께서 만들어 주셨습니다. 우리의 머리에서 우리 몸에 필요한 동작을 해 달라고 끊임없이 신호를 보내지만, 인간이 혼탁하게 살아서 그 신호를 알아채지 못합니다. 그러니 자연스럽게 자기 몸이 원하는 그 신호를 따라서 운동하는 것이 하나님께서 가르쳐 주신 운동 방법입니다. 바로, 우리의 영이 육을 이끄는 운동입니다.

▶ 하나님 운동법

1. 눈을 감고, 발을 어깨너비로 벌리고 바르게 선다.
2. 몸에 힘을 풀고, 허리를 숙이면서 손과 머리를 아래로 내린다.
3. 허리를 펴고 싶을 때, 천천히 펴면서 하고 싶은 동작을 하면 운동이 시작된다. (사람마다 다르다.)
4. 멈추지 말고, 어떤 동작이든지 자기 몸의 느낌대로 계속 이어서 한다.

▶ 참고 사항

① 눈을 감은 상태로 아무 생각 하지 않고, 자기 몸의 느낌대로 움직입니다.

② 마음을 비우고, 욕심을 버리고, 지난날의 잘못을 반성하면서 몇 차례 시도하다 보면, 자기도 모르게 하고 싶은 동작이 끊임없이 생깁니다.

③ 운동 장소는 방 안이든 운동장이든 관계없으며, 걷거나 달리고 싶을 때는 눈을 떠도 됩니다.

④ 매일 40분 이상, 주 4회 이상, 3개월 이상 하면 음식 조절에 들어갑니다.
- 음식으로 생긴 병은 음식으로 치료하게 되며, 어떤 음식을 먹어야 하는지 스스로 알게 됩니다.
(자기 몸에 필요한 음식만 먹고 싶어집니다.)

⑤ 사랑하는 사람과 함께 운동하면 서로 치료해 주기도 합니다.

⑥ 운동을 하다가 몸의 어느 한 부분을 계속 손으로 자극한다면 그쪽에 이상이 있는 것이니, 의사에게 상담을 받고 적절한 치료를 받으면 됩니다.

⑦ 다이어트 및 기타 건강관리에 효과적입니다.

⑧ 꾸준히 운동하여 영이 맑아지면, 자신의 과거와 미래를 스스로 보게 됩니다.

누구나 스스로 하실 수 있습니다.

간행사

《새로운 성경》은:

· 새로운 성경은, 하나님께서 선량하고 선한 자를 선택하여 십계명을 암송하도록 하시고, 십계명을 암송한 다음에 음성으로써 들려주시는 말씀을 듣고 그대로 카세트테이프에 녹음해서 받아쓴 책입니다.

· 90분짜리 녹음테이프 700여 개에 달하는 말씀으로, 1999년 8월부터 2004년 7월까지 총 160권(권당 288쪽)을 완성하였으며, 그 이후에도 현재까지 계속 말씀을 내려 주고 계십니다.

· 새로운 성경은 "하늘을 두루마리 삼고 바닷물을 먹물 삼아 쓰고 써도 다 못 쓴다"는, 끝없이 방대한 하나님의 말씀이 두루마리로 직접 내려오는 것입니다. 이러한 새로운 성경은 구약과 신약을 폐하려는 것이 아니라 "인봉된 성서의 비유의 뜻"을 상세히 설명하여 완성하고자 하나님께서 직접 내려 주신 말씀입니다.

《새로운 성경》의 구성:

· 제 목: 2013년, 160권 모음집을 발간하면서, 본 도서의 제목을 "하나님! 말씀하옵소서"에서 《새로운 성경》 으로 명해 주셨습니다.

· 단행본: 각 권당 288쪽(신국판) 책이 160권까지 시리즈로 출판됩니다.
(모음집은 단행본을 16권씩 묶어서, 총 10부로 구성됩니다.)

《새로운 성경》의 성경적 근거:

· 신약 성경 [요한복음] 16장 13절에 "진리의 성령이 오시면 그가 너희를 모든 진리 가운데로 인도하시리니 그가 자의로 말하지 않고, 오직 듣는 것만을 말하며" 하신 말씀처럼 하나님의 음성을 들은 것만 기록하였으며,

· "장래 일을 너희에게 알리시리라" 하신 말씀과 같이 개인, 나라, 인류의 "장래"일을 하나님께서 알려 주시는 것만 기록하여 책으로 만들었습니다.

《새로운 성경》의 기록 방법:

· 1999년 8월부터 하나님께서 저에게 들려주시는 음성을 기록하였습니다. 처음에는 제가 들은 말씀을 불러 주면 저의 아내가 기록하여, 2000년 1월 29일에 1권 초판이 세상에 나왔습니다. 2000년 4월부터는 주시는 말씀을 받아 녹음기에 기록하기 시작하였습니다.

· 녹음을 시작하면서 하나님의 말씀을 받는 데 가속도가 붙었고, 2001년 5월 3일에 1부(1~16권까지)를 인쇄하여 출판하였으며, 2004년 7월까지 총 160권 분량의 말씀을 받아 기록하였습니다.

하나님께서 저에게 주신 것은:

· 첫째, 만백성을 상대로 내려 주시는 "기도", 둘째, 수시로 내려 주시는 "묵상", 셋째, 개인의 과거, 현재, 미래를 알려 주시는 "개인 기도", 넷째, 개인의 건강을 위해서 내려 주시는 "음식 처방", 다섯째, 하나님께서 가르쳐 주신 "운동"등이 있습니다. 이 중에 첫 번째, "기도"를 책으로 편찬하였습니다. 사람의 생사, 개인의 미래에 관한 천기는 수록하지 말라 하셨습니다.

강론 안내:

· 하나님께서는 지금도 매일 저에게 새로운 하늘의 비밀의 말씀을 내려 주고 계십니다. 수시로 내려 주시는 말씀을 정리해서 제자를 육성하라는 말씀에 따라 매주 강론을 하고 있습니다. 누구나 무료로 들으실 수 있습니다. (book160.com)

《새로운 성경》을 읽는 분들에게 드리는 선물:

· 개인 기도: 개인의 과거, 현재, 미래에 관하여 말씀을 내려 주십니다.

· 음식 처방: 사람은 음식을 먹고살다가 건강을 잃으니, 음식과 운동으로 건강을 되찾는 방법을 알려 드립니다. 단, 하나님이 계심을 믿고, 십계명을 지키겠다고 진실로 서약하는 분들께 알려드립니다.

《새로운 성경》의 은혜와 기적:

· 새로운 성경 전160권은 16권씩 묶어서 총 10부의 모음집으로 구성됩니다. 모음집 한 부를 읽고 깨우치는 자에게 하나님께서 다음과 같은 기적이 있다고 하셨습니다.

· "첫째, 그가 죽어 하늘에 갔을 때 그의 죄를 묻지 아니하며, 구원을 받는 위대한 은혜가 있으며, 둘째, 그의 소원과 소망이 이루어지고, 셋째, 죽은 자(부모, 형제, 자식, 사랑하고 은혜 입은 분)의 이름으로 구입한 책을 읽고 누군가 한 사람이 깨우칠 때, 그 죽은 자가 지옥에서 천국으로 구원을 받게 되며, 넷째, 유산, 중절 수술 등으로 태어나지 못한 아이를 위하여 구입한 책을 보고 한 명이 깨우쳤을 때, 그 아이가 사람으로 다시 한 번 태어나는 은혜를 받는다."

· "새로운 성경"을 3회 이상 정성을 다해 정독하는 자, 성서의 비밀을 알게 되고, 세상의 이치를 알게 되며, 세상을 지배하고 통제할 수 있는 지혜를 다 얻게 된다고 하셨습니다. 이 책은 만백성이 정독하고 이웃에게 전하여, 평생 가슴에 묻은 슬픔과 고통의 짐을 벗고 미래를 위한 힘찬 삶을 살아가도록 하는 책입니다.

끝으로

· 하나님께서는 흰 눈이 세상을 덮듯이 새로운 성경을 온 세상에 전하라고 하셨습니다. 《새로운 성경》을 각국어로 번역해서 온 인류에게 구원의 길을 깨우쳐 주고, 그 수익으로 가난하고 어려운 백성을 구제하여, 만백성의 영과 육을 함께 구원하는 선지자의 임무를 수행하라고 저에게 명하셨습니다.

· 하늘에서 내려 주신 말씀의 보화를 만백성에게 나누어 주는 것이 선지자의 임무라고 하셨습니다. 새로운 성경을 통해서 얻는 재물을 사용할 곳도 하나님께서 일일이 명해 주십니다. 모든 재물은 저의 자의로 쓸 수 없고, 하나님께서 명하시는 대로만 쓰여집니다.

· 어떤 명분으로든 십일조나 각종 헌금을 거두어들이지 말라 하셨으며, 국내뿐 아니라 각국에 성전과 단독 서점을 운영하며, 한국의 많은 젊은이들을 전 세계에 지도자로 내보내라고 하셨습니다.

· 우리는 세계적으로 새로운 성경을 보급하며 어려운 이들을 돕는 역사를 해 나갈 것입니다. 지금까지 비록 몇 명 안 되는 제자들과 함께 이러한 일을 역사했지만, 앞으로도 계속 하나님께서 기뻐하시는 일들을 해 나갈 것입니다. 부족한 저희에게 여러분들의 지혜와 성원을 보내 주시기를 바랍니다. 많은 분들의 참여와 도움을 간절히 기다립니다. 감사합니다.

한국어로 내려온 《새로운 성경》 단행본을 출간하며
2016년 4월 10일

발행인 **김 용 철**

한국어로 내려온

새로운 **성 경** · 9부 · 제129권

지은이 하나님 말씀
대역자 김용철

초판인쇄 1쇄 2017년 4월 3일

펴낸 곳 도서출판 하얀마음
등록번호 제 10-2107호 (2001년 2월 14일)
주소 서울시 노원구 덕릉로86길 5, 2층
전화번호 02) 313-1114
팩스 02) 393-5554
전자우편 book160@hanmail.net
편집위원 조나영 김미향 이석교
제작지원 이기종

도서상담 1600-7527
ISBN 978-89-5875-229-5 (04230)
978-89-5875-100-7 (세 트)

값 10,000원
잘못된 책은 구입하신 곳에서 바꾸어 드립니다.

※이 책은 10부로 제작되며, 각 부 16권씩 총160권으로 구성됩니다.※

1부	2부	3부	4부	5부	6부	7부	8부	**9부**	10부
1권	17권	33권	49권	65권	81권	97권	113권	129권	145권
2권	18권	34권	50권	66권	82권	98권	114권	130권	146권
3권	19권	35권	51권	67권	83권	99권	115권	131권	147권
4권	20권	36권	52권	68권	84권	100권	116권	132권	148권
5권	21권	37권	53권	69권	85권	101권	117권	133권	149권
6권	22권	38권	54권	70권	86권	102권	118권	134권	150권
7권	23권	39권	55권	71권	87권	103권	119권	135권	151권
8권	24권	40권	56권	72권	88권	104권	120권	136권	152권
9권	25권	41권	57권	73권	89권	105권	121권	137권	153권
10권	26권	42권	58권	74권	90권	106권	122권	138권	154권
11권	27권	43권	59권	75권	91권	107권	123권	139권	155권
12권	28권	44권	60권	76권	92권	108권	124권	140권	156권
13권	29권	45권	61권	77권	93권	109권	125권	141권	157권
14권	30권	46권	62권	78권	94권	110권	126권	142권	158권
15권	31권	47권	63권	79권	95권	111권	127권	143권	159권
16권	32권	48권	64권	80권	96권	112권	128권	144권	160권